Gino Leineweber

Wo der Teddybär lebt

und andere Einsichten über Michigan

Verlag Expeditionen

Bibliografische Information der Deutschen Nationalbibliothek:
Die Deutsche Nationalbibliothek verzeichnet diese Publikation in der Deutschen Nationalbibliografie; detaillierte bibliografische Daten sind im Internet über http://dnb.dnb.de abrufbar.

Gino Leineweber
Wo der Teddybär lebt
Völlig neu überarbeitete Auflage 2019
(1. Auflage 2014)
Coverfoto von Gino Leineweber:
Miners Castle at Pictured Rocks Shoreline, Michigan
Covergestaltung: Birgitta Sjöblom
Printed in Germany
ISBN: 978-3-943863-32-1

Für Dalia

Inhalt

Vorwort

Michigan zu sehen hatte ich schon lange vor. Als ich entdeckte, dass Ernest Hemingway dort seine Kindheit und Jugend verbracht hatte, fragte ich mich warum mir das entgangen war.

Als ich dann die Orte besuchte, an denen er gelebt hatte, inspirierte mich das dazu, eine Teilbiografie über ihn zu schreiben.

Während meiner Recherchen habe mich in die Landschaften, besonders die im Norden von Michigan verliebt. Vieles empfand ich als einmalig und schrieb ein Buch darüber. Es wurde im Jahre 2014 veröffentlicht.

Ich habe in Michigan Freunde gefunden und halte mich seitdem häufiger dort auf. Einiges von dem, was ich im Buch von 2014 beschrieben habe, hat sich geändert. Außerdem habe ich Neues entdeckt.

Das Buch entsprach somit nicht mehr dem Michigan wie ich es kenne. Es hat mich sehr erleichtert, dass der Verlag Expeditionen mir die Möglichkeit gegeben hat, es zu aktualisieren und ich bin sehr dankbar dafür.

Gino Leineweber
April 2019

Lakes State

John Maynard fehlt. Ich blicke über den *Lake Erie*. Jemand wie ich, der schon früh die Literatur entdeckt hat, muss an Fontanes Ballade denken, wenn er das erste Mal in seinem Leben am Ufer dieses Sees steht. Nicht nur er, der See, oder die Schwalbe, die über ihn fliegt oder die Städte Buffalo und Detroit sind in diesem Augenblick präsent, sondern auch John Maynard, der Steuermann, der am Ende fehlt. Das alles ist in meinem Kopf und wird es immer bleiben.

Erie, was für ein Wort! Als Kind faszinierten mich fremde Namen und machten mich neugierig auf die Welt. Ihren Zauber entfalteten sie für mich, weil ich ihnen literarisch auf die Spur kam. Das Wort *Erie* überstrahlte damals alles für mich. Unvergesslich und nicht zu überbieten in seiner poetischen Dramatik ist der Satz: „Die Schwalbe fliegt über den Eriesee."

Schwalbe ist der Name des Schiffes, das über den kleinsten der fünf Großen Seen Nordamerikas „flog". Der größte, der *Lake Superior*, zugleich der größte Süßwassersee der Erde, ist so gewaltig, dass die Wasser der vier anderen Seen nicht ausreichen würden, ihn zu füllen.

Die Namen dieser Seen, bis auf den des *Lake Superior*, der auch *Oberer See* genannt wird, haben mit den

Ureinwohnern Nordamerikas zu tun. *Erie* und *Huron* bezeichnen verschieden Stämme, *Ontario* ist der Sprache der Irokesen entnommen und bedeutet *Schöner See. Michigan* oder *mishigami*, wie die Ojibwa den See nennen, bedeutet *Großes Wasser*. Mit Ausnahme des *Lake Ontario* haben alle Seen ein Ufer, das an den Staat Michigan grenzt, der deshalb auch *Great Lakes State* genannt wird.

John Maynard hat einst das Fährschiff namens Schwalbe in höchster Not auf dem Weg von Detroit nach Buffalo auf den Strand gesetzt:

Das Schiff geborsten. Das Feuer verschwelt.
Gerettet alle. Nur einer fehlt.

Im Jahr 1886 schreibt Theodor Fontane die Ballade über eine Heldentat aus dem Jahre 1841. Der Kapitän der Schwalbe sagt bei der Anhörung vor der Untersuchungskommission über seinen Steuermann: „Ich glaube, Maynard blieb am Steuer bis er verbrannte; er war immer schon unbeugsam, und ließ sich nichts befehlen."

Schiffsunfälle auf den Großen Seen waren keine Seltenheit. Herman Melville vergleicht sie in seinem 1851 erschienenen Roman *Moby Dick* mit den Ozeanen:

Denn unsere gewaltigen ineinander gehenden Süßwasserseen – Erie, Ontario, Huron, Superior und Michigan besitzen eine ozeanische Ausdehnung, mit vielen der edelsten Eigenschaften der Ozeane... Sie spiegeln die steinernen Straßen von Buffalo und Cleveland so gut wie Winnebagos Dörfer, sie tragen gleichermaßen das Vollschiff der Handelsherren wie die bewaffneten Kreuzer der Regierung, Dampfer und Kanus aus Birkenrinde. Stürme fegen über sie dahin und Böen. Sie sind so grauenvoll wie das Meer, das salzige Wogen peitscht. Sie wissen, Schiffe untergehen zu lassen. Obgleich im Binnenland, haben sie, mit verzweifelten Besatzungen, manch mitternächtliches Schiff ertränkt.

Im selben Jahr, als Fontane die Ballade schreibt, kommt ein anderer Seemann auf dem *Lake Erie* ums Leben. Sein Tod, der in einer Reihe nahezu unzähliger Tragödien auf den Großen Seen steht, führte dazu, dass eine Versicherung für Seeleute gegründet wurde, die *International Shipmasters' Association*.

Das erfahre ich von Henry, den ich an der *Forty Mile Point Light Station* treffe, einem Leuchtturm am *Lake Huron*. Dort hat die Gesellschaft der Seeleute ein altes Rettungsboot sowie die Brücke der abgewrackten SS Calcite als Denkmal ausgestellt. 1912 in Detroit gebaut, wurde sie 50 Jahre später in Connecticut, Ohio, verschrottet. Ihren Namen erhielt sie vom Hauptbestandteil des Kalksteins Kalzit (*Calcite*), den sie zu den großen Stahlwerken der Städte im Süden der Großen Seen schleppte, nach Detroit, Cleveland und Chicago.

Henry, ein großen schlanker Kerl älteren Jahrgangs, hält als *Guest Keeper* die Museumsbrücke besetzt. Er verbringt dort sein Rentnerdasein und erzählt den Besuchern, im Wechsel mit anderen freiwilligen Helfern des Museums, vom Schiff, der Schifffahrt und der *Shipmasters' Association.* Er ist vom Alter etwas gebeugt, ganz marineblau in Jeans und Sweetshirt gekleidet und trägt eine Schirmmütze mit dem Aufdruck *Duck Unlimited*, einer gemeinnützigen Umweltschutzorganisation.

Seine rechte Hand ruht auf dem wertvollen Holz des Steuerrads. Hinter seiner getönten Brille schaut er freundlich in die Welt, die für ihn das stimmig renovierte Führerhaus ist. Viel Holz wurde für die Einrichtung verarbeitet. Zwischen den Fenstern, die den Blick auf den *Lake Huron* freigeben, hängt eine alte Kapitänsuniform. Alle Einrichtungen des Führerhauses sind noch vorhanden. Auch der formschöne Kompass aus Kupfer.

Mein Gespräch mit Henry in diesem historischen Ambiente entführt mich in die Welt des alten Frachtschiffs. Henry spricht von den alten Zeiten auf den Großen Seen und darüber, dass die Schifffahrt auf ihnen heute keine Rolle mehr spielt. Selbst Fährschiffe, wie einst die Schwalbe, fehlen weitgehend. Dazu hat der Staat Michigan selbst beigetragen, indem er Henry Ford und seinen Kollegen ermöglichte im Süden, in Detroit, die größte Autoindustrie der Welt aufzubauen. Dort wurden Automobile besser und billiger hergestellt, als jemals zuvor. Dort wurde die Schnelligkeit des Seins entwickelt.

Die Schiffe konnten nicht mithalten und den Eisenbahnen erging es nicht besser. Während der Süden im Industrieboom anschwoll, verfiel der Norden in einen Dornröschenschlaf. Aber etwas blieb erhalten: die Wasserflächen und die bezaubernde Landschaft. Mit der Zeit kamen die Stadtbewohner, um dem Trubel zu entgehen. Wie Prinzen im Märchen verliebten sie sich in das schlafende Dornröschen, küssten es wach und blieben ihm treu.

Die einmalige Naturvielfalt wurde das bevorzugte Rückzugsgebiet der Städter aus der Betriebsamkeit. Aber statt per Schiff oder Bahn kamen sie nun mit dem

Automobil. Wer heutzutage von Chicago in den Norden Michigans in sein Cottage fahren möchte, kann zwar noch zwei Fährverbindungen quer über den Michigan See nutzen, aber der reizvolle Weg dauert länger, als mit dem Auto zu fahren und, auch wenn Henry es nostalgisch beklagt, es ist einfacher geworden. Anfangs sah es allerdings nicht danach aus, wie die Reiseschilderung einer Familie auf dem Weg von Chicago in den Norden Michigans aus dem Jahre 1917 zeigt:

Die Fahrt dauerte fünf Tage, übernachtet wurde in Zelten. Zu essen gab es frisch geangelten Fisch. Die Straßen waren grauenhaft. Die Fahrt ein einziges Abenteuer. Durch Umleitungen mussten wir 100 Meilen mehr fahren als die geplanten 487. Wir hatten eine Schaufel dabei, um das Auto wieder flott zu kriegen, wenn es auf den holprigen Straßen stecken blieb. Besonders schwierig war der letzte Teil, von Traverse City nach Walloon Lake, eine Strecke von 31 Meilen. Es gab nur Sandwege, auf denen höchstens eine Durchschnittsgeschwindigkeit von acht Meilen möglich war. Hier kam neben der Schaufel auch eine Axt zum Einsatz, mit der Zweige, die entlang der Straße den Weg versperrten, zerhackt werden konnten. Peinlich war es für unsere Reisegesellschaft, wenn unser Ford T so feststeckte, dass er nur noch, unter dem Gelächter der Farmer, von Pferden freigezogen werden konnte. Auf der Rückreise fuhren wir wieder mit dem Schiff, einschließlich des Autos.

Statt Axt und Schaufel führe ich auf meiner Autofahrt auf weitgehend asphaltierten Straßen durch Michigan Warnweste und Erste-Hilfe-Kasten mit. Mit einem Navigationssystem benötige ich leider auch keine Karten mehr: Früher half mir ein großer Straßenatlas von

Wal-Mart, der für jeden Staat eine Doppelseite vorhielt. Für einen Road-Trip ein unerlässliches Hilfsmittel. Vor allem zeigte mir die Karte wohin ich mal fahren könnte. Einem GPS-System muss ich das vorher eingeben.

Nachmittags auf meinen Fahrten sehne ich mich nach Kaffee und Kuchen. An Kaffee und Zigaretten sollte man keinen Gedanken verlieren. Die Kombination ist in den USA tot und begraben. In Deutschland gibt es *Coffee and Cigarettes,* nach dem Titel eines Films von Jim Jarmusch, wenigstens noch draußen auf der Terrasse. In den USA ist das undenkbar. Wie schade. Ich bin kein Raucher. Aber bei Gelegenheit zu einem Kaffee am Nachmittag fand ich eine Zigarette beglückend.

Mein reizendstes Kaffee- und Kuchenerlebnis habe ich in einem Ort namens Harrisville, obwohl ich erst bei zwei Cafés vor verschlossener Tür stehe. Auf meinem Weg war ich an einem Restaurant mit dem Schild *Shot Maker Sports Bar and Grill – Breakfast served daily – Famous Chicken* vorbeigekommen. Das sah nicht nach Kaffee und Kuchen aus. Ich fahre trotzdem zurück und frage nach Kaffee. Natürlich gibt es welchen. Und Kuchen? Natürlich nicht. Doch die Bedienung, Doris, eine Frau in den Vierzigern, setzt sich zu mir, und sagt: „Sorry, honey, wir servieren hier keinen Kuchen. Aber ich habe selbstgemachten Apfelkuchen (*apple pi*e), den ich für die Kollegen gebacken habe, davon ist noch ein Stück übrig. Das kann ich dir bringen.“

Ich werde sie auf immer und ewig in mein Nachtgebet einschließen.

Autofahren ist die einfachste Form des Reisens. Längere Strecken legt man mit dem Flugzeug zurück, um sich dann am Ankunftsort ein Auto zu mieten.

Wer in die USA reist, sollte nicht mit einer amerikanischen Luftverkehrsgesellschaft fliegen. Es sei denn, er mag mehrfache Sicherheitskontrollen. Die Amerikaner sind „verrückt" in ihrem Sicherheitsbedürfnis. Bei allem Verständnis und Respekt: Es wirkt doch zuweilen lächerlich.

Ich glaube, am Flughafen in Amsterdam bereits alles hinter mich gebracht zu haben, was man durchstehen muss, um ein Flugzeug zu besteigen, und kaufe mir, bevor ich zum Boarding Gate gehe, eine Flasche Mineralwasser. Man soll viel trinken, heißt es.

Am Boarding-Schalter der Fluggesellschaft wird kontrolliert. Ich denke an Prüfung von Bordkarte und Pass als ich das sehe. Doch wird mir meine Wasserflasche abgenommen. Ich muss durch eine weitere Sicherheitskontrolle und Getränke kommen da nicht durch. Bordkarte und Pass muss ich wie erwartet auch vorzeigen. Viermal. Man fragt mich wie viel Gepäck ich aufgegeben habe und ob es sich um mein eigenes handle. Ob ich es selbst gepackt und niemals unbeaufsichtigt gelassen hätte. Ob ich Drogen in die Vereinigten Staaten einführen oder dort ein Verbrechen begehen wolle. Zuerst sage ich ja und zuletzt nein.

Wer nach Michigan möchte hat zwei größere Zielflughäfen zur Auswahl. Detroit und Chicago. Chicago liegt zwar in Illinois, aber dicht zur Grenze nach Michigan. Es ist eine wundervolle Stadt, ein Besuch lohnt sich immer und sie ist meine bevorzugte Destination für Michigan.

Detroit, als *Motor City* bekannt, hatte einmal 1,85 Millionen Einwohner. Das war 1950. Zwei Drittel davon hat es seitdem verloren, was auf den industriellen Verfall zurückzuführen ist. Die Unterbevölkerung der Stadt macht sich im Straßenbild bemerkbar. Ich habe kaum eine Großstadt zuvor gesehen, deren City so gähnend leer wirkt. An einem Sommerabend wird mir das in einem städtischen Strandcafé besonders deutlich. Ich will mir nach einem langen Flug ein kühles Bier gönnen und gehe zum *Campus Martius Park*. Ein schöner Platz um den die Autos herumfahren und auf dem es ein gutes Restaurant sowie einen Springbrunnen gibt, weshalb das Restaurant *Fountain Bistro* heißt.

Im Jahr zuvor, im Oktober, war der Platz herbstlich geschmückt. Jetzt, im Sommer, haben sie einen Beach-Club aufgebaut. Sand, Liegestühle, eine Bar. Der Platz nennt sich Detroits Versammlungsplatz *(Detroit's Gathering Place)*. Allerdings ist kaum jemand dort.

Gegen halb zehn Uhr abends, bei ungefähr 30 Grad Celsius, sind von den 20 Liegestühlen nur sieben besetzt. Ich genieße mein eiskaltes Bier und empfinde Mitgefühl mit dieser Stadt, die einen Versammlungsplatz hat, auf dem sich, selbst bei bestem Wetter, niemand versammelt.

Der Niedergang Detroits ist offensichtlich. Einst blühende Autoindustrie mit einem Dutzend Fabriken, von denen nur noch zwei übrig sind. Eine hinsichtlich des Aderlasses an Bevölkerung mit wirtschaftlichem

Verfall vergleichbare Stadt ist Cleveland in Ohio, ebenfalls am *Lake Erie* gelegen. Hier zeigt sich: Eine Stadt kann sich den neuen Technologien sowie der geänderten wirtschaftlichen Umgebung anpassen und sich vom Verfall alter Industrien erholen. So wie Pittsburgh in Pennsylvania auch. Das Automobil für Detroit war der Stahl für Pittsburgh. Der Verfall der Stahlindustrie wurde überwunden. Die Stadt hat sich wirtschaftlich erholt. Detroit gelang das nicht.

Inzwischen muss man sagen, noch nicht, denn es scheint neuerdings auf einem guten Weg zu sein. Aber dazu bedurfte es eines Weckrufs der besonderen Art.

Detroit ist voller alter Fabrik- und Geschäftsgebäude, mit der wundervollen Architektur vergangener Zeiten. Aber die Gebäude, soweit sie überhaupt noch stehen, wurden dem Verfall überlassen. Wie der 1913 errichtete alte Zentralbahnhof, der seit über 30 Jahren stillgelegt ist. Seit 2010 ist er zumindest verschlossen, sodass nicht noch mehr mutwillig zerstört werden kann. Dieser verlassene Bau ist wegen seiner Höhe von ungefähr 70 Metern, nicht zu übersehen. Den Eingang zu dem 18-stöckigen neoklassizistischen Gebäude bildet ein Vorbau mit drei riesigen Portalen, überragt von allerfeinster Stuckarbeit. Marmorfußböden, Rundbögen, fast 17 Meter hohe Säulenhallen mit Stuck und Deckenmalereien lassen einen einstmals grandiosen Bahnhof erahnen. Mit einem Wartesaal mit bronzenen Kronleuchtern, korinthischen Säulen und riesigen schmiedeeisernen Sprossenfenstern. Nun ein Symbol des Niedergangs.

Dem 14-stöckigen *Lafayette Building* ist es noch schlechter ergangen. Ein städtebauliches Juwel, dessen Architektur an das berühmte *Fuller Building* in Manhattan erinnerte.

Ich hätte von ihm nichts gewusst, wäre mir nicht Gwen in einem mitten in der Stadt gelegenen feinen Kräuter- und Gemüsegarten über den Weg gelaufen. Eine junge Frau aus Detroit, beschäftigt bei der Firma *Compuware*, die den Garten sponsert und ihn nach dem Gebäude benannt hat, das einst hier stand, dem *Lafayette Building*. Es wurde 2010 abgerissen, nachdem Versuche, es zu retten und zu renovieren, um dort ein Wohn- und Geschäftshaus unter Erhalt der alten Bausubstanz zu errichten, gescheitert waren.

Ein anderes städtebauliches Juwel war einmal der *Hudson's Department Store*, das Flaggschiff der Hudson-Warenhauskette. Das Gebäude ereilte dasselbe Schicksal. In guten Zeiten begrüßten dort 12.000 Angestellte täglich 100.000 Kunden. Die Geschäfte schlossen im Februar 1997 und das Gebäude wurde ein Jahr später abgerissen.

Es gibt Bücher über die Industrie- und Geschäftsruinen Detroits. Im Internet informiere ich mich über das Schicksal des Nationaltheaters Detroits, an dem ich zuvor vorbeigekommen war. Es ist ein weiteres heruntergekommenes Gebäudes. Einst Theater, dann billiges Kino, Striplokal und schließlich geschlossen.

Das Erdgeschoss ist ummauert. Darüber ist die Fassade mit einem großen Bogenfenster, ähnlich einem Triumphbogen, zu sehen. Rechts und links erheben sich zwei Türme mit vergoldeten Kuppeln, aus denen bereits kleine Bäume wachsen. Seine stuckverzierte weiße Terrakottafassade, steht direkt neben der zweckmäßigen eines Parkhauses.

Als ich das betrachte habe ein Szenario vor Augen, von dem ich annahm, es könne der ungewöhnlichen Stadtplanung dieser Kommune entsprechen: Wenn man das Theater abreißen würde, könnte man den Parkplatz daneben erweitern und mit dem Parkhaus auf der anderen Seite ein einheitliches Parkplatz-Ensemble bilden. Inzwischen hat man in der Tat den ersten Schritt bereits getan, wenn auch ein wenig anders als ich mir das vor gestellt hatte. Es wurde nämlich erst einmal das Parkhaus abgerissen. Es wird jetzt als Parkplatz genutzt. Fehlt nur noch das Theater. Aber das kommt vielleicht noch. Vor fünf Jahren hätte ich noch Wetten darauf angenommen. Aber die Stadt wandelt sich jetzt und man kann hoffen, dass nicht noch mehr Parkraum geschaffen wird, den man im Übrigen bei dem geringen Verkehr ohnehin nicht unbedingt benötigt.

Wenigstens ist der „Parkplatz-Kelch“ an der Brachfläche des *Lafayette Buildings* vorrübergegangen. Zudem hat es dem Garten, der sich jetzt hier befindet, den Namen gegeben, der an alte Zeiten erinnert. Neben dem Lafayette gibt es einen kleinen Schuhladen *Tip Toe Shoe Repair Hats & Gloves* steht über dem Eingang.
Ich benötige Schnürsenkel und gehe hinein. Hinter dem Eingang links befinden sich zwei erhöht stehende Stühle, auf die man sich setzen und sich die Schuhe putzen lassen kann. An den Wänden hängen hauptsächlich

Baseballkappen. In den Regalen stehen einige Schuhe. Hinter einer Vitrine, die als Verkaufstheke dient, steht Andy, der Inhaber. Anfang 60 sieht er 20 Jahre jünger aus, ist groß, schwarz und hat ein schönes Gesicht mit einer Brille auf der Nase. Vor seinem Bauch trägt er eine grüne Schürze.

Andy sagt, er stamme aus Jamaika und dass alle Leute, wenn sie einmal von Detroit nach Jamaika gingen, viel zufriedener wären. Ich weiß nicht, wie er das meint, denn ich kenne die Zustände in Jamaika nicht, nicke aber freundlich. Eine dunkelhäutige Frau im Geschäft halte ich für seine Ehefrau. Ist sie aber nicht, wie ich später erfahre. Meine Schnürsenkel machen Probleme. Sie haben eine Länge, die anscheinend ungewöhnlich ist. Andy sucht. Ob ich mir nicht meine Schuhe putzen lassen wolle, während ich warte?

Es gehört nicht zu meinen Gewohnheiten. Doch in diesem kleinen Schuhladen herrscht eine angenehme Atmosphäre und überlagert meine sonst mit dieser Dienstleistung verbundenen Eindrücke von Erhöhung und dienerischer Unterwerfung. Ich bin der einzige Kunde. Als ich mich auf einen der Stühle setze, sucht Andy immer noch nach den Schnürsenkeln. Die Frau fängt an, mir die Schuhe zu putzen. Ich gebe eine Geschichte zum Besten:

Einmal lief mir in Chicago, auf der Michigan Avenue in Höhe des Millennium Parks, ein Mann über den Weg, der auf meine Schuhe zeigte und meinte, sie seien nicht ordentlich geputzt. Er hatte recht, aber ich weder Zeit noch Lust und außerdem, wie beschrieben, nicht die richtige Einstellung dazu, sie putzen zu lassen. Allerdings war es schwierig, ihm zu entkommen. Als ich vier Jahre später erneut in Chicago bin und wieder am Millennium Park die Michigan Avenue herunterlaufe, denke ich, hier war es, wo ich eine lange Diskussion mit einem Schuhputzer hatte. Kaum habe ich das zu Ende gedacht, steht derselbe Mann wieder vor mir, deutet auf meine Schuhe – und so weiter. Dieses Mal ist er cleverer und quetscht nach kurzer Zeit etwas Schuhcreme auf einen meiner Schuhe. Mir bleibt nichts anderes übrig, als mich in mein Schicksal zu ergeben. Wir gehen in eine Nebenstraße. Es scheint ihm würde eine Genehmigung für die Dienstleistung fehlen. Er kniet sich hin und ich muss einen meiner Füße auf seinen Oberschenkel stellen, was nicht sehr bequem ist. Als er fertig ist, sagt er: 17 Dollar. Ich traue meinen Ohren nicht. Wie bitte? 17 Dollar? Langes Hin und Her, bis ich zahle.

Der Mann ist sehr unterhaltsam. Als ich ihm sage, er müsse steinreich sein, wenn er 17 Dollar für das Putzen von Schuhen nehme, erwidert er, das meiste müsse er seinem Chef abgeben. Witze dieser Art, denn dafür halte ich das, gehören anscheinend zu seiner Performance und letztlich war das Ganze eine spaßige Angelegenheit.

Dies Erlebnis belustigt meine beiden Detroiter Schuhladenfreunde. Als die Frau mit dem Putzen fertig ist, sind die Schuhe in einem Zustand, in dem ich sie noch nie gesehen habe, *Shoe Shine* eben.

Bevor ich mich vom zauberhaften Schuhgeschäft, dem Inhaber und seiner herausragenden Schuhputzerin verabschiede, zieht die mir schnell noch die inzwischen gefundenen passenden Schnürsenkel in meine wie neu wirkenden Schuhe. Bevor ich meine Geschichte aus Chicago erzählte, habe ich mich bei Andy nach dem

Preis für das Schuhputzen erkundigt. 3,50 Dollar. Als ich ein knappes Jahr später wiederkomme, sind es fünf Dollar. Aber im Preis enthalten ist diesmal Andys Erklärung, warum es Detroit so schlecht geht: „Es ist doch ganz einfach. Detroit ist wie ein großes Haus und all die Kinder sind ausgezogen."

„All die Kinder sind ausgezogen?"

„Ja, all die Kinder sind ausgezogen", und dabei lacht er. „So haben wir jetzt viel Platz in dem Haus, und weißt du, was das Problem ist?"

„Nee."

„Wasser, Licht und Gas sind so teuer wie vorher. Aber die Kinder sind nicht mehr da, um dabei zu helfen, die Rechnungen zu bezahlen."

Ich muss lachen bei diesem Vergleich. Andy lacht auch. Aber es ist nicht zum Lachen. Als ich an dem herrlichen Sommerabend im Beach-Club mein Bier trinke und Mitgefühl für die traurige Situation der Stadt verspüre, ist der Sarg bereits gezimmert. Es war der Vorabend des Weckrufs, von dem ich schrieb. Detroit musste Konkurs anmelden. Andy hatte es mir erklärt, weshalb es mich nicht mehr erstaunte. Später lese ich in der Zeitung: 19 Milliarden Dollar Schulden.

Die *Washington Post* schreibt, diese Summe sei dem zerstörerischen Verlust von Einwohnern und den damit gesunkenen Steuereinnahmen geschuldet. Andy hat übersehen, dass nicht nur die Kids gegangen sind, sondern auch viele Erwachsene die Stadt verlassen haben, und sie damit einen seit Jahrzehnten bestehenden Abwärtstrend fortsetzen.

Ich habe am Tag des Konkursantrags noch schnell einen Beitrag zur Sanierung geleistet. Gegenüber von Andys Laden ist Parken verboten. Aber wenn ich Andy nur einmal kurz Guten Tag sage, wird schon nichts passieren. Dachte ich. Verkehrt gedacht. 30 Dollar kostete falsches Parken damals in Detroit. Nicht schlecht. Aber bei den Schulden nur ein Tropfen auf den heißen Stein.

Inzwischen ist die Stadt wieder zahlungsfähig, was sie nicht zuletzt einer großzügigen Unterstützung der Bundesregierung in Washington, beziehungsweise dem damaligen Präsidenten Obama zu verdanken hat. Es geht aufwärts. So jedenfalls alle Meldungen, die man vernehmen kann und so auch die Meinung von den Leuten in der Handelskammer Detroit, mit denen ich ein Gespräch über die Situation Detroits führte.

Ich hatte nach den Äußerungen über den Aufbruch der Stadt mehr erwartet. Aber das war blauäugig. Wie kann eine Metropole in vier Jahren zurückgewinnen, was ihr in über 30 Jahren zuvor verlorengegangen war? Außerdem war der Focus der Stadtverwaltung, so höre ich jetzt, und insbesondere der des seit dem 1. Januar 2014 amtierenden neuen Bürgermeisters, Mike Duggan, nicht nur auf die City gerichtet.

Für eine Gemeinde mit hoher Kriminalitätsrate ist das Renovieren und Auswechseln von fast 60.000 Straßenlaternen notwendig, um die Sicherheit auf den Straßen zu verbessern. Den Bewohnern baufälliger Häuser in den Vororten wurden Programme zur Renovierung mit zinsloser Finanzierung angeboten.

Viele der verlassenen und teilweise niedergebrannten Gebäude wurden beseitigt. Es ist von 15.000 die Rede, wobei es zuvor über 80.000 in ganz Detroit gegeben haben soll.

Es wurden Nachbarschafskomitees gebildet, mit denen die Stadtverwaltung gemeinsam Parks und Straßen angelegt hat und Einzelhandelsflächen angesiedelt wurden. Diese und andere Programme, *Motor City Makeover* genannt, sind ein Anfang. Doch der Weg zur Normalität ist noch weit. Detroit ist zwar durch den Konkurs sieben Milliarden Dollar Schulden losgeworden und hat rund 1,7 Milliarden Bundes- und Staatshilfen erhalten, bleibt aber dennoch die Stadt mit der ärmsten Bevölkerung in Michigan.

Für den *Lafayette Garten* hat die Entwicklung nicht nur positive Aspekte. Gwen, die Gartenmanagerin, die ich vor fünf Jahren traf, ist nicht mehr zuständig. Das macht jetzt Sue. Der Park hat sich aber nicht verändert. Es befinden sich dort nach wie vor drei futuristisch anmutende Häuschen, die als Büro und Aufenthaltsraum dienen und im Garten wachsen immer noch Kräuter, Blumen und Früchte. Allerdings hat, wie Sue erzählt, inzwischen auch die Firma *Compuware* Detroit verlassen und dabei den Garten der gemeinnützigen Organisation *Greening of Detroit* übergeben, für die Sue tätig ist. Sie erzählt mir, diese Gesellschaft habe es sich zur Aufgabe gemacht, die Lebensqualität in Detroit zu verbessern, indem Bäume gepflanzt und auf den Brachflächen schöne und produktive Grünflächen geschaffen würden. Zusätzlich würden Arbeitslose geschult, um in

Garten- und Landschaftspflege zu arbeiten. Das scheint etwas zu sein, was im neuen Detroit nicht ganz unwesentlich ist, denn Sue sagt: „Die Stadtverwaltung bietet die vielen leere Plätze in Detroit den Bewohnern zum Kauf für 100 Dollar an. Mit unseren ausgebildeten Leuten helfen wir denen dann, diese Plätze gärtnerisch zu gestalten. Ich selbst," fügt sie hinzu, „habe drei Plätze ungefähr drei Meilen östlich von hier."

„Das hört sich gut an," sage ich, „in Hamburg bekommt man Ärger mit der Stadtverwaltung, wenn man eine Brachfläche bepflanzt. Aber etwas anderes: Als ich 2013 hier war, fand gerade ein kleiner Wochenmarkt statt. Gibt es den noch?"

„Nein, zurzeit nicht. Ich kämpfe gerade ein wenig um das, was wir machen können. Damals, wie du vielleicht weißt, wurde kein einziger Park in der City betreut. Aber nach dem Konkurs hat die Stadtverwaltung eine Reihe von Programmen zur Aktivierung der Parks aufgelegt: Musikveranstaltungen, Wochenmärkte, Yoga und solche Sachen. Genau was wir gemacht haben. Nun sind wir nicht mehr die Einzigen (*the only game in town*) und wir haben nicht so viel Geld zur Verfügung, wie die Stadtverwaltung aufbringen kann. Wir müssen uns also etwas anderes einfallen lassen und ich denke darüber nach, hier einen Blütenbestäuber-Garten (*pollination station*) einzurichten. Bienen, Schmetterlinge und so. Den könnte man dann auch für Schulungszwecke nutzen."

Ich sage ihr, dass ich das für eine schöne Idee halte und will noch wissen, ob das Grundstück, auf dem sich der Garten befindet, der Gesellschaft gehört, für die Sue den Garten pflegt.

„Nein,“ sagt sie, „es gehört der Stadt.“

Ich frage: „Es könnte dann also sein, dass eines Tages die Stadt ein neues Lafayette hier bauen lässt, oder?

„Ja, könnte sein, aber ...,“ sie stockt etwas und fügt dann hinzu: „ja, könnte sein“, und das klingt ein wenig traurig.

Das verstehe ich, denn es wäre schade. Schade ist auch, dass es den Wochenmarkt nicht mehr gibt. Ich hätte Marissa gern wiedergesehen, von der ich einst ein Pfund von drei Sorten organisch angebauter Bohnen gekauft habe.

Ich denke jetzt wieder an sie und daran, dass ich mich nicht getraut hatte, ihr damals zu sagen, dass sie der einzigen Frau gleichen Namens, die ich kenne, ziemlich ähnlich sehe: der Filmschauspielerin Marissa Tomei. Ich ließ es, weil ich fürchtete, es könne anbiedernd wirken. Als ich davon zu Hause erzähle, sagt Anna: „Das ist anbiedernd.“ Warum sie das überhaupt beurteilen kann, weiß ich nicht und habe ihr gesagt: „Vielleicht. Aber man weiß man ja nie.“

„Oh doch, besonders dann, wenn es von einem ‚Alten Weißen Mann’ gesagt wird.“

Ich finde die Bemerkung unnötig.

Im „neuen“ Detroit gibt es einige kleine Lichtblicke: Die Leute hier sind nach wie vor sehr freundlich, was auch insbesondere für die vielen schwarzen Straßenmusikanten gilt. In ein neu errichteten Gebäude in der City wird ein Puppenspieltheater einziehen. Um den *Campus*

Martius Park fährt seit Mai 2017 die *QLine Detroit,* eine Straßenbahn. Sie sieht schick aus. Hochmodern. Führerlos. Sie verbindet die Innenstadt mit einer weiteren Straßenbahn, der *Detroit People Mover* und zwei Bahnhöfen. In der City dreht sie eine kleine Runde.

Dann freue ich mich noch über einen Maler, Sunn Anderson, der sich einen kleinen Laden gemietet hat und die Straße davor als Atelier nutzt. Er ist voller Lob für die Entwicklung von Detroit und sagt: „Praktisch alles hat sich in Detroit in den letzten fünf Jahren verbessert. Alles wächst, neue Gebäude, eine Menge neuer Einwohner. Vor fünf Jahren gab es nichts. Keine Pläne. Rein gar nichts."

„Ja," stimme ich zu, „ich war damals hier, als die Stadt Konkurs angemeldet hat."

Er lacht und sagt, „Ja, das war der absolute Tiefpunkt. Jetzt kannst du sehen, wie lebendig (*vibrant*) alles ist. Es passiert viel. Die Stadt ist aktiv. Immer mehr Neubauten".

Er hat recht. In der City sieht man viele Baustellen. Es entstehen neue Bürogebäude und vor allem gibt es auch große Hotelketten, die sich neuerdings wieder in Detroit ansiedeln wollen. Neben den kleinen Lichtblicken, von denen ich schrieb, gibt es auch einen großen.

Die Autofirma Ford mit Sitz in Detroit hat das Gebäude des früheren Zentralbahnhofs gekauft und wird es sanieren und umbauen. Dafür hat es sich zu einer 800 Millionen Dollar Investition verpflichtet, mit der auch die Schaffung von 2.500 neuen Arbeitsplätzen verbunden ist. Ich hatte ja befürchtet, dieses Gebäude mit der einmaligen Innenarchitektur könne eines Tages auch abgerissen werden. Wie schön, dass diese Befürchtung nicht eintritt.

Detroit ist, gemäß der letzten Schätzung von 2015, mit 677.000 Einwohnern die größte Stadt in Michigan. Sie bildet mit Flint, Warren, Sterling Heights sowie der Universitätsstadt An Arbor, die jeweils etwas mehr als 100.000 Einwohner zählen, den bevölkerungsreichsten Ballungsraum im Südosten Michigans.

In dem muss man sich aber nicht lange aufhalten und schon gar nicht Flint besuchen, dass seit 2014 eine Wasserkatastrophe apokalyptischen Ausmaßes erlebt. In dem Jahr wurde, weil es billiger war, das Trinkwasser statt bisher aus dem *Lake Huron*, dem *Flint River* entnommen. Mit dem Ergebnis, dass seitdem das Trinkwasser über Jahre mit Coli-Bakterien und Blei verunreinigt war.

Gegenüber des süd-östlichen Ballungsgebiets, nahe zum Bundesstaat Illinois und Chicago gelegen, befindet sich die zweitgrößte Stadt Michigans, Grand Rapids. Mit knapp 200.000 Einwohnern ist es eine Stadt, an der man nicht vorbeifahren sollte. Besonders nicht Ende September und Anfang Oktober eines Jahres. Dann findet dort die *ArtPrize* statt. Ein Wettbewerb bildender Künstler aus aller Welt, die in Geschäftshäusern, Hotels, Museen, Galerien, Bars, Restaurants und öffentlichen Plätzen ihre Kunstwerke präsentieren. Allerdings wird sie ab 2018 nur noch alle zwei Jahre stattfinden.

Selbst ohne die *ArtPrize* verfügt die Stadt in ihrem öffentlichen Raum über erlesene Skulpturen. Mit den gepflegten Parks und schönen Brücken, die den Fluss überspannen, ist Grand Rapids ein kleines Juwel. Gerald Ford, der 38. Präsident der Vereinigten Staaten, stammt aus Grand Rapid. Hier ist er auch begraben und es gibt ein offizielles Gedenkmuseum für ihn.

Wer sich Gedanken über den Namen der Stadt macht, wird an Stromschnellen (*rapids*) denken. Stromschnellen gab es zwar, bevor der Fluss begradigt wurde, aber ihre Größe hat keinen Eingang in den Stadtnamen gefunden. Der Begriff groß, gewaltig (*grand*) geht auf den Fluss zurück, an dem die Stadt liegt: den *Grand River*.

Die *ArtPrize* bringt mehr Besucher als Grand Rapids Einwohner hat und das Festival wächst und entwickelt sich seit seiner Gründung immer weiter.

Über den Beginn in 2009 heißt es: *Am ersten Sonntag waren die Restaurants leergegessen, am zweiten gab es keine Zimmer mehr in den Hotels und am letzten Tag ging die Schlange von Menschen, die das Werk des Siegers sehen wollten, um zwei Blocks.*

Schätzungsweise 210.000 Besucher kamen in dem Jahr und in 2018 sollen es um die 500.000 gewesen sein. Die Preisgelder bewegen sich zwischen ungefähr 450.000 Dollar im ersten Jahr bis zu 500.000 Dollar in 2018. Die beiden Hauptpreise, ein Jury- und ein Publikumspreis, sind in den letzten Jahren mit jeweils 200.000 Dollar dotiert.

Daneben gibt es weitere Einzelpreise mit unterschiedlichem Preisgeld. Jeweils 12.500 Dollar in den letzten fünf Jahren. Die Gewinner des Publikumspreises werden von den Besuchern und den Einwohnern Grand Rapids gewählt.

Es ist nur dem Zufall zu verdanken, dass ich auf das Ereignis stoße. Aber einen Zufall gibt es ja nicht. Nur ein Zusammentreffen von auf den ersten Blick nicht zusammenhängenden Ereignissen. Das nennt man nicht Zufall, sondern *Synchronizität*. „Synchronisiert" fahre ich nach Grand Rapids, denn ich möchte einerseits diesen Teil nicht ignorieren, wenn ich über Michigan schreibe. Andererseits hat mich Charles Cleland, ein Schriftstellerkollege, aus dem Norden Michigans, der früher Geschichtsprofessor an der Universität in Grand Rapids gewesen war, auf die Dauerausstellung über die Ureinwohner Michigans im *Public Museum of Grand Rapid* aufmerksam gemacht. Die müsse ich unbedingt sehen. Er empfahl mir auch ein Hotel in dem ich nach dem Einchecken die ersten Skulpturen des künstlerischen Wettbewerbs sehe.

Ich frage nach und erfahre, dass ich einen Tag zu spät gekommen sei. Heute, ein Sonntag, sei der letzte Tag der *ArtPrize* gewesen. Die große Preisvergabe habe bereits stattgefunden. Eine Skulptur, die mit dem dritten Preis ausgezeichnet wurde, befinde sich im Hotel. Weiterhin höre ich, gewonnen habe ein Gemälde mit dem Titel *Elephants*, und die Dame vom Hotelempfang fügt hinzu: „Alles gezeichnet". Sie macht mir auch Hoffnung, dass ich, obwohl die Exponate bald abgebaut würden, bestimmt noch Gelegenheit hätte, das eine oder andere anzuschauen.

Ich warte gespannt auf den nächsten Tag. In der

Tat, gibt es eine Menge zu sehen. Eines der Kunstwerke, eine Installation von neun Pferden aus Metall und Holz im *Grand River*, lässt die früheren Stromschnellen erahnen. Der dargestellte Lauf der Pferde über das Wasser führt in dem schnell fließenden Strom zu kleinen Wirbeln und verschafft der Installation den Eindruck von Bewegung. Dieses Werk des Künstlers Richard E. Morse aus Michigan schafft es in die Top Ten.

Aber die Empfangsdame im Hotel hat nicht nur recht damit, dass ich noch vieles würde sehen können, auch mit ihrer zweiten Bemerkung über den Abbau liegt sie richtig. Einige der Exponate verschwinden direkt vor meinen Augen.

Ich spreche einige Künstler an. Ein Mann in blauem Kapuzen-Sweater (es ist sehr windig) und eine Frau mit schwarzer Wolljacke und einem rotem Schal (sehr geschmackvoll) stehen neben zwei Pfosten, die in mit Bildern bemalten viereckigen Keramikkästen stecken. Die Frau heißt Ellen und sie erzählt mir, sie kämen von der *Oklahoma State University*. Ich frage: „Und dies ist von den Studenten der Universität gestaltet worden?"

„Nein, von Schülern der *Elementary School*. Das ist eine *Charter School*. Ein Kunstlehrer von uns arbeitet mit den Kindern dort und zeigt ihnen, wie Keramikkästen hergestellt und bemalt werden. Das war von Anfang an als Beitrag zur *ArtPrize* gedacht. Es ist nämlich so, dass die Universität bei uns die Anlaufstelle dafür ist."

„Und die Schüler nehmen dann an der Ausstellung teil?"

„Man muss mindestens achtzehn Jahre alt sein, um

teilnehmen zu dürfen. Deshalb lassen sich für die *Art-Prize* die Lehrer mit den Werken registrieren. Aber die Schüler erschaffen die Ausstellungsstücke. Die Regeln besagen ja nur, der Ausstellende müsse achtzehn Jahre alt sein muss, nicht die an dem Kunstwerk mitarbeitenden Personen."

Ellen strahlt mich dabei an. Gute Schlussfolgerung, finde ich, und sicherlich ein beeindruckendes Erlebnis für die Kinder.

Vor dem *Gerald Ford Museum* steht das riesige Skelett eines Dinosauriers. Daneben sehe ich, wie der Künstler Daniel Cascardo sein Werk abbaut. Es wirkt wie ein Comic-Surfbrett, bemalt mit Motiven aus Michigan: Gebäude, Tiere, Früchte.

Auch wenn ich schon einiges gesehen habe, werde ich unruhig, denn der Abbau schreitet zügig voran und ich habe die Elefanten noch nicht gesehen, was daran liegt, dass sich das Bild im *Grand Rapids Art Museum* befindet, und das ist heute, am Montag, geschlossen. Ob die den Ruhetag nutzen, um vielleicht auch abzubauen?

Nein, das haben sie glücklicherweise nicht getan. Das Bild ist einzigartig. Ich habe etwas Vergleichbares noch nicht gesehen. Es ist kaum zu glauben. Ein Triptychon, insgesamt ungefähr 10,5 x 2,5 Meter groß, und es ist tatsächlich eine Bleistiftzeichnung. Es heißt zwar *Elephants*, aber die fast lebensgroßen Elefanten sind mit einer Menagerie anderer Tiere verflochten. Die Künstlerin, Adonna Khare, stammt aus Burbank in Kalifornien. Sie hat an dem Werk 18 Monate gearbeitet und bezeichnet es als noch nicht fertig (*work in pro*gress). Für mich sieht es perfekt aus. Adonna hat die 200.000 Dollar Preisgeld mehr als verdient. Insgesamt haben in 2012 sie und die weiteren 16 Gewinner 560.000 Dollar erhalten. Was ich an Bildern und Skulpturen gesehen habe, war eine großartige Kunstschau, die ich niemals vergessen werde.

Grand Rapids ist allemal einen Besuch wert und während der *ArtPrize* bildet es offensichtlich im Kleinen, was die Natur im Großen ist. Wie die ganze Welt, die mit ihren Wundern einen Wert an sich veranschaulicht. Doch ist auch jede Erscheinung für sich allein ein genauso einzigartiges Kunstwerk und bildet als solche einen Teil des Ganzen, womit das Ganze sich gleichzeitig in jeder Erscheinung offenbart.

Aber dieses einzigartige Kunstwerk wäre keines, würde ich es nicht als ein solches erkennen. Ein Bild, das niemand sieht, ein Buch, das niemand liest, eine Melodie, die niemand hört, ist sinnlos. Einen Sinn erhält die Erscheinung erst, wenn sie ihrer Bestimmung zugeführt wird und ihre Bedeutung erkannt wird. Ich stelle mir das vor wie bei einem Schiff: Solange es auf der Werft liegt, mag es schön anzusehen sein. Seinen Zweck erfüllen indes kann es erst, wenn es zu Wasser gelassen wird und damit sein Sinn anschaulich wird. Genauso offenbart das Kunstwerk der Natur seinen erst, wenn es reflektierend wahrgenommen wird. In Wüsten und Felsen ebenso wie in Wäldern und Seen.

Mich ziehen Felsen buchstäblich an, wie es mir beispielsweise auf der fast nur aus Sand und Stein bestehenden kanarischen Insel Fuerteventura passiert ist. Ich unterbrach einen Strandspaziergang, um zu schwimmen. Nachdem ich eine kurze Strecke hinausgeschwommen war, drehte ich mich um und blickte zum Strand zurück. Dabei wurde ich von dem Felsen dahinter derart gefesselt, dass ich sofort zurückschwamm, aus dem Wasser stieg und auf den Felsen zuging. Es fühlte sich an, als wenn er mir zuraunte: komm und berühre mich. Das tat ich. Ich lehnte mich an ihn. Ein anderes Mal an der Westküste der Insel, wo man wegen der gefährlichen Strömung nicht baden kann und sich nur wenige Menschen aufhalten, spazierte ich mit einem Freund den Strand entlang. Während unseres Gesprächs schaute ich einmal auf und sah vor mir eine Felswand. Ich ließ meinen Freund mitten im Gespräch zurück und ging schnurstracks auf den Felsen zu. Beide Male fühlte ich zwar, mich der Energie der Felsen entziehen zu können. Aber ich wollte es nicht.

Ein *Road Trip* ist der Traum von Weite und Unabhängigkeit, von Abenteuer und aufregenden Erlebnissen. Der klassische Traum hatte mit dem Weg auf der *Route 66* in den verheißungsvollen Westen der Vereinigten Staaten zu tun. In den 1970er Jahren konnten sich ihm selbst diejenigen, die wegen des Vietnam-Kriegs gegen die USA auf die Straße gingen, nicht entziehen.

Die *Route 66* gibt es nicht mehr. Sie besteht nur noch in nostalgischen Fragmenten als *Historic Route 66*. Die Verantwortlichen meinten, größere, breitere Straßen für den wachsenden Verkehr zu benötigen. Aber vielleicht war das nur vorgeschoben. Vielleicht wollte man den Hippies der Welt keine Infrastruktur mehr bieten.

Ich bin der früheren *Route 66* einmal gefolgt, was, bis auf die beschriebenen Fragmente, nicht einfach war. Man kann das aber mit etwas Recherchearbeit schaffen.

Der Teil von Chicago nach New-Mexiko ist, salopp gesagt, ziemlich langweilig. Danach verführen abseits der Route so viele Gegenden, wie beispielsweise der Grand Canyon, zum abbiegen, dass es für jemanden, der nicht, wie ich auf dieser Fahrt, in Los Angeles zu tun haben würde, keinen Sinn ergäbe, auf dem Weg zu bleiben.

Der *Road-Trip* durch Michigan, wenn man den Süden hinter sich hat, ist landschaftlich fast überall reizvoll. Das schreibe ich nicht nur den Großen Seen zu, die Michigan umschließen oder den ausgedehnten Wäldern, sondern zum großen Teil auch den vielen kleinen Seen und Flüssen. Michigan fiel mir bei einem Blick auf die Karte der USA sofort ins Auge: Das viele Wasser und die ungewöhnliche Form der unteren Halbinsel (*Lower Peninsula*), die einem Fausthandschuh gleicht. Das war Anfang 2008 und ich plante eine Reise in die Nähe von Washington D.C. zu nutzen, um längere Zeit durch die USA zu reisen.

Als ich erfuhr, dass es neben den Großen Seen im Landesinnern noch über 60.000 weitere kleinere gibt, stand für mich das Reiseziel fest. Ein Staat, in dem jeder Bewohner, der sein Haus verlässt, statistisch gesehen nach knapp zehn Kilometern einen See oder Fluss erreicht, wenn er nicht ohnehin an einem lebt, muss zauberhaft sein.

Die Großen Seen teilen den Staat Michigan in zwei

Halbinseln. Die untere grenzt im Süden an Indiana und Ohio und ein kleiner Teil im Südosten bei Detroit an Kanada. Ansonsten Wasser. Die Straßen um die Seen werden mit einem Hinweisschild gekennzeichnet, auf dem *Great Lakes Circle* steht. Die obere Halbinsel (*Upper Peninsula*) grenzt im Süden an Wisconsin und mit einem kleinen Teil im Nordosten auch an Kanada. Auf der *Upper Peninsula* (*UP*) leben nur drei Prozent der Bevölkerung Michigans. Entsprechend landschaftlich reizvoll ist es dort. Beide Halbinseln werden von der im Jahre 1957 eröffneten *Mackinac Bridge* verbunden, einer Hängebrücke am nördlichsten Teil der *Lower Peninsula*, wo *Lake Huron* und *Lake Michigan* ineinanderfließen.

In Munising, auf der UP gelegen, entdecke ich im Schaufenster von *Falling Rock,* eines Cafés und Buchladens, ein Buch der Autorin Tina Lonski mit dem Titel *Yooper.* Ich habe das Wort noch nie gehört, finde im Wörterbuch keine Übersetzung und frage Nancy, die Inhaberin. Sie erzählt mir, der Titel bezeichne einen Einwohner der UP. Aus der englischen Aussprache wurde Yooper. Ich kaufe das Buch und erfahre, man kann von Kindesbeinen an jeden Sommer den Urlaub auf der UP verbringen, aber in den Augen der Bewohner ist man dadurch noch lange kein Yooper. Man muss hier schon leben. Aber das reicht manchen Hartgesottenen auch nicht. Für die ist man Yooper nur durch Geburt. Das erinnert an meine Heimatstadt Hamburg, in der es eine Steigerung gibt. Wir unterscheiden zwischen einem gebürtigen Hamburger, der in Hamburg geboren ist, und einem geborenen Hamburger, bei dem schon die Eltern in Hamburg geboren sind. Ich bin gebürtiger, mein Sohn ist geborener Hamburger. Alle Zugereisten nennt man zärtlich *Quiddjes*.

Wie aber nennt man auf der UP die Einwohner der *Lower Peninsula* in Michigan, die keiner als LP bezeichnet? Ganz einfach erzählt man mir: Sie leben unterhalb der *Mackinac Bridge*. Einen Menschen, der unter einer Brücke lebt, nennt man hier – Troll.

Auf dem Weg nach Michigan wird aus meiner geplanten Erholungs- und Urlaubsreise plötzlich literarischer Ernst, als der Name Ernest Hemingway fällt.

Im dem buddhistischen Kloster *Bhavana-Society* in West-Virginia, in das ich für zehn Tage von Washington aus gefahren bin, erzählt mir einer der Mönche, er komme aus Michigan.

Das sei interessant, sage ich ihm und bitte um Tipps für meine geplante Reise. Er rät zum Naturschutzgebiet *Pictured Rocks* auf der *Upper Peninsula*. In der Nähe, fügt er hinzu, befinde sich ein Fluss, über den Hemingway eine Geschichte geschrieben habe, mit dem Titel *The Big Two-Hearted River*. Außerdem solle ich mir noch an der Westküste der *Lower Peninsula* die riesigen Dünengebiete anschauen. Das ist für norddeutsche Küstenbewohner, wie ich einer bin, nichts Besonderes. Aber andererseits haben mir Dünen immer gefallen.

Die meisten Naturparks der amerikanischen Staaten liegen nicht in Kalifornien, Colorado oder Florida, sondern in Michigan. Den ersten, *Ludington State Park*, sehe ich an der Westküste. Ich quartiere mich für drei Tage in einem Motel in Ludington ein. Direkt am See. Zwei

Tage lang ist es diesig und dadurch reicht das Licht des Leuchtturms nicht weit genug auf den See hinaus. Deshalb hat jeder Leuchtturm außer seinem Leuchtfeuer noch etwas anderes und das höre ich nicht nur die zwei Tage, sondern auch die dazugehörigen Nächte: ein pausenlos trötendes Nebelhorn. Aber sonst ist es schön.

Wie sollte es das auch nicht sein, in einer Stadt direkt am *Lake Michigan*, umgeben von einem Naturpark mit Marschlandschaften, Sanddünen und Wäldern auf einer Strecke von fast zwölf Kilometern? Selbst der kleine Hafen ist reizvoll, von dem aus man per Fähre über den See nach Manitowoc, Wisconsin, schippern kann.

Direkt gegenüber meines Motels gibt es ein Kriegerdenkmal, und ich erlebe einen Umzug am *Memorial Day*: Am Straßenrand winken ungefähr 200 Zuschauer, die, zusammen mit denjenigen, die den Umzug gestaltet haben, später bei der Kundgebung am Ehrenmal eine feierliche Kulisse abgeben. Alles ist farbenprächtig geschmückt und, bei dem Anlass kaum zu glauben, fröhlich.

Am Tag des Gedenkens an die Helden verschiedener Kriege, präsentieren die Veteranen am Ehrenmal ihre Waffen und gedenken ihrer selbst sowie der Gefallenen. Sie haben für die amerikanische Bevölkerung gekämpft, für Freiheit und Demokratie. Dies ist für viele Menschen in den USA ein Wert, für den zu kämpfen und zu sterben sich lohnt. Das merke ich auch an einem Autoaufkleber, der mir merkwürdig vorkommt. Aber für die Menschen hier ist er das anscheinend nicht.

Er verkündet: *Wir sind stolz, Eltern eines Soldaten der US-Armee zu sein.*

Stolz zieht sich auch durch die gesamte Veranstaltung. Von großen Umzugswagen winken die Veteranen freudestrahlend in die Runde. Ein Fahrzeug fordert auf der Kühlerhaube: *God bless America*, und an der Seite sind fünf Kriege aufgeführt, mit dem Slogan: *Freiheit muss verdient werden.*

Es soll sich bei den Veteranen auf diesem Wagen um Überlebende von Pearl Harbor handeln, dem Kriegshafen, den die Japaner überfallen haben und damit die USA in den Zweiten Weltkrieg zwangen. Ich bezweifele allerdings, dass die Männer, die so fröhlich winken, dabei waren. Sie sind nicht älter als höchstens Ende 60. Pearl Harbor war aber 1941. Ungefähr zu der Zeit ihrer Geburt.

Auf der Rücklehne eines alten Cadillacs sitzt ein Matrose, der die Veteranen des *Persian Gulf War* repräsentiert. Der Oldtimer wird von einem älteren Herrn gefahren. Wahrscheinlich der Vater des Matrosen.

Neben Oldtimern sind Kutschen und Pferdestaffeln, zum Beispiel des Sheriffbüros vom County dabei, und dazwischen einzelne Reiter, bei denen nicht erkennbar ist, was sie dort zu suchen haben. Außerdem, das darf bei keinem Umzug fehlen, gibt es Cheerleader und natürlich Musikkorps.

Als sich alles am Ehrenmal aufgestellt hat, ergibt sich ein prächtiges Bild: Rechts stehen zwei alte fahrbare Kanonen und um sie herum Männer in farbenfrohen klassischen Uniformen. Auf der Seite zum *Lake Michigan* eine Reihe von Männern in unterschiedlichen Uniformen, mit amerikanischen Flaggen und Standarten. Dahinter die jungen Musiker und Cheerleader. Letztere wirken in ihren dünnen Kleidchen etwas verfroren; für Mai ist es ziemlich kalt. Linker Hand steht das Volk. Zur Straße hin ist vor dem Ehrenmahl ein Rednerpult aufgebaut. Drumherum befinden sich Stühle für die Honoratioren.

Dann wird geredet, die Kanonen werden abgefeuert, und schließlich treten einzelne Veteranen hervor, um am Ehrenmahl Kränze abzulegen. Einer der Standartenträger fällt in Ohnmacht. Acht Kränze werden zum Ehrenmal getragen, für acht Kriege. Ich habe es gezählt. Acht Kriege haben die Vereinigten Staaten in den letzten knapp 100 Jahren geführt: Erster Weltkrieg, Zweiter Weltkrieg, Korea, Vietnam, Erster Golfkrieg, Afghanistan, Zweiter Golfkrieg und der Krieg gegen den Terrorismus, der einen eigenen Kranz erhält. Alles im Namen von Freiheit und Demokratie.

Freiheit und Demokratie? Kriege sind, nach Clausewitz, die Fortsetzung der Politik mit anderen Mitteln. Am Ehrenmal in Ludington heißen sie Konflikte. Ich kann mir nicht anmaßen, alle Gründe für die amerikanischen Kriege und kriegerischen Einsätze anderer Art, die es neben den von mir gezählten acht gegeben hat, zu kennen oder ihre Berechtigung zu beurteilen. Genau so wenig, wie ich mir das anmaße, kann ich behaupten, ich wüsste besser als George W. Bush auf die Terrorakte des 11. September 2001 zu reagieren. Ob er über Alternativen nachdachte, entzieht sich ebenfalls meiner

Kenntnis. In den Anschlägen von 9/11 eine Kriegserklärung zu sehen und militärisch zurückzuschlagen, dreht jedoch die Gewaltspirale weiter. Vielleicht wären die Toten von Afghanistan und dem Irak, die vielen körperlich und seelisch Verletzten sowie die Opfer in der Bevölkerung zu verhindern gewesen. Wer weiß? Vielleicht ist der Anspruch, Freiheit und Demokratie zu verteidigen, indem man Freiheit und Demokratie mit der Waffe verbreitet, zu egozentrisch. Die Aufschrift auf dem Ehrenmal in Ludington legt davon ein Zeugnis ab:

dedicated in grateful
Tribute to the living
and dead who through
their valiant efforts
and bitter sacrifice
have made and kept
America great

Für mich liest sich das so, dass der Kampf um Freiheit und Demokratie mit der Entwicklung Amerikas verbunden ist. Aber nicht allein mit seiner Freiheit und Demokratie, sondern seiner Größe.

Wer wie ich Bücher liebt, kennt das. Ich betrete auf Reisen, obwohl ich schon zahlreiche besitze und etliche davon in einer Ecke darauf warten, gelesen zu werden, jeden Buchladen, an dem ich vorbeikomme. Ich finde immer etwas. 1989 beispielsweise in Kairo sogar etwas Besonderes. Ein Jahr zuvor hat der erste ägyptische Schriftsteller, Nagib Mahfouz, den Literaturnobelpreis gewonnen. Ich hätte damals gern ein Buch von ihm gekauft, denn ich kannte ihn noch nicht.

Aber in der Bundesrepublik gab es zu der Zeit keine Bücher von ihm. Als ich in Kairo in einen Buchladen gehe, es war Anfang 1990, erwarte ich alles, nur keine deutsche Übersetzung eines Buches von Mahfouz. Aber genau das finde ich: *Das Hausboot am Nil.* Eine Veröffentlichung aus der DDR. Dort hatte man gern afrikanische Schriftsteller verlegt. Dort ging es nicht um wirtschaftlichen Erfolg. Dort zensierte man in solch einem Fall nicht. In Ägypten ging es um sozialistische Interessen. In der Bundesrepublik hatte man, auch in den Verlagen, andere. Es ist soweit okay. Ich finde nur, man sollte Bücher ihres Inhalts wegen verlegen.

In Ludington finde ich in einem kleinen Buchladen, ich hatte auch danach gesucht, da Buch *The Nick Adams Stories* von Ernest Hemingway. Dem kleinen *Book Mark*, wie das Geschäft sich nennt, ist ein Café angeschlossen. Ich nehme mit dem gerade erworbenen Hemingway-Buch Platz, bestelle einen Kaffee und, fange an zu lesen. Das Buch enthält die Kurzgeschichte über den Fluss *The Big Two-Hearted River*, von der mein Mönch gesprochen hat. Abends im Bett lese ich weiter. Namen von Orten und Landschaften, die im Buch erwähnt werden, finde ich später auf meinem Straßenatlas. Sie befinden sich in der Gegend um Petoskey, einer Region, die man mir am Nachmittag empfohlen hatte. Ich beschließe, mir all die Orte anzusehen und ahne schon ein bisschen, dass es wohl der Anfang von etwas sein könnte, das mich über die Besuche hinaus beschäftigen würde. Und in der Tat.

Am Ende steht ein Buch, das 2011 zu Hemingways 50. Todestag veröffentlicht wurde. Eine Teil-Biografie über seine Kindheit und Jugend sowie über den Beginn seiner schriftstellerischen Karriere. Nachdem ich mit der Hemingway-Biografie fertig war, stellte ich fest, dass mich Michigan immer noch interessiert.

Ich beschließe, noch einmal dorthin zu fahren. Dieses Mal, um darüber zu schreiben und nehme mir vor, so viele Interviews wie möglich zu führen. Anna meint, als ich ihr von meinem Plan erzähle: „Du willst doch hoffentlich nicht die Leute auf offener Straße anquatschen." Aber genau das habe ich vor. Auch wenn sie das als unangemessen empfindet. Aber, was weiß Anna schon?

Meine anfängliche Sorge, die Menschen könnten abweisend reagieren, erweist sich als unbegründet. Amerikaner sind ein freundliches Volk. Ich weiß, man soll Klischees vermeiden. Manche sind aber zu schön. Wie beispielsweise bei der Gratulation zum Geburtstag. Wenn ich sage, „... alles Gute, Glück und Gesundheit", heißt es jedes Mal, das sei das Wichtigste. Ich bestätige das auch jedes Mal. Wer sagt, die Amerikaner seien freundlich, bekommt zur Antwort: „Ja, aber das ist alles nur oberflächlich".

Ich vermeide zu fragen: „Im Gegensatz zur Unfreundlichkeit der Deutschen, die ehrlich gemeint ist?" oder „Im Gegensatz zur Freundlichkeit der Deutschen, die von Herzen kommt?".

Ich finde durchaus genügend Erfahrungen für meine Wahrnehmung zu besitzen, dass in den USA die

Menschen überwiegend freundlicher sind als in Deutschland. Als ich einmal nach einem längeren Aufenthalt in den USA wieder nach Deutschland zurückkehre, bekomme ich ein gutes Beispiel. Ich war es gewohnt, begrüßt, angelächelt und respektvoll behandelt zu werden. Mit gewissen Einschränkungen natürlich, vor allem in den größeren Städten. Aber fast immer beim Einkaufen. Als ich nach meinem Rückflug in Hamburg zum Bäcker gehe, um etwas zu essen zu besorgen, halte ich einer Frau die Tür auf. Kein Wort, kein Blick. Macht nichts. Habe ich trotzdem gern getan. Als ich das Paket Brot, das ich gekauft habe, in die Hand nehme, stelle ich fest, dass es fast zu einem Halbkreis gebogen ist. Ich sage das der Verkäuferin. Als Antwort erhalte ich: „Wir haben das so eingekauft", und als ich sie groß ansehe, fügt sie hinzu: „Ich kann ja mal sehen, ob es noch ein anderes gibt."

Ich gehe jede Wette ein, nicht eine einzige Servicekraft in den USA hätte so reagiert, wie ich es hier erlebt habe. Sie hätten alle: „I am sorry" oder ähnliches gesagt und sich das gleich angeschaut. Vielleicht aber verwende ich mit freundlich einen unangemessenen Begriff. Vielleicht ist höflich der bessere. Höflich zu sein, ist im Kern oberflächlich. Die Menschen in Michigan, die ich treffe, haben mir höflich auf meine Fragen geantwortet. Später, zu Hause, benötige ich Wochen und Monate für die Auswertung der Gespräche, die ich aufgezeichnet habe. Ich hätte nicht soviel fragen sollen, denke ich häufig. Aber als ich die Recherchen und Vorbereitungen abgeschlossen habe, bin ich froh über mein Material.

Im Buchladen von Ludington kann ich angesichts der verlockenden Landschaft um mich herum nicht den ganzen Nachmittag lesend verbringen und mache einen Spaziergang durch die Dünen des Naturparks. Auf dem Rückweg zu meinem Auto komme ich an einem Campingplatz vorbei. Ein größerer Wohnanhänger wird gerade mit viel Aufwand bewegt und an einen Truck gehängt. Ich sehe eine junge Frau, die anscheinend zum Wohnwagen gehört. Sie gießt aus einer kleinen Kanne eine Flüssigkeit in die Büsche. Ich tippe auf kalten Kaffee. Sie sieht mich, sagt „Hi", ich sage auch „Hi", dann bläst sie die Backen auf, seufzt und sagt: „Das ist der Teil am Camping, den ich am meisten hasse".

Außer in meiner Jugend, als es finanziell die einzige Möglichkeit war, Wochenenden und Urlaube an der See zu verbringen, kenne ich es nicht. Mochte es auch nicht besonders. Wenn die Sonne schien, waren die Getränke zu warm. Schon beim Frühstück zerlief die Margarine und nächtens bekam man wegen der Hitze und Mücken kein Auge zu. Regnete es, war es noch schlimmer. Aber die Camper in Ludington haben anscheinend nur die Schwierigkeit mit dem Auf- und Abbau.

Der gewaltige Wohnanhänger hat sicherlich Klimaanlage, Kühlschrank, Dusche und Toilette. Ich kann deshalb die Klage der Frau nicht ganz nachvollziehen. Aber ich bin höflich. Nachdem ich die außergewöhnliche Landschaft gelobt habe, fragt sie, ob ich das erste Mal in Ludington wäre. Ich gebe zu, überhaupt das erste Mal in Michigan zu sein. Dann, und darauf besteht sie, dürfe ich auf keinen Fall versäumen, zu den *Sleeping Bear*

Dunes zu fahren. Das sei noch viel beeindruckender, als dies hier.

Sleeping Bear Dunes. Ein kuscheliger Name für etwas, das ich immer als kuschelig bezeichne und empfinde: eine Dünenlandschaft. Besonders wenn ich im warmen Sand sitzen oder liegen kann. Möglicherweise der Hauptgrund, weshalb ich Dünen mag. Ich beschließe, dem Rat der Frau, besser ihrer Anweisung, zu folgen und fahre zu der „schlafenden Bärin".

Einen Schatz wie die Naturschönheit Michigans kann man ausbeuten oder beschützen. Die hohe Anzahl der Naturparks deutet auf letzteres hin. Das ist allerdings nur eine Momentaufnahme der heutigen Situation. Die Parks waren nicht immer Parks und geschützt auch nicht. Die Ressourcen Michigans – Wälder, Bodenschätze, insbesondere Kupfer und Eisen, sowie Pelze und Fleisch von Wildtieren – sind weitestgehend ausgebeutet. Was einst großflächig abgeschossen wurde, soll heutzutage, mit Hilfe neuer Technologien, kleinteilig wieder zum Leben erweckt werden.

Ich habe gelesen, dass eine seit über hundert Jahren ausgestorbene Taubenart per DNA-Übertragung neu gezüchtet werden soll. Zu der Zeit, als die Europäer den amerikanischen Kontinent zu besiedeln begannen, war diese Taubenart (*Passenger Pigeons*), die am meisten verbreitete Vogelart in Kanada und den USA. Sie lebte in riesigen Schwärmen, bei deren Auftauchen sich oft der Himmel verdunkelte. Dadurch waren die Vögel eine leichte Beute. Sie wurden abgeschossen, in Netzen gefangen oder perfide ausgeräuchert, wenn sie auf den

Bäumen saßen, sodass sie wie reife Früchte herunterfielen.

Möge das Werk gelingen, sie wiederzubeleben. Nicht ganz so schlimm wie diesen Tauben erging es den Wölfen und Weißkopfseeadlern. Sie sind nicht ganz ausgerottet worden. Die Anstrengungen der Naturschützer auf die hauptsächlich das Verbot von DDT zurückgeht, haben erfreulicherweise dazu geführt, dass diese Tiere in Michigan wieder anzutreffen sind und von der Liste der bedrohten Tierarten gestrichen werden konnten.

Als die Wälder abgeholzt waren und die Minen ab getragen, als die Schienen der Eisenbahnen und die Häfen verwaisten, verschwanden die Städte oder gingen, bis auf eine Handvoll Häuser, langsam zugrunde. Die jungen Leute verließen ihre Dörfer, weil sie dort unmöglich noch leben konnten und gingen nach Detroit oder in die anderen Städte des Südens. Ernest Hemingway schreibt über den Norden Michigans in einem Brief an seinen Kollegen William Faulkner: *Bäume abgeholzt. Nichts übrig außer Tankstellen, Parzellierungen, wo wir in der Prärie Schnepfen gejagt haben usw.*

Dann kam die Stunde der Naturparks mit verschiedenen Programmen. Immer neue kommen hinzu und alte werden erweitert. Dass ein Schutzprogramm für die Natur nicht nur ein Selbstzweck für ihren Erhalt darstellt, sondern auch den Menschen dient, kann man am Tourismus in Michigan sehen, der, zumindest in einigen Gegenden, wächst, während andere Wirtschaftszweige, insbesondere im Süden, zu kämpfen haben.

Die Touristenorganisation *Pure Michigan*, die Besuchern den Staat schmackhaft macht, hat keine Mühe, Michigan gut zu verkaufen. Seen, fast 100 Naturparks und Erholungsgebiete, Schutzräume für Wildtiere, Tausende Kilometer für Wander- und Radtouren, im Winter für Ski-Langlauf und Schneemobiltouren, Campingplätze, davon einige für wildes Campen, über 100 öffentliche Strände und Leuchttürme sowie mit *Mackinac Island* eine autofreie Insel als Freizeitpark. Da braucht man sich touristisch keine Sorgen zu machen.

Michigan ist der einzige amerikanische Staat, der in zwei Halbinseln unterteilt ist. Er hat die meisten Naturparks und Wasserflächen Amerikas. Seine Küstenlinie der ihn umschließenden vier Großen Seen ist länger als die Gesamte Ostküste der Vereinigten Staaten am Atlantik. Was den Staat aber nicht von den anderen unterscheidet, sind die Straßen, sowohl vom Zustand als auch von der Beschilderung.

Die Interstates sind unseren Autobahnen, die Highways unseren Bundesstraßen vergleichbar. Kostenpflichtige Autobahnen werden meistens als Turnpikes bezeichnet. Es gibt die Highways auch als Landstraßen, die vom einzelnen Staat unterhalten werden. Außerdem Nebenstrecken, wie County Roads, die teilweise unbefestigt sind. Alle Straßen sind nummeriert und mit entsprechenden unterschiedlichen Schildern gekennzeichnet.

Im Wesentlichen richtet sich die Nummerierung nach den Himmelsrichtungen. Ziffern in Nord-Süd-Richtungen sind ungerade und Straßen, die west-östlich verlaufen, haben gerade Ziffern, jeweils mit der Angabe der Himmelsrichtung,.

Ich versuche, die Interstates zu vermeiden, obwohl sie außerhalb der Ballungsgebiete durch sehr breite grüne Mittelstreifen reizvoller sind als unsere Autobahnen und teilweise auch durch prächtige Landschaften führen. Auch das Fahren ist angenehmer, was möglicherweise an den Geschwindigkeitsbeschränkungen bis maximal 75 Meilen liegt, ungefähr 120 Stundenkilometer. Schrecklich aber die großen Reklameschilder entlang der Interstates. Manche durchaus witzig, gewollt oder unfreiwillig, wie das Schild: *Always Christmas, Outlet Store 50-80 Percent off.* Im Sommer für Weihnachtsartikel zu werben, das ist schon etwas Besonderes.

Ich fahre auf der Interstate von Detroit aus mit einem kleinen Ford, was sich schließlich so gehört, wenn man durch Michigan reist. Das Auto ist prima. Ein Hinweisschild auf die nördlich von Detroit gelegene Stadt Flint erinnert mich daran, dass Michael Moore, der Dokumentarfilmer, von hier stammt.

Er hat mit seinem Film *Bowling for Columbine* Furore gemacht und dafür den „Oscar“ (*Academy Award*) für den besten Dokumentarfilm im Jahre 2002 gewonnen.

Ich erinnere mich noch an die Preisverleihung. Es war die Zeit von George W. Bush. Der letzte Satz von Moores Dankesrede war: „Thank you very much.“ Was man so sagt. Was man nicht sagt, waren seine Sätze davor, die mit „Shame on you, Mr. Bush“, ihren Höhepunkt hatten. Moore sagte bezogen auf seinen Film: „Wir mögen Nonfiction”, und fügte hinzu: „aber wir leben in fiktionalen Zeiten. Wir leben in einer Zeit fiktionaler Wahlergebnisse, die fiktionale Präsidenten hervorbringen. Wir leben in einer Zeit, in der uns ein Mann mit fiktionalen Gründen in einen Krieg schickt. Schämen Sie sich, Mr. Bush, schämen Sie sich."

Wenn man sich anschaut, wie sich die USA seit damals entwickelt haben, wünscht man sich fast einen „fiktionalen" Präsidenten angesichts des realen, der seit 2017 im Weißen Haus sitzt.

Ich habe alle Wahlkämpfe in den USA seit 2008 zeitweilig miterlebt. In 2016 war ich schockiert, als ich in einem Vorgarten in Michigan ein Schild mit der Aufschrift sah: *Donald for President, Hillary for Prison.* Das war noch zur Zeit des Vorwahlkampfes. Trump war noch nicht mal als Kandidat der Republikaner aufgestellt. Und es war auch die Zeit, als gute Freunde von mir, von denen ich wusste, das sie zweimal Obama gewählt hatten, auf meine ungläubige Frage, die sich aus einer politischen Diskussion mit ihnen ergab, ob sie sich vorstellen könnten, Donald Trump zu wählen, mit Ja antworteten.

Sie und viele andere in Michigan, das wusste ich noch aus dem Vorwahlkampf 2008 zwischen Obama und Hillary Clinton, hassten Hillary. Während des Wahlkamps 2016 habe ich politische Gespräche deshalb auch versucht, zu vermeiden. Dass Michigan dann mehrheitlich für Trump gestimmt hat, machte mich traurig. Gewundert hat es mich nicht.

Die amerikanischen Wahlen schaue ich mir in Deutschland, zu dann nachtschlafender Zeit, immer auf

CNN an. Die Nächte von 2008 und 2016 werde ich beide nicht vergessen. In 2008 besonders nicht den Augenblick, als die Informationswand des Studios nach Bekanntgabe der Wahlergebnisse aus dem Westen, vor allem aus Kalifornien, die Anzeige wechselt. Plötzlich erscheint in großer Schrift: *Barak Obama elected President.* Ein Gänsehautmoment. Der erste afro-amerikanische Präsident.

In 2016 hörte ich anfangs die Experten sagen: Das werde nicht passieren. Trump habe nur eine Chance wenn Pennsylvania, Michigan, Wisconsin, Minnesota fallen würden. Alle und außerdem die Swing States Ohio und Florida an den Grundstücksmogul und Reality-Star aus New York gehen würden. Sie fielen alle. Die ersten schon, als ich gerade mein zweites Glas Rotwein eingeschenkt hatte. Dabei blieb es dann auch, weil mir nach mehr nicht zumute war. Ich hielt aber bis zum Schluss apathisch durch. Als die Tafel mit dem *elected President* kam, ändert das nichts mehr an meiner Stimmung.

Auf meinen Autobahnfahrten finde ich einige der Reklameschilder interessant und abwechslungsreich. Beispielsweise: *Verletzt?* (*Injured?*). Man sollte meinen, es weise auf Ärzte oder Hospitäler hin. Aber weit gefehlt. Ein Rechtsanwalt bietet seine Dienste an. Ich fahre die Autobahnen, wenn ich aus dem Ballungsgebiet im Süden um Detroit herum, schnell verschwinden möchte. Häufig geht es, wie bei uns, durch viele Baustellen, auf denen, das kenne ich irgendwie, nicht gearbeitet wird. Üblich sind wie bei uns Geschwindigkeitsbegrenzungen.

Die gelten hier aber – anders als bei uns – nur, wenn gearbeitet wird (*When workers present: 45 Miles*). Aber wenn keine Arbeiter zu sehen sind, kann man Gas geben. Die Landschaft wird, im Süden jedenfalls, meistens durch Geschäfts- oder Fabrikgebäude und Einkaufszentren, den weitläufigen sogenannten Malls, verdeckt, wo man Fastfood essen, übernachten und einkaufen kann. Einige Schilder weisen bei Waldgebieten darauf hin, das sie zu kaufen wären. Ich hoffe nicht, dass der etwaige Käufer eine weitere Mall baut, denn hier ist es üblich, eine neue neben die alte zu setzen. So befinden sich häufig größere neben kleineren, deren Geschäfte dann häufig aufgeben müssen und verlassen sind.

Wer von Süden die I 76 nach Norden fährt, sieht den ersten Hinweis auf einen Naturpark ungefähr 30 Meilen hinter Detroit. Dort lichtet sich auch die Gegend und der erste See taucht auf, der *Kent Lake.*

Wer hier Golf spielen möchte, kann die Ausfahrt 151 zum *Kensington Nature Park* mit angeschlossenem Golfplatz nehmen, verpasst dann aber das Reklameschild für ein Grillrestaurant mit dem herrlichen Text: *Fresh Pig Roasted – Oink Oink.*

Je weiter man nach Norden kommt, umso grandioser wird die Gegend. Dafür die Straße umso schlechter. Spurrillen und Schlaglöcher insbesondere auf der rechten Spur der Straße schütteln einen durch. Aber dafür öffnet sich die Interstate mit einem breiten grünen Mittelstreifen und gibt den Blick auf die Landschaften frei. Die Straßen bleiben schlecht, aber die Gegend wandelt sich vollkommen: Weite Wiesen und kleine Wälder. Die ersten Farmhäuser. Allerdings immer wieder unterbrochen von Malls an den Abfahrten zu den umliegenden Ortschaften. Das nächste Grillrestaurant wirbt mit *Hottest Grill in Town.*

Außerhalb des Ballungsgebiets um Detroit fast nur noch langweilige Autohäuser und Versicherungen, die sich mit Fotos der Inhaber anbieten, die ich, hätte ich es zu entscheiden, lieber nicht groß plakatiert hätte. Grauhaarige oder kahlköpfige Schlipsträger suggerieren bei mir kein Vertrauen. Das Bild eines Zahnarztes, der schmerzfreie Zahnbehandlung verspricht (*Painless Dentistry – Specialty Implants*) erinnert an den Komik-Schauspieler Steve Martin. Es hatte für mich eher den Eindruck von Satire. Die Fotos bedienen das Ego der Anbieter. Warum soll das die Kunden interessieren? Schmerzlose Zahnbehandlung ist ein Wert an sich und heutzutage, jedenfalls in westlichen Ländern, überall zu haben. Was mich als potentiellen Patienten interessieren könnte, wäre, wie das mit den Wartezeiten und Kosten ist, aber nicht, wie der Typ aussieht, der an meinen Zähnen herumbohren möchte.

Ein Schild gegen Abtreibung zeigt ein kleines Mädchen. Darüber die Worte: *Ich lächle, weil meine Mutter mich haben wollte.* Danach ermuntert die *Flagstore Bank* die Bürger, ihr Geld in Michigan zu lassen.

Beim Spartan Stadium, der Heimat des Football-Teams der Stadt Spartan, sehe ich einen toten Waschbären auf dem Seitenstreifen. Man sieht sie leider häufiger.

Auf dem Weg nach Mount Pleasant verlasse ich die Autobahn und nehme den Freeway 127. Die ersten

Händler für Landmaschinen tauchen auf, Werbetafeln für Plantagen, Baumschulen und Cyder Mills, in denen aus den vielen Äpfeln, die hier geerntet werden, Cyder gemacht wird. Ein kleiner Ort ist vollgepackt mit Lokalen, die in hübschen Gebäuden am Straßenrand zum Anhalten, Einkehren, Essen und Trinken animieren. Kein Café. Das könnte ich gebrauchen.

Der Himmel bewölkt sich. Schnell und dunkel. Hinter der Roggy Road in Ithaca, das mich an Felsen und Tavernen auf der gleichnamigen griechischen Insel denken lässt, verschwindet die Sonne.

Die nächste Baustelle lässt mich schaudern: Wenn ich hier einen Arbeiter umfahre, kostet mich das 7.500 Dollar Strafe und 15 Jahre Knast. Nicht gerade das, was ich mir vorstelle.

Auch Ithaca hat ein kleines Football Stadion. Der Lions Club des Ortes hat zwei Meilen der Straße adoptiert. Überall in Michigan (und auch in anderen Staaten) gibt es Straßenteile, die von irgendeiner Organisation „adoptiert" wurden. Diese Programme (*Adopt a Highway* oder *Adopt a Street*), dienen der Pflege der Straßen. Für die Erwähnung auf einer Hinweistafel am Anfang und Ende der jeweiligen Strecke, verpflichtet sich der Adoptierende, diesen Teil für eine gewisse Zeit zu pflegen und zu reinigen.

Auf einem Rastplatz gibt es, entgegen meiner Hoffnung, keinen Kaffee, aber wenigstens eine Toilette. Ich steige aus. Im Auto habe ich nicht bemerkt, wie windig es ist. Ein Werbeschild erregt meine Aufmerksamkeit: *Historic Town St. Louis, Exit 124.*

Ich beschließe, dorthin einen Abstecher zu machen. Als ich den Rastplatz verlasse, sehe ich zum ersten Mal das Schild *Click it or Ticket*, das ich von früheren Aufenthalten kenne und bereits vermisst habe: Lakonische Ermahnung, sich anzuschnallen. Nach St. Louis sind es drei Kilometer.

Der Ort geriert sich als der geografische Mittelpunkt der *Lower Peninsula* (*The Middle of the Mitten*), sieht aber aus wie jeder andere. Rechts und links Fastfood- und Hotelketten, Einkaufszentren mit den immer gleichen Geschäften und Tankstellen. Das angepriesene *Historic Centre* ist nicht zu sehen. Nur eine Brücke, die mit roten und schwarzen Luftballons geschmückt ist. Plötzlich bin ich in Downtown, und der Verdacht taucht auf, das wäre womöglich das *Historic Center*. Stimmt. Historisch entspricht in Michigan nicht europäischen Maßstäben. St. Louis wurde 1853 gegründet.

Was habe ich erwartet? Jedenfalls nicht ein paar alte Gebäude auf ungefähr 150 Metern Straßenfront, mit einem Denkmal für gefallene Krieger auf kleiner Rasenfläche am Ende. Auch nicht mindestens drei Friseure, ein Steuerberatungsbüro, einen Musikalienhandel, ein altes Kino, in dem, wie die Reklametafel noch ausweist, kürzlich eine Veranstaltung der Art *Michigans Next Topmodel* (*Michigan Majesty Pageants*) stattgefunden hat, und einen Möbelladen mit für meine Begriffe geschmacklosen Sofas.

Ich verlasse den Ort schnell. Erste Regentropfen auf der Frontscheibe. Ich durchquere Heidelandschaften. Der Regen wird stärker. Die weitgestreckte Heide wirkt grau und wird bald durch Maisfelder ersetzt. Ich will in Mount Pleasant übernachten und habe in mein Navi ein beliebiges Hotel eingegeben. Das liegt jedoch, wie sich herausstellt, gleich an der Ausfahrt, inmitten einer Mall. Ich fahre auf blauen Dunst weiter. Aber anscheinend in die falsche Richtung. Gegenüber, in einer Seitenstraße, lauert ein schwarzes Polizeiauto. Reklametafeln: *Michigan's Best Buffet, Michigan Vietnam Memorial, Soaring Eagle – Casino und Resort.*

Ich beschließe, umzukehren. Bei der nächsten Möglichkeit biege ich rechts ab, denke mir, noch zweimal rechts, um wieder auf diese Straße zu kommen, auf der ich dann in die andere Richtung fahren werde. Aber bis ich die nächste Gelegenheit erhalte, rechts abzubiegen, vergeht viel Zeit. Ich gebe ein bisschen Gas, dann endlich zweimal rechts und da ist sie wieder, meine Straße. Kurz darauf eine Polizeisirene.

Ich kann es nicht glauben. Aber kein Zweifel. Ich bin an der Kreuzung abgebogen, an der ich vorher das Polizeifahrzeug gesehen habe. Ich dachte da noch: Die haben sich ein prima Versteck ausgesucht. Da werden sich wohl noch einige wundern. Nun bin ich es, der sich wundert.

Ich weiß sofort, warum die Polizei hinter mir her ist. Das Stoppschild habe ich gesehen, bin aber froh gewesen, wieder auf die alte Straße zu kommen und einfach abgebogen. Alles war frei. Wozu sollte ich anhalten? Ich weiß mich dabei mit einem Professor einig, den Vladimir Nabokov im Roman *Pnin* das erste Mal durch die Fahrprüfung fallen lässt. Timofey Pnin, russischer

Emigrant in den USA, startet mit dem Prüfer eine Diskussion darüber, nichts sei erniedrigender für ein rational denkendes Wesen, als an einer roten Ampel zu halten, wenn weit und breit, weder zu Fuß noch im Auto, irgendeine menschliche Seele zu sehen ist. So geht es mir mit Stoppschildern. Außerdem war ich mit der Suche nach einem Hotel beschäftigt. Aber auch in Michigan muss man an einem Stoppschild halten.

Ich fahre rechts heran, bleibe im Auto sitzen und lege meine Hände auf das Lenkrad. Das habe ich in Filmen gesehen. Der Polizist stellt sich mit seinem Namen und als *Officer* der *State Police* vor. Mich angehalten habe er, weil ich ein Stoppschild überfahren habe. Das weiß ich selbst und räume es ein, füge aber, weil ich denke, das könne mein Verhalten entschuldigen, hinzu, dass ich ein Hotel suchte und unbedingt tanken müsse, weshalb ich wohl nicht aufmerksam genug gewesen sei. Er ist nett. Will wissen, wo ich herkomme. Dann bittet er um meinen Führerschein. Ich gebe ihm meinen EU-Führerschein. Er schaut drauf und fragt, was das wäre. Ich bin ein bisschen pikiert. Ob ich etwas anderes hätte. Einen Pass? Ja, aber im Koffer. Soviel Aufwand ist ihm zu viel. Wie gesagt, er ist nett. Ich bekomme keinen Strafzettel. Er sagt, ich solle der Straße folgen, sie führe nach einiger Zeit zu einem Einkaufszentrum, bei dem es mehrere Tankstellen gebe, und fügt hinzu, ein Hotel sei hier ganz in der Nähe, das *Soaring Eagle*. Könne er nur empfehlen.

Das Ziel Mount Pleasant, in die Mitte der *Lower Peninsula*, habe ich gewählt, weil sich dort ein Reservat der

Ureinwohner befindet. Was ich nicht erwartet habe, ist ein Casino mit angeschlossenem Hotel, das genau von ihnen, den Ureinwohnern, betrieben wird. Ein riesiger Kasten. Ich kehre nur widerwillig ein. Aber nach dem Erlebnis mit dem Polizisten brauche ich Entspannung.

Ich bevorzuge auf meinen Reisen die Bed & Breakfasts (B&B). Dort kommt es meistens zu angenehmen Kontakten zu denen, die es betreiben, und morgens am Frühstückstisch zu den anderen Gästen. Wenn ein B&B nicht zu finden ist, gehe ich gern in ein Motel etwas außerhalb, möglichst in schöner Lage. Aber jetzt ein riesiges Hotel: *Soaring Eagle.*

Der erste Eindruck ist: Klein-Las Vegas. Überall Spielgeräte. Auf den Gängen vom Hotel zum Casino, in den Restaurants und Bars, in der Hotellobby. Wie ich später erfahre, beschäftigt das Reservat, das Casino und Hotel betreibt, rund 4.000 Mitarbeiter, vornehmlich amerikanische Ureinwohner.

Wer sich mit der Geschichte Michigans beschäftigt, wird den Eindruck erhalten, dass es hier nichts gab, bevor die europäischen Siedler kamen Was nicht richtig ist. Es gab die *Anishinabeg*, die Ureinwohner der drei Stämme der *Ojibwa*, *Ottawa* und *Potawatomi.* Ich habe einige von ihnen kennengelernt auf meinen Reisen, einer wurde mir ein sehr guter Freund.

Ein Museum der *Anishinabeg* (*Zibiiwing Center*), befindet sich gegenüber dem *Soaring Eagle.* Ein moderner, 2004 eröffneter Rundbau. Als ich im Mai dort bin, befindet sich außer mir kein Besucher in dem großen Gebäude, in dem zuerst ein aufwändiger Museumsshop ins

Auge fällt. Gegenüber dem Shop sitzt Frank und wartet auf Ticketkäufer. Ich frage ihn aus, und er muss denken, dass ich ein Idiot bin, denn alle meine Fragen würden, wie er mir sagt, auf dem Rundkurs im Museum auf Schautafeln, durch Exponate und wundervolle Wandgemälde bestens beantwortet. Als ich nicht nachgebe, schließt er seinen Schalter und zeigt mir das Museum. Das hatte ich zwar nicht angestrebt, nehme es aber gern in Anspruch.

„Der Große Geist (*Gitche Manitou*),“ so erzählt Frank, „hat uns aus dem Nichts geschaffen, hat uns mit seinem Atem Fleisch und Blut und Geist eingehaucht. Zuerst lebten wir an Ostküste Nordamerikas, von wo aus wir uns bis zu den Regionen der Großen Seen ausbreiteten. Mit den europäischen Siedlern hat sich unser Leben dramatisch verändert. Sie besetzten unsere traditionellen Jagdreviere, beschränkten unser bisheriges Leben und reduzierten uns auf den Handel mit Pelzen, wofür wir häufig nutzlose Gegenstände und Alkohol eintauschten. Unser ganzes Leben ging verloren, als wir die Ressourcen für unseren Lebensunterhalt einbüßten, unsere Spiritualität und unsere Kultur und Sprache“.

Auf einem der Schilder heißt es:

Die Holzfällerindustrie und Landwirtschaft der weißen Siedler zerstörten unser Land und Wasser. Viele Tiere, die einst unbeeinträchtigt in unseren Wäldern lebten, sind durch diese drastische Veränderung fast ausgestorben. Es war und ist immer noch schwer für uns Anishinabeg, die Zerstörung und Entweihung unseres schönen Landes mitanzusehen. Unsere Vorfahren haben uns gelehrt, Mutter Erde für die nachfolgenden Generationen der

Anishinabeg zu schützen. Viele von uns nehmen heute teil an Zeremonien, mit denen Akis Land und Wasser wieder geheilt werden sollen.

Frank hatte recht. Hier finde ich meine Fragen beantwortet. Da er aber nun einmal da ist, nutze ich die Gelegenheit für Rückfragen und ihm scheint es zu gefallen, mich zu begleiten.

Ich weise auf ein Schild, auf dem steht: *Great Illness and Death*, und sage: „Die europäischen Siedler brachten außerdem noch Krankheiten mit."

„Ja, wie Pocken oder Tuberkulose. Ganze Dörfer wurden vollständig entvölkert und unsere Toten in Massengräbern beigesetzt. Wir litten fürchterlich. Hinzu kam die Armut, die das Ergebnis von all dem war. Und der Alkoholismus."

Ich unterbreche ihn: „Hier ist immer von den Prophezeiungen die Rede."

Wir stehen vor einer Tafel, auf der die vierte Prophezeiung angezeigt wird. Mit der wird auf das Eindringen der Europäer hingewiesen, und ich frage: „Dann war euch das alles lange vor Erscheinen der europäischen Siedler geweissagt worden?"

„Ja, es gibt die sieben Prophezeiungen, und einige davon deuten auf die Situation der europäischen Eindringlinge hin."

„Wie hier, die vierte?", sage ich.

„Ja, sie besagt, dass hellhäutige Leute über das große Salzwasser kommen, in großen Baumstämmen, die von prallen weißen Wolken bewegt werden. Die Gesichter der hellhäutigen Menschen werden die Zukunft zeigen.

Manche Brüderlichkeit und Frieden und wundervolle Veränderungen für viele Jahre. Andere mögen dahinter ihren Hunger nach Land verstecken."

„Das hört sich nicht so dramatisch an", finde ich.

„Nein, das nicht, doch die fünfte und sechste Prophezeiung zeigen, dass wir unsere Identität verlieren. Aber die siebte sagt: „Neue Leute werden erscheinen, und die Nation der Anishinabeg wird wieder auferstehen."

Ich sage: „Vielleicht passiert das gerade. Denn die Lebensverhältnisse der Anishinabeg haben sich in den letzten 20, 30 Jahren doch erheblich verbessert."

„Ja, vielleicht bewahrheitet sich heute die siebte Prophezeiung, die lautet: ‚Wenn die Weißkopfadler zurückkehren, dann kehren auch die Anishinabeg zurück'."

„Und die Weißkopfadler sind zurückgekehrt", sage ich.

„Ja", und ein Lächeln erscheint auf seinem Gesicht, „ja, sie sind zurück."

In Deutschland gibt es eine teilweise heftig geführte Debatte darüber, wie man Menschen und Völker politisch korrekt bezeichnet. Neger, das weiß man, gehört nicht zur korrekten Ausdrucksform. Ein Problem ist, dass es einmal anders war. Damit stellt sich die Frage: Müssen wir die unkorrekten Begriffe überall in der Literatur, auch beispielsweise in der Kinderbuchliteratur, ersetzen? Das meinen viele. Andere denken, man sollte es, als ein Tribut an eine Zeit, in der die Bezeichnung gesellschaftlich unbeanstandet war, lassen wie es ist.

Denn durch welches Wort sollte man die alte, herabwürdigende Bezeichnung ersetzen?

Den Begriff, das Wort, nicht mehr zu verwenden, wird allgemein befürwortet. Mit ihm sind minderwertige und rassistische Inhalte verbunden. Die Schwierigkeit der Debatte um den Ersatz der diskriminierenden Ausdrücke besteht nicht darin, ob sie weg sollen, sondern darin, ob das immer und überall sein muss.

Es ging spazieren vor dem Tor,
ein kohlpechrabenschwarzer Mohr

Darf dieser Mohr aus dem *Struwwelpeter* von Dr. Heinrich Hoffmann, einem Buch, das wegen seiner wenig kindgerechten Schreibweise ohnehin kritisiert wird, überleben? Vielleicht weil die Kinder, die ihn verspotten, dafür bestraft und selbst schwarz werden? Die Moral der Geschichte ist wohl nicht zu beanstanden, die Wortwahl schon. Aber auf welchen korrekten Begriff reimt sich das Wort Tor?

Es ist auch nicht mehr zeitgemäß, das Wort Indianer zu verwenden. Auch wenn sie selbst es tun. Für mich kann das kein Argument sein. Ich habe einen Freund, der sich selbst manches Mal als Neger bezeichnet. Er darf das, denn er ist schwarz. Ich darf das nicht und tue es nicht.

Wie ist es mit den Indianern in Amerika? Darf man sie noch so nennen? Ich frage Eric Hemenway. Er ist der Leiter des Archivs der *Little Traverse Bay Bands of Odawa Indians*. Zuerst habe ich seinen Namen falsch verstanden: Eric Hemingway. Das Reservat befindet sich in der Gegend um Petoskey in Nord-Michigan und diesen Ort verbinde ich mit Ernest Hemingway, weil er dort seine ersten Schreibversuche anstellte. Aber ich habe mich verhört.

Ob ich mich bei dem Wort *Band* verhört habe, brauche ich mich nicht zu fragen, denn ich habe es gelesen. *Band of ... Indians.* Ich dachte, Stamm würde *tribe* heißen. Aber, das wäre falsch, wie ich erfahre, denn mit dem Wort *Band*, mit dem ich nichts anzufangen wusste, bezeichnet man einen Teil eines Stamms.

Die Odawa haben verschiedene *Bands* in Michigan, und dieser bei dem ich Eric Hemenway treffe, hat seinen Namen von der Bucht, an der er lebt. Die heißt: *Little Traverse Bay.*

Man mag sich wundern, wie ich es tue, warum der Stamm seine Mitglieder selbst *Indians* nennt. Ich frage Eric, und er sagt, das habe sich so eingebürgert. Käme alles von den Weißen.

„Mir persönlich ist es auch egal", fügt er hinzu und antwortet dann auf meine Frage, wie denn die korrekte Bezeichnung der Ureinwohner wäre: „Du kannst verschiedene Leute fragen, und sie sagen dir alle etwas anderes. Eingeborene Amerikaner (*Native Americans*), Ureinwohner (*Natives*), Eingeborener (*Indigene*). Einige sagen Indianer (*Indians*), einige Odawa, einige Anishinabe, einige Stammesangehörige (*Tribes*)."

Ich fragte: „Was bevorzugt du?"

„Ich bevorzuge Anishinabe, in der Sprache meines Stamms."

Ein wunderbares Wort für die Ureinwohner Amerikas, finde ich, aber er sagt mir, dieser Name betreffe nur die Stämme der *Odawa*, *Ojibwa* und *Potawatomi*. Ich muss mir also etwas anderes aussuchen, von dem, was er mir genannt hat. Das Wort Eingeborener ist für mich ebenfalls mit negativen Begriffen belastet. Mit Ureinwohner kann ich eher etwas anfangen. Mit denen von Michigan habe ich mich schon während meiner Arbeiten an dem Buch über Hemingway beschäftigt. Ich weiß, dass es besonders die drei genannten Stämme sind, die in Michigan leben. Die Ureinwohner in Mount Pleasant nennen sich *Saginaw Chippewa Indian Tribe of Michigan*, wobei *Chippewa* ein anderer Begriff für *Ojibwa* ist und *Saginaw* die Gegend bezeichnet.

Wer in Deutschland an die Ureinwohner Nordamerikas denkt, wird überwiegend Eindrücke aus Büchern und Filmen im Kopf haben, in denen sie verfolgt und vertrieben, getötet und gedemütigt werden. Das geschieht, jedenfalls kam es mir so vor, mehr oder weniger zugunsten einer besseren Lebensweise für sie. Also zu ihrem Besten. Die Protagonisten, also die Guten, sind meist weiße Siedler und ihre Helfer. Die Bösen gaben heimtückische Weiße, wenn nicht die Ureinwohner selbst herhalten müssen. Die verstehen nämlich häufig nicht, was ihnen Gutes widerfährt.

Was ich sonst noch wusste, außerhalb von Filmen und Büchern, war, dass es ihnen ausgesprochen schlecht erging in der neuen Gesellschaft. In Mount Pleasant jedoch, stehe ich vor einem Casino und Hotel, betrieben von Ureinwohnern. Glückspiel ist ein Segen. Aber nur dann, wenn ich es von der Angebotsseite betrachte. Warum es, im Gegensatz zum Drogenhandel, erlaubt, sogar häufig staatlich betrieben wird, erschließt sich mir nicht.

In Kolumbien könnten die Bauern nicht leben, wenn sie keine Kokapflanzen ernten würden, und in Afghanistan nicht, wenn ihnen der Mohnanbau verwehrt würde. Es mag nicht dasselbe wie beim Glücksspiel sein, aber es sieht doch ähnlich aus, und es ist im Kern genauso leidbehaftet.

Der Casinobetreiber wird das anders sehen. Auf der Website des *Soaring Eagle* wird das entsprechend dargestellt. Es werden Bilder von Fred mit 3,6, Andy mit 12,5 und Lisa gar mit 14,4 Millionen Dollar Gewinn gezeigt. Wie viel sie davon womöglich wieder zurückgebracht haben, wird nicht gesagt. Ob Fred, Andy, Lisa und die anderen, die auf der Website in die Kamera lächeln, mit dem Gewinn glücklich geworden sind, ebenfalls nicht.

„Wegen Reichtum geschlossen", hatte einstmals ein Lottogewinner an die Tür seines Hauses geschrieben. Ein paar Jahre später starb er in einem Obdachlosenasyl. Ein anderer ehemaliger Lottogewinner überfiel verschiedene Banken, um zu kaschieren, dass sein Gewinn bereits wieder verspielt war. Ähnlich verhielt sich ein Serieneinbrecher, der acht Jahre vor seinem Prozess über eine Million gewonnen hatte.

Es gibt Schätzungen, nach denen 80 Prozent aller Lottogewinner bereits nach zwei Jahren wieder bei Null oder sogar im roten Bereich angelangt sind. Warum also Glücksspiel überhaupt betreiben?

Das Spielen hat einen hohen Suchtfaktor. Wer darunter leidet, kennt keine Rücksicht, wenn es darum geht, Geld zu beschaffen. Ehepartner und Kinder landen nicht selten im Obdachlosenasyl. Trotzdem lassen Regierungen in aller Welt das Geschäft des Glückspiels betreiben. In Deutschland beispielsweise im Lottoblock, dessen (Behörden-) Vertreter sich immer dann höhere Gewinne ausdenken, wenn der Spieleinsatz zurückgeht. Viele Kommunen lassen für Lizenzgebühren, die weit über 90 Prozent der Einnahmen liegen, Casinos betreiben und fragen sich dabei kaum, wieso es Leute gibt, die angesichts solcher Halsabschneiderei das Geschäft dennoch gern betreiben. Die Antwort ist, dass die übrig bleibenden Prozente für einen auskömmlichen Profit reichen, denn die Einnahmen sind gewaltig. Wenn es heutzutage Klagen von Casinos oder dem Lottoblock darüber gibt, dass die Geschäfte nicht mehr gut laufen, dann nicht, weil die Spieler weniger Geld einsetzen, sondern weil sie es woanders tun. Im Internet.

Die Casinos der Ureinwohner in Michigan haben die erbärmlichen Reservate von einst in prosperierende und wohlhabende Gemeinden verwandelt. Die *Anishinabeg* finanzieren mit den Einnahmen Programme, um alte Kulturen, Gebräuche und Religionsausübungen zu aktivieren und Gemeinschaftsaufgaben zu finanzieren, die das Leben im Reservat wieder lebenswert machen.

Wenn ich mir ansehe, wie die Ureinwohner in Nordamerika von den Weißen behandelt wurden, wie sie vertrieben, ausgetrickst und die Verträge mit ihnen immer wieder gebrochen wurden, muss ich mich sehr anstrengen, Mitgefühl mit den Nachfahren derjenigen zu haben, die dafür verantwortlich waren. Selbst wenn sie heutzutage womöglich ihr Geld in den Casinos der Ureinwohner lassen oder mit ihren Gewinnen unglücklich werden.

SLEEPING BEAR DUNES

Der Wald brennt. Tiere rennen, retten, flüchten. Eine Bärin flieht in Todesangst in die Wasser des *Lake Michigan*. Beherzt folgen ihre zwei Jungen. Sie schwimmen um ihr Leben. Bald bleiben jedoch Kleinen zurück. Die Bärin erreicht das andere Ufer. Doch wo sind ihre Jungen? Sie klettert auf die hohen Dünen, um einen besseren Blick zu haben. Hält Ausschau. Aber keine Spur. Sie wartet und wartet. Bis zu ihrem Tod. Der Große Manitou ehrt sie mit einer besonderen Düne, die einer schlafenden Bärin gleicht und an jene erinnert, die sich nie von Stelle rührte, weil sie auf ihre Jungen wartete. Im See, wo die beiden jungen Bären ertranken, ließ er zu deren Andenken zwei Inseln entstehen: North *Manitou Island* und *South Manitou* Island. Die Ureinwohner Michigans, die Anishinabeg, haben der Dünenlandschaft den Namen *Sleeping Bear Dunes* gegeben – Dünen der schlafenden Bärin.

Ich folge dem Rat der Frau mit dem Campinganhänger. Nach dem Straßensystem in den USA müsste ich auf dem Weg nach Norden eine Straße mit einer ungeraden Nummer nehmen.

Aber die vielversprechendste hat die Nummer 22, allerdings mit einem M davor: M 22. Also eine Staatsstraße Michigans. Für die gelten die Regelungen für

Nummerierungen anscheinend nicht So heißt es *M 22 North*. Das ist die Richtung in die ich fahren will.

Eines Systems für Straßen zum Schauen und Staunen indes bedarf es „Oben in Michigan“ nicht. Und die M 22 war nicht nur eine gute Wahl um dahin zu kommen, wohin ich wollte, sondern ist landschaftlich sehr reizvoll und führt durch das gesamt Leelanau County, von dem in diesem Kapitel überwiegend die Rede sein wird. Die Straße ist so etwas wie Kult. Es gibt Aufkleber mit ihrer Bezeichnung und T-Shirts.

Ich fahre durch Manistee, dem ersten größeren Ort hinter Ludington. Der Name entstammt dem gleichnamigen Fluss und bedeutet in der Sprache der Ureinwohner: Fluss mit einer Insel in der Mündung. Hinter Manistee führt die zweispurige Straße erst durch kleine Wälder und stößt dann auf einen See. Auf dessen anderer Seite ist ein kleiner Ort vor einer hügeligen Landschaft zu erkennen, den ich nach einem Bogen um den halben See herum erreiche. Als ich ihn passiert habe, führt die Straße wieder durch kleine Wälder. Plötzlich, nachdem ich einen Hügel überquert habe, öffnet sie sich auf- und absteigend bis zum Horizont. Ein Bild wie in einem amerikanischen Roadmovie. Über allem ein weiter blauer Himmel, mit kleinen weißen Wölkchen.

Hier, im nördlichen Teil der *Lower Peninsula* formten einst Gletscher die Gegend und schufen touristische Attraktionen: Ausgewaschene Ebenen aus Sand, Stein und Geröll, sanfte Erhebungen an den Küstenlinien mit gewaltigen Dünenlandschaften, große Binnenseen, unzählige Flüsse und ausgedehnte Wälder. Heute sind sie in großen Teilen als Naturschutzgebiete ausgewiesen. Von Dünen zunächst keine Spur, als ich den Nationalpark *Sleeping Bear Dunes* erreiche. Aber schöne Wälder. Die Straße führt weit am See vorbei. Das ändert sich in Empire. Der Ort heißt wirklich so, ist aber ziemlich klein für ein Imperium. Erste Dünen.

Ich fahre zum *Lake Michigan* und schaue mir einen kleinen Leuchtturm an. Er ist aus Holz und weiß lackiert. Auf der Spitze befindet sich ein runder und von einem Umlauf umgebener grüner Turm. Er ragt nicht sehr hoch auf. Ich wundere mich. Im Verhältnis zu anderen Leuchttürmen ist er zu niedrig.

Das liegt daran, wie mir gesagt wird, dass es ein Leuchtturm zum Gedenken an Robert Mannig sei, einen Fischer der 1989 verstarb. Zu dessen Lebenszeit wurde er wegen seiner Forderung, Empire benötige einen Leuchtturm, von Freunden und Familienangehörigen aufgezogen. Doch nach seinem Tod erfüllten sie ihm zum Andenken diesen Wunsch. Der Turm ist inzwischen Teil der Seekarten der Küstenwache und hat somit über das Gedenken hinaus eine Funktion erhalten.

Als ich weiterfahre, sehe ich plötzlich links von mir eine große Sanddüne. Ich steige aus. Sie ist ein bisschen steil. Aber nicht sehr hoch. Ich entscheide mich hinaufzuklettern und erwartete einen Blick auf den *Lake Michigan.*

Selten dürfen Dünen überhaupt noch betreten werden. In Deutschland, soweit ich weiß, nirgends. In Nida, Litauen, auch nicht. Dort, auf der Kurischen Nehrung, gibt es auch eine imposante Düne. Steiler als diese. Obwohl es verboten ist, bin ich da hochgestiegen. Verbote sind generell richtig, um die Landschaft zu schützen. Wo käme man hin, würde jeder die Dünen hochtrampeln? Aber was schadet es, wenn ich da einmal im Leben hinaufsteige? Ausnahmen sollten möglich sein, wenn man, wie ich, einer Frau imponieren möchte, die mir gerade erzählt hatte, dass sie früher als Kind, als es noch erlaubt war, da immer hinaufgestiegen sei.

Doch die Düne hier im Norden Michigans hat die Erlaubnis im Namen: Kletterdüne *(Dunes Climb)*. Einen Blick auf den *Lake Michigan* habe ich jedoch nicht, den kann man von der Spitze der Düne aus nicht sehen. Da hätte ich noch weitergehen müssen.

Wenn ich auch diesen See nicht zu sehen bekomme, werde ich nicht unbeeindruckt entlassen: Diese Dünenlandschaft ist auf den ersten Blick nichts Besonderes, aber zeigt sich im Detail einmalig. Besonders sind es die Blickwinkel, die sich an den unterschiedlichen Stellen bieten.

Diese Kletterdüne ist nur die Ouvertüre. Was ich bei meinem Aufstieg nicht sehen konnte, entdecke ich als ich mich umdrehe: einen See. Nicht den, auf den ich mich eingestellt habe, aber den *Glen Lake*. Im Vordergrund dessen kleiner Teil, obwohl von meinem Standpunkt aus größer wirkend, und dahinter, geteilt durch einen kleinen Damm mit Brücke, der große.

Als ich umkehre, nehme ich mir vor, in den nächsten Tagen noch einmal zurückzukehren, um die Wanderung fortzusetzen, denn ich will etwas länger in der

Gegend bleiben. Das tue ich auch, aber die Düne besteige ich erst vier Jahre später wieder.

Es ist ein schöner Sommertag. Er hatte angefangen wie in Hamburg. Bewölkt. Ich vertrödele mich ein bisschen beim Frühstück und als ich bei der Düne bin, ist es genau zwölf Uhr. Nicht gerade die günstigste Tageszeit für eine Dünenkletterei. Aber, wie gesagt, Wolken. Doch kaum habe ich meinen Fuß auf den Sand gesetzt, kommt die Sonne hervor. Oh Boy, denke ich. Auf halber Strecke kommt mir ein Paar entgegen und der Mann sagt: „Da oben ist nichts."

„Weiß ich", erwidere ich.

Der Mann hat keine Ahnung. Was erwartet er denn? Eine Würstchenbude? Aber vielleicht unterschätze ich ihn und seine Bemerkung. Als ich nach meinem Aufstieg und der Wanderung durch die Dünen endlich den *Lake Michigan* im Blickfeld habe, setze ich mich hin, um zu genießen. Um mich herum Pracht und Herrlichkeit der *Sleeping Bear Dunes.*

Weiche kleine Dünen umgeben mich wie Inseln im Sand. Teilweise mit Gräsern und Sträuchern bewachsen, dazwischen kleinere Bäume. Dahinter der prachtvolle See, dunkelblau, mit einigen weißen Segeln. Darüber, etwas dunstig am Horizont, ein hellblauer Himmel, der das Weiß der Segel mit kleinen Wölkchen spiegelt. Eine sanfte Brise kühlt mich an diesem nun heißen Tag. Ich brauche nichts weiter zu tun, als mich am Anblick einer einzigartigen Landschaft zu erfreuen. Ein meditatives Schauen, bei dem ich eine Gemütsruhe spüre, die möglichweise wie diejenige ist, von der man sagt, sie führe zum Nirwana. Das Wort Nirwana bedeutet das Ende vom Dasein, vom Lebenskreislauf und wird auch als das *Nichts* bezeichnet und wer weiß, vielleicht hat der Mann das gemeint, als er sagte, da oben sei *Nichts*.

Vor der besteigbaren Düne findet seit 1998 alljährlich ein Open-Air Konzert statt. Ich stelle mir einen wundervollen Sommerabend vor, lasse mich auf der Düne nieder, habe einen kleinen Snack und eine Flasche Wein aus der Gegend dabei und erwarte eine Band, die von einer Bühne zwischen Parkplatz und Düne aus die Bärin erweckt, wie es in den Ankündigungen heißt. Jedoch nur einmal im Jahr und für mich hat es leider noch nicht gepasst.

Nach meinem ersten Dünenaufstieg fuhr ich direkt nach Glen Arbor. Der Ort liegt mitten im Naturpark. Ich konnte damals nicht wissen, dass ich mich in Glen Arbor, die Landschaft ringsherum und in den nächsten kleinen Ort, Leland, ja, in das ganze Leelanau County verlieben, hier Freunde finden und ein kleines Zimmer zum ständigen Bewohnen haben würde.

Wer beschreiben will, wo etwas in Michigan liegt, hebt eine Hand und weist mit dem Zeigefinger der anderen auf das entsprechende Fingerglied. Denn die *Lower Peninsula* ist wie eine Hand geformt. Die Gegend um Detroit ist deren Daumen und der Norden Michigan bildet die Finger.

Ich mache das inzwischen auch so: Ich hebe meine Hand und zeige auf den oberen Teil meines kleinen Fingers. Das ist Leelanau County. Der Begriff County bezeichnet die einzelnen Landkreise innerhalb eines amerikanischen Staats. In Michigan gibt es 83. Leelanau ist eine kleine Halbinsel, östlich begrenzt vom *Sleeping Bear Dunes National Park*, der am *Lake Michigan* liegt und westlich von der *Grand Traverse Bay*. Das County ist für mich die Quintessenz des Staates Michigan. Es verfügt nur über knapp 14 Prozent Landfläche, der Rest ist Wasser.

Wohin ich auch komme, vor meinen Augen scheint alles miteinander um den schönsten Platz auf Erden zu konkurrieren. Zwei der Seen beispielsweise um den Titel Schönster See. Der *Leelanau Lake*, der die kleine Halbinsel fast in zwei weitere teilt, und der *Glen Lake*, an den sich der Naturpark *Sleeping Bear Dunes* schmiegt. Die Auswahl ist nicht einfach. Ich lege mich trotzdem fest: Es ist der *Glen Lake*.

In Leland, dem Ort hinter Glen Arbor, kehre ich erst einmal ein, um Kaffee zu trinken. Die Bestellungen in dem Café (*Stone House Bread & Coffee*) werden auf einen Zettel geschrieben, der mit einer Klammer auf einer Leine befestigt und damit in die Küche transportiert wird. Zusätzlich wird der Name des Kunden vermerkt. Als ich nach meinem Namen gefragt werde, sage ich Leineweber. Als Name nicht beeindruckend. Er deutet auf einen Beruf hin, der früher an der unteren Skala der Gesellschaft stand, nur noch gefolgt vom Totengräber. Im Liederbuch meiner Grundschule gab es über die Leineweber zwei Lieder. Das eine beschreibt uns als Lumpengesindel, das gestohlene Schweine schlachtet. Den Inhalt des anderen habe ich verdrängt. Er war nicht besser. Thomas Mann erwähnt mich im

Zauberberg: „...im höchsten Grade kam es darauf an, wer betrunken war, eine Persönlichkeit oder ein Leineweber."

In Leland könnte ich es einfacher haben. Als ich der jungen Frau, die mich bedient, freundlich meinen Namen buchstabieren will (für amerikanische Ohren ist Leineweber schwer zu verstehen), schaut sie mich an und sagt: „Ich meinte deinen Vornamen..."

Wegen dieser Namensgeschichte kommen wir, die Bedienung, einige andere Kundinnen und ich, ins Gespräch. Ich mag dies Persönliche hier. Es fühlt sich vertraut an. Ich fühle mich immer gut aufgehoben in den kleinen und mittelgroßen Orten im Norden Michigans. In den Großstädten ist es ein wenig anders. Dennoch, auch dort empfinde ich das Miteinander, die verbale und non-verbale Kommunikation, entspannter als in Europa. Wenn ich begrüßt werde, freue ich mich darüber, wie das geschieht.

Für etwas reserviertere Gemüter mag das, was mir an einem Hotelschalter in Grand Rapids passiert, gewöhnungsbedürftig sein. Ich finde es jedoch angenehm, von einer fülligen schwarzen Rezeptionistin zu hören: „Was kann ich für dich tun, Darling?"

Noch besser allerdings gefallen mir die Abschiedsworte einer Kassiererin in einem Supermarkt in Glen Arbor. Jedes Mal, wenn ich bezahle, wünscht sie nicht, wie alle anderen es tun, einen schönen Tag, sondern einen lieblichen (*have a lovely day*).

Nach meiner ersten Dünenbesteigung fahre ich weiter Richtung Norden und suche nach einem B&B. Nach einer Weile finde ich eines, dessen Lage mir sehr gefällt. Es liegt direkt am See. Zwei Gebäude in einem weitläufig parkartigen Gelände. Das ist absolut perfekt. Eines der Gebäude ist das Gästehaus, im anderen befinden sich das Büro und eine Garage mit Werkstatt. Das Büro ist geschlossen. Aber Harke, Schaufeln, Schubkarren und Gartenabfälle auf dem Gelände lassen mich vermuten, dass jemand mit Gartenarbeit beschäftigt ist. Ich beschließe zu warten, und vertreibe mir die Zeit mit fotografieren. Bald kommt der Inn-Keeper, ein sympathischer junger Mann. Das Zimmer, das er mir zeigt, ist ein wenig klamm. Die Sonne scheint zwar, aber es ist noch ziemlich kalt für Mai. Doch es gibt einen Kamin. Ich stelle mir vor, wie ich abends davor sitzen und Rotwein trinken würde. Allerdings habe ich einen Menge schmutziger Wäsche und das Quartier liegt sehr einsam. Ich beschließe, für eine Nacht in den Ort zurückzukehren, durch den ich gerade gefahren war, nach Glen Arbor. Ich denke, dass es dort einen Waschsalon geben wird. Mit dem freundlichen Inn-Keeper vereinbare ich, am nächsten Tag wiederzukommen, um dann das Zimmer für ein paar Tage zu mieten.

Dass daraus nichts wird, liegt, wie oft in solchen Fällen, an einer Frau. Sie heißt Jody und ist die Wirtin des B&B (*Glen Arbor Bred & Breakfast*). Ich frage nach einem Zimmer für eine Nacht und einem Waschsalon in der Nähe. Jody sagt, so etwas hätten sie hier nicht, aber in Empire. Dann fragt sie, um was für Wäsche es sich handeln würde. Ich sage meine, woraufhin sie sagt, die könne sie ausnahmsweise morgen mit in die Maschine werfen, und fügt hinzu, dass sie für Gäste eigentlich keine Wäsche waschen würde.

Eigentlich würde sie die Cottages – es gibt zwei davon –nur wochenweise vermieten. Doch als ich mir die angesehen hatte und drei Tage vorschlug, ging das auch. Und eigentlich würde sie die Cottage-Gäste auch nicht im Gästehaus an den Frühstückstisch bitten. Aber mich schon. Ich bleibe also.

Cottage und Grundstück liegen zwar nicht so schön am See, wie die Anlage, die ich mir zuvor angesehen hatte, liegt aber zentral im Ort und der ist sehr schön. Zum See sind es auch nur einige Schritte. Außerdem bekomme ich Frühstück. Meine Zusage in der anderen Herberge, morgen wiederzukommen, kann ich unmöglich einhalten. Mein schlechtes Gewissen trübt meine Freude.

Später verlängere ich noch einmal und bleibe insgesamt sechs Tage. Ich werde zum privaten Abendessen eingeladen. Jodys Ehemann Brian, der als selbstständiger Maler arbeitet, nimmt sich einen Nachmittag frei, um mir die Gegend zu zeigen. Ich bin ein Gast aus Deutschland und werde behandelt wie ein Freund.

In Glen Arbor findet man überall Holzbären. Wegen der *Sleeping Bear Dunes.* Das erinnert an Berlin. Dort findet man auch Bären an jeder Ecke, weil der Bär das Wappentier Berlins ist. Warum auch immer. Bären, so weit ich weiß, hat in den letzten hundert Jahren in Berlin und Umgebung keiner mehr gesehen. Aber weil das Wappen einen zeigt, stellen sie überall Bärenfiguren auf. Das finden sie anscheinend unterhaltsam.

Auch in Glen Arbor und Umgebung sieht man keine richtigen Bären. Es heißt offiziell, es gebe hier nicht so viele. Mein Eindruck ist: Es gibt überhaupt keine.

Im Garten vor meinem Cottage steht eine dreiköpfige Holzbärenfamilie. Das Cottage ist ebenfalls aus Holz, wie alle Gebäude hier. Es ist stahlgrau bemalt, mit weißen Fenster- und Türrahmen. Davor stehen Bänke und ein Tisch.

Das Haus heißt *Lane's Cottage*. Das Schlafzimmer ist blau gestrichen. Meine Farbe. In ihm steht eines dieser gewaltigen amerikanischen Betten, mit weichen Matratzen. Daran muss ich mich generell gewöhnen. Ich schlafe gern hart. In den USA sind die Matratzen nicht nur weich, sie sind dazu noch ziemlich dick. In manchen Hotels haben sie zwei davon übereinander. Hier auch. Im Bett fühle ich mich wie auf See.

Der zweite Raum, mit offener Küche, verfügt über einen Kamin, ein schickes Sofa, das man zu einem weiteren Doppelbett machen kann, und einen Sessel, der mein bevorzugter Platz wird. Den Kamin zünde ich allerdings nicht an. Es gibt kein Holz und ich will nicht fragen. Obwohl es sich am zweiten Abend von den Temperaturen her fast lohnt. Jody bittet mich sogar, am Abend die Blumen, die in Töpfen im Garten stehen, mit hineinzunehmen. Es könnte Frost geben. Im Mai!

Am nächsten Tag kaufe ich einen Hut. Ich bin bereit dafür. Ich hatte schon einmal einen, war aber nicht glücklich damit. Als meine Eltern glaubten, ich sei erwachsen, was ich nicht war und auch nicht sein wollte, kauften sie mir einen. Das zu einer Zeit, als Männer langsam anfingen, keinen mehr zu tragen, und Jugendliche nicht im Traum daran dachten, damit anzufangen. Es war die Zeit der 68er-Bewegung. In Deutschland hauptsächlich als studentische Protestbewegung wahrgenommen. Zu der Zeit einen Hut zu tragen, kam nicht infrage. Wie lächerlich wäre das auf einer Demonstration gewesen? Obwohl, ich ging nicht zu Demonstrationen. Alles Uniformierte war und ist mir suspekt.

Unter den Talaren – Muff von 1000 Jahren. Diese Auffassung der studentischen Bewegung, auf einem Banner in Hamburg in die Hörsäle der Universität getragen und verbunden mit der Forderung, die Verbrechen der Nazizeit aufzuarbeiten sowie Autoritäten als solche infrage zu stellen, unterstützte ich voll und ganz. Allein, dass ich dazu links sein musste, im Sinne von überlegener Moral und besserer Weltsicht, fand ich uniformiert. Viele aus der Bewegung kamen mir fundamentalistisch und borniert vor.

Was mich in jener Zeit stärker berührte war die Bürgerrechtsbewegung in den USA. Es war und ist für mich unvorstellbar, dass Menschen schwarzer Hautfarbe, die erfolgreich im Krieg gegen das Deutschland des rassenverrückten Hitler gekämpft hatten, im eigenen Land einer Rassentrennung ausgesetzt waren, die nicht nur ihre Ausbildung betraf, sondern im täglichen Leben öffentlich zur Schau gestellt wurde. In Michigan – ein Grund mehr, diesen Staat zu mögen – wird einer Ikone der Bürgerrechtsbewegung prominent gedacht. In Grand Rapids erinnert man an sie mit einer Skulptur auf einem Platz, der ihren Namen trägt: *Rosa Parks.*

In einer Zeit, in der beispielsweise im US-Bundesstaat Georgia Bier und Wein nur in getrennten Räumen an Schwarze und Weiße verkauft werden durfte, es in Alabama in den Busbahnhöfen getrennte Warteräume und Ticketschalter gab, in Mississippi und anderen Staaten getrennte Schulen, in North Carolina Schulbücher nicht zwischen weißen und schwarzen Schulen getauscht werden durften und es in Restaurants oder Bussen abgetrennte Bereiche für die schwarze Bevölkerung gab, setzte sich *Rosa Parks* am 1. Dezember 1955 in Montgomery, Alabama, in einem Bus auf einen falschen Sitzplatz.

Zur Ikone der Bürgerrechtsbewegung wurde sie, weil sie sich weigerte, diesen Platz für einen weißen Fahrgast, wie vom Busfahrer verlangt, zu räumen. Der rief daraufhin die Polizei. Sie wurde verhaftet und sollte eine Geldbuße zahlen. Die Bürgerrechtsbewegung, mit *Martin Luther King* an der Spitze, antwortete auf diesen und ähnliche andere Vorfälle mit einem Boykott gegen die Busgesellschaft.
Auch in Detroit, wo *Rosa Parks* in ihren späteren Jahren lebte, wird ihrer gedacht. Im *Henry Ford Museum* ist gar der Originalbus ausgestellt, in dem das Ereignis damals stattfand.

Der Umgang mit einer Gruppe von Menschen, die sich in der Hautfarbe unterscheiden, ist sprachlich unbeschreiblich. Daran ändert auch der Begriff „Apartheid“, wie man ihn für die südafrikanische Rassentrennung kannte, nichts, denn die menschliche Sprache ist kein einst erschaffenes künstliches Machwerk, sondern eine Verbindungskette zwischen den geistigen und stofflichen Welten (*Emanuel Swedenborg*).

Die ersten vernunftbegabten Menschen kamen daher mit einer gewissen Sprachfähigkeit auf diese Erde. Je edler die Seelen, heißt es, desto geistiger ihre Redeweise, denn Sprache ist verkörpertes Geistiges. Wir jedoch haben das Wissen um Analogie oder Symbolik in der Sprache, die Entsprechung von Bildern und Gleichnissen, verloren. Wir verlassen uns einseitig auf die Entwicklung unseres Verstands. So lesen wir heute die geschriebenen Worte nach dem Laut des toten Buchstabens und begreifen nicht, dass es nicht das Wort ist, das belebt, sondern nur sein innerer verborgener Sinn (*M. Kahir*).

Eric Hemenway, vom *Little Traverse Bay Bands of Odawa Indians*, sagt mir, und das ist nicht nur seine Meinung: „Die amerikanische Unabhängigkeitserklärung wurde auch durch die Kultur der Ureinwohner geformt, obwohl sie grausam verfolgt, vertrieben, als minderwertig diffamiert und ihrer Kultur beraubt wurden."

„Ja", erwidere ich, „trotz dieser Erklärung, die in den Augen der westlichen Welt als eines der beeindruckendsten Schriftstücke bezeichnet wird, die jemals entstanden sind, verfolgte die sich darauf stützende Nation Menschen anderer Hautfarbe."

„Und das", fügt Eric hinzu, „obwohl es wörtlich heißt: ‚Alle Menschen sind gleich frei und unabhängig'. Aber das galt nicht für die indigenen Völker Nordamerikas und die Afro-Amerikaner, die gefangen und als Sklaven in die Neue Welt gebracht wurden."

Somit ist die *Declaration of Independence*, wie die Erklärung im Original heißt, nicht nur ein großartiges Dokument, sondern auch ein eindrucksvolles Beispiel dafür, dass sich die Worte, aus denen es gebildet wurde, nicht entfaltet haben. Eine Schrift, die Völker und Rassen ausschließt, obwohl alle Menschen gemeint sind, besteht aus toten Wörtern.

Ein bedeutungsvolleres Dokument ist für mich deshalb die Rede *Martin Luther Kings* mit den unvergänglichen Worten: Ich habe einen Traum (*I have a dream*). Sie zeigt, dass Visionen Realität werden können, wenn sie entschlossen verfolgt werden. Auch wer die Rede nur liest, wird die Entsprechungen zum geistigen Inhalt der Worte finden. Wer sie gehört hat, ohnehin. Fünf Jahre später, 1968, wurde *Martin Luther Kings* ermordet. Ein weiterer Beweis dafür, dass die Inhalte einer geistigen Redeweise von den Ignoranten, die ihre eng begrenzte Welt bedroht sehen, als so gefährlich angesehen werden, dass sie Leben zerstören müssen.

Ich verbinde das Jahr 1968 und die danach benannte Bewegung weniger mit den Studentenunruhen in Deutschland, die ich, wie gesagt, teilweise kritisch betrachte, als vielmehr mit der Bürgerrechtsbewegung und der Ermordung dieser edlen amerikanischen Seele.

Vierzig Jahre danach klingen am Frühstückstisch meines B&B Töne an mein Ohr, die mich jubeln lassen. Man freut sich, dass Barack Obama sich in den Vorwahlen durchgesetzt hat. Mit Hillary Clinton, die als Vertreterin des Establishments angesehen wird, hat man wenig Mitgefühl. Kein ablehnender Gedanke mehr wegen der

Hautfarbe. Bei meinen Gesprächen mit den Menschen in Michigan ist das kein Thema.
Bei den Wahlen stimmt Michigan mit über 57 Prozent für Obama. Er wird der erste schwarze Präsident der Vereinigten Staaten. Wer weiß, ob das ohne den Einsatz *Martin Luther Kings*, der für seine Überzeugung ständig bedroht und ins Gefängnis gesperrt wurde, möglich gewesen wäre. Oder ohne Leute wie *Rosa Parks*, die sich sagten: Das wollen wir doch einmal sehen.

Aber auch nach acht Jahren Obama ist immer noch ein Ungleichgewicht zwischen Schwarz und Weiß zu erkennen. Auch in Michigan, wo reiche Weiße sich und ihre Wohnorte und Schulen von der armen schwarzen Bevölkerung abschotten. In den wohlhabenden Gebieten im Norden Michigans, so auch in Leelanau, gibt es so gut wie keine schwarze Bevölkerung. Ob die Ureinwohner ihn gewählt haben, weiß ich nicht. Viele fühlen sich nicht so sehr als amerikanische Staatsbürger, was man verstehen kann, auch wenn ihnen ein schwarzer Kandidat gefallen hat, wie ich von ihnen gehört habe. In den Wahlstatistiken konnte ich nichts darüber finden, wie sich die indigenen Völker verhalten haben. Sie sind schlicht nicht aufgeführt, sondern in der Gruppe „Verschiedene“ enthalten. Die allerdings wählten zu 66 Prozent Obama.

Als ich 2012 in Michigan bin, ist wieder Wahljahr und ich verfolge, wie Obama in der ersten Debatte gegen seinen Herausforderer Mitt Romney um seine Wiederwahl kämpft. Bereits nach gefühlten fünf Minuten ist mir klar: Diese Debatte würde der Präsident verlieren.

Große Gespräche am Frühstückstisch am nächsten morgen. Ein Professor für Umwelttechnologie aus Ann Arbor sagt: „Obama war von der Dreistigkeit, mit der Romney log, überwältigt, sodass ihm kein probates Mittel einfiel."

Seine Frau meint hingegen: „Als Politiker ist er so etwas gewöhnt. Ich glaube, er war einfach zu siegesgewiss."

Ich gebe dem Ehemann recht. Romney hat für seine Klientel mit dem Versprechen Wahlkampf gemacht, die Steuern für die Besserverdienenden um fünf Milliarden Dollar zu senken. In der Debatte sagte er, er habe nicht die Absicht, das zu tun. Ich sage daher beim Frühstück: „Das würde mich an Obamas Stelle auch umgehauen haben", und füge hinzu: „Es erinnert an Walter Ulbricht, den früheren Staatsratsvorsitzenden der DDR, der noch kurz vor dem Mauerbau 1961 in Berlin sagte: ‚Niemand hat die Absicht, eine Mauer zu errichten'..."

Damit bringe ich die Frühstücksgesellschaft zum Lachen, was meiner Enttäuschung über die Debatte nicht hilft.

Den Hut kaufe ich mir in Leland, wo ich mich tags zuvor mit meinem Nachnamen blamiert habe. Es ist ein *Airflo Tilley Hat*. Gegen Verlust und alles andere Mögliche versichert. Ein Sommerhut, der Wind und Wetter trotzt und von Hand in Kanada hergestellt wird. Er sei, wie die Werbung sagt, so gut gemacht, dass man eine lebenslange Garantie bekommt, falls er jemals unbrauchbar oder seine Form verlieren würde. Das heißt, ich brauche mir nie mehr einen anderen zu kaufen.

In Istanbul, in der *Hagia Sophia*, traf ich einmal einen Mann, der den gleichen Hut trug wie ich. Er nahm aber keine Notiz davon. Kurz darauf wusste ich, warum. In seiner Reisegruppe gab es mindestens fünf Männer mit genau diesen Hüten. Die Gruppe kam wohl aus Kanada. Ansonsten habe ich nie einen anderen damit gesehen. Allerdings hat mich in Wien einmal eine Frau von einem Nachbartisch (draußen vor dem Café vom Hotel Sacher) angesprochen und gefragt, ob mein Hut ein *Tilley* sei. Ihr Mann, der neben ihr saß, hätte auch so einen. Das Paar war aus Australien.

Leland ist genauso so zauberhaft wie Glen Arbor, das bei mir nur deshalb die Nase vorn hat, weil ich dort anfangs übernachtet habe. Von Glen Arbor nach Leland fährt man teilweise durch weite Landschaften, die zum Horizont hin bewaldete Hügel zeigen. Im Herbst, wenn sich das Laub färbt, ist allein eine Autofahrt zwischen diesen beiden Orten ein Erlebnis.

Auf dem Weg nach Leland befindet sich mein Fast-Quartier. Ich halte dort an, am Tag, nachdem ich von Jody in ihr B&B gelockt wurde, steige aus und sage Bescheid. Einfach wegbleiben ist nicht meine Art. Es tut mir leid. Aber der Mann hat Verständnis. Er sagt, das hätte er genauso gemacht. Er meint, das mit der Wäsche.

Kurz vor Leland, überquert man den 45. Breitengrad, der zwei Meilen vor dem Ort verläuft. In Europa findet man ihn in Frankreich und Norditalien. Das Herzstück Lelands ist der historische Hafen. Er liegt an dem kleinen *Leland River*, der den *Leelanau Lake* mit dem

Lake Michigan verbindet und Ausgangspunkt für die Verbindung zu den *Manitou-Inseln* ist. Seit Urzeiten betrieben hier die Ureinwohner Fischfang. Bis die Europäer kamen und das Geschäft übernahmen. Sie errichteten die heute noch existierenden Gebäude am Hafen, die den historischen Ort bilden, der damals *Fish Town* genannt wurde. Auf der einen Flussseite befindet sich vor den Gebäuden des alten Fischerdorfes ein Holzsteg als Fußweg. Die Häuser sind malerisch. Sie beherbergen heute hauptsächlich Restaurants und kleine Geschäfte für Touristen. In einem *(Diversion)* stapeln sich Hüte bis unter das Dach und bis vor Kurzem befand sich dort auch mein *Tilley*.

Die alten Holzhäuser und die Sandwege sind ein wenig verwinkelt. Blickt man von der erhöhten Hauptstraße auf die alten Häuschen, sind die Laternenpfähle, die über den Häuschen ein Kabelnetz spannen, das Einzige, das daran erinnert, dass wir uns im 21. und nicht mehr in der Mitte des 19. Jahrhunderts befinden. Die Szenerie des alten Fischereihafens mit den Masten der kleinen Segelboote kann ich mir gut vorstellen.

Heute gibt es nur noch zwei Fischer. Einer von ihnen zeigt mir sein Boot. Es sieht aus wie ein zu breites U-Boot, ist vollständig aus Stahl und rundherum geschlossen. Der Fischer heißt Alan und sagt auf meine Frage, warum das Boot geschlossen ist: „Wegen des Wetters".

Ich frage, was ihm so in die Netze geht.

„Tja", sagt er, „die besten Fische für die Räucherei, die Barsche, sind zurzeit schwer zu fangen. Whitefish ist auch gut zum Räuchern, auch Forellen. Die Population von Whitefish und Forellen ist ziemlich gut. Wir fischen hier hauptsächlich für die Räucherei, verkaufen die Fische aber auch an Restaurants und so."

In den alten Tagen wurden die Häuser als Eisschuppen oder Räuchereien gebaut. Die Blütezeit der Fischerei in Leland lag in den ersten 30 Jahren des 20. Jahrhunderts. Heute dienen nur noch wenige Häuser ihrem ursprünglichen Zweck. Ich kann nur eines erkennen, das *Carlson's – Fresh and Smoked Fish*, vor dem ich Alan getroffen habe.

Mitte des 19. Jahrhunderts wurde der Leland River, der damals noch *Carp River* hieß, mit einem Damm gestaut, um eine Sägemühle betreiben zu können, denn auch hier wurde der Wald abgeholzt. Das Wasser staute sich so sehr, dass die bisherigen drei Seen, durch die sich der Fluss zog, zu einem einzigen wurden, dem *Lake Leelanau*.

Ich kenne das von Hamburg. Hier wurde im 13. Jahrhundert an der Alster auch ein Damm gebaut, um eine Mühle zu betreiben. Daraufhin wandelte sich der Fluss zu einem See, der heute mitten in der Stadt liegt. Was wäre die Schönheit Hamburgs ohne den damaligen Eingriff in die Natur?

Gleiches gilt für Leelanau County. In einem anderen dieser malerischen alten Fischerhäuschen bestelle ich mir ein Sandwich. Selbst, wenn keine Mittagszeit wäre, und ich keinen Hunger hätte, ich hätte den Angeboten *Sandwiches all Day* nicht widerstehen können. Ein großes Schild über dem Eingang verheißt zu allererst *Cheese*.

Neben der Tür werden auf Tafeln verschiedene Sandwiches und Käsesorten angeboten. Außerdem Wein und Würste.

Der amerikanischen Küche sagt man im Allgemeinen nichts Gutes nach. Das liegt am Eindruck, es würde überwiegend Fastfood verzehrt. In den kleinen Orten in Michigan gibt es glücklicherweise keine Fastfood-Ketten.

Die Restaurants dort, meist *Diners*, fallen zwar nicht durch eine besonders einfallsreiche Karte auf, denn Sandwich und Burger sind immer das Hauptangebot. Aber was einige besonders macht, sind die Zutaten, die dafür verwendet werden. Die Restaurants legen es geradezu darauf an, sich damit auszuzeichnen. So ist es auch in dem Käseladen in Leland. Es gibt Dutzende Käsesorten aus aller Welt, wie sonst nur in feinsten Delikatessenläden. Mit verschiedenen Brotsorten werden dort köstliche Sandwiches zubereitet.

Im Sommer reicht die Schlange der Kunden teilweise bis weit hinaus auf den Weg. Das wundert mich nicht, denn das Käsesandwich, das ich dort esse, ist das beste, das ich jemals gegessen habe.

Zur Ehrenrettung der amerikanischen Küche noch dies: Mein bestes Steak esse ich in Chicago, den besten Hummer in New York. Das beste Reuben-Sandwich (Corned-Beef, Schweizer Käse und Sauerkraut in Roggenbrotscheiben) in Grand Marais auf der UP und den besten Kaffee trinke ich im *Leelanau Café* in Glen Arbor. In dem Ort bekomme ich auch den besten Ahornsirup serviert. Von Jody. Eigentlich ist der nicht für Gäste bestimmt, sondern stammt aus der eigenen Küche. Aber bei Jody gibt es ja alles „eigentlich" nicht.

Ich habe auch das andere kulinarische Extrem in den USA erlebt. Es gibt in einigen Hotels Rührei, das den Namen nicht verdient. So muss Beton schmecken, stelle ich mir vor. Man macht es aus einem Pulver, das aus getrockneten und pasteurisierten Eiern besteht. Um es zu verarbeiten, wird es im Verhältnis eins zu vier mit Wasser vermischt. Der Frühstückskoch ist sicher eine Hilfskraft. Sie schüttet das Pulver in einen Bottich mit warmem Wasser, rührt es um und gibt es in eine Pfanne, um „Rührei" daraus zu machen. Ekelhaft, wie mir eine Frau erzählt, die das Frühstücksgericht auf diese Art zubereiten musste. Wenn Karte oder Buffet eines Hotels nur Rührei anbieten, kein gekochtes oder Spiegelei, sollte man es lieber lassen. Und wenn kein passendes Frühstücksrestaurant in der Nähe ist, sollte man nur Kaffee und Toast mit Marmelade zu sich nehmen (Butter wird dort auch aus Pulver hergestellt). Auf keinen Fall sollte man stattdessen in einer Fastfood-Kette frühstücken.

Ich meine mich zu erinnern, dass mir einmal jemand sagte, das Frühstück dort sei gar nicht so schlecht. Deswegen wage ich mich eines Morgens in ein *Wendy's*. Ich bestelle ein kleines Omelett. Es schmeckt wie in Wasser aufgeweichtes Weißbrot. Ich meine auch schon mal gehört zu haben, *McDonalds* serviere die besten Pommes Frites. Aber, die Leute erzählen viel.

Verantwortlich für guten Kaffee in Glen Arbor ist Steve. Seit 1993 röstet und verkauft er eigenen Kaffee.

Wenn ich dort bin, dann freue ich mich immer darüber, wenn ich ihn treffe, was allerdings selten ist, da er viel unterwegs ist. Er hat mir erzählt, dass er in dem Gebäude, in dem wir uns zum Kaffee treffen, seit 1998 residiert. „Aber", lacht er, „das wurde bald zu klein und wir haben mehrfach angebaut."

Ich kenne es nur im jetzigen Zustand und frage ihn, wie er auf die Idee kam, hier ein Café zu eröffnen. Er berichtet: „Ich habe für einen Typen in Montana Kaffee geröstet. Das war in den frühen 1990ern. Die Gegend hier kenne ich, seit ich 25 Jahre alt war. Im Süden Michigans, das wusste ich, gab es einige Kaffeeröstereien, aber hier nicht. Da ich anfangs davon ausging, nur einen Großhandel aufzuziehen, dachte ich, das kann man überall machen. Warum nicht in einer Gegend, in der man gern leben möchte, denn das ist eine sehr schöne Ecke hier."

Steve ist ein drahtiger, schlanker Mann, der eine freundliche Ruhe ausstrahlt. Den Großhandel betreibt er nach wie vor. Er beliefert Lebensmittelgeschäfte, Restaurants und Hotels. Wie er mir erzählt, macht er damit 70 Prozent seines Umsatzes. Der Rest entfällt auf Einzelhandel und Internet. Ich frage ihn nach dem Handel im Internet.

„Ja", sagt er, „unser Kaffee geht auch an Endverbraucher. Die Anfragen bekamen wir früher per Post. Aber jetzt natürlich viel mehr über das Internet. Leute, die mal hier waren, ordern danach unseren Kaffee von zu Hause aus. Wir haben sogar viele Leute aus Deutschland. Es muss in Deutschland einige Reisebüros geben, die diese Gegend besonders lieben und ihren Kunden anbieten. Früher gab es hier mehr Franzosen. Aber aus Frankreich kommen jetzt nicht mehr so viele. Dafür aus Japan, aber die Deutschen sind in der Überzahl."

„Wie ich sehe", ich weise auf die Auslagen, „verkaufst du nicht nur Kaffee."

Er lacht wieder und sagt: „Nee, aber vieles hat mit Kaffee zu tun. Natürlich Tassen, Becher, Kaffeedosen. Aber wir verkaufen auch T-Shirts und so etwas."

Mich interessiert, wie viele Angestellte er beschäftigt:

„Im Sommer, das ist unsere stärkste Zeit, sind es ungefähr 30 Leute."

Ich wundere mich: „So viele?"

„Ja, im Einzelhandel brauche ich eine Menge Personal und sechs bis sieben Mitarbeiter sind allein mit Kafferösten beschäftigt. Während des Winters sind es nur ungefähr 15. Da ist hier nicht so viel los. Wir fahren dann den Einzelhandel ziemlich zurück. Es ist dann mehr ein Service für den Ort. Wir haben nur ungefähr 800 Einwohner. Auch im Großhandel wird es dann weniger, weil wir hauptsächlich Geschäfte im Norden von Michigan beliefern, wo dann natürlich auch nicht viel los ist, sodass wir schon einen Rückgang von bis zu 35 Prozent haben. Weihnachten zieht das Geschäft kurz an."

Ich sage: „Wahrscheinlich wegen der Cottages hier. Die Eigentümer kommen über die Feiertage, oder nicht?"

„Nein", er schüttelt den Kopf, „das siehst du falsch.

Die Cottages sind hauptsächlich im Sommer bewohnt. Aber wir haben hier in der Nähe das Resort *Homestead*, die Leute kommen über Weihnachten, um Snowmobile oder Cross Country Ski zu fahren. Ansonsten ist unser Café im Winter der soziale Treffpunkt für die Leute, die hier leben. Das ist es eigentlich immer, wie du weißt, aber im Sommer kommen die Touristen noch dazu."

Ich trinke nicht nur gern Kaffee, ich mag ihn am Nachmittag auch gern mit einem Stück Kuchen. Das Problem hier in Leelanau County ist, wofür man sich entscheidet. Kirsch- oder Apfelkuchen? Beides klingt verführerisch. In Leland entscheide ich mich für einen *Cherry-Pie*. Glücklich trage ich Kaffee und Kuchen hinaus in den kleinen Vorgarten, setze mich mit meinem schönen neuen Hut, passend zum Kuchen, unter einen blühenden Kirschbaum und lasse mich fotografieren. Der Kaffee ist übrigens von Steve.

Wer in Leelanau unter einem Baum sitzt, tut dies fast zwangsläufig unter einem Kirschbaum. Leelanau ist Kirschenland. Ich dachte immer, der Staat mit den meisten Früchten in den USA wäre Kalifornien. Aber es ist Michigan. Besonders Kirschen, Äpfel, Blaubeeren, Pfirsiche. Die Plantagen liegen hauptsächlich im Westen am *Lake Michigan*. Nicht nur die Menschen lieben das Klima hier. Auch die Pflanzen.

Was ein Mensch benötigt, ist eine Frage, die nicht leicht zu beantworten ist. Buddha Gautama meint, es seien Obdach, Kleidung, Nahrung. Ich füge hinzu: Bücher.

Ein Leben ohne Bücher ist für mich undenkbar. Ich

stelle mir eine Flugreise ohne Buch vor. Grauenhaft. Früher habe ich Mengen von Büchern mit auf Reisen genommen, wohl wissend, dass es zu viele sein würden. Aber lieber zu viele, als zu wenige. Heute habe ich dieses Problem nicht mehr. Ich kann so viele elektronische Bücher mit mir herumtragen, wie ich will. Sie sind nicht schwerer als das Lesegerät. Man mag bedauern, dass man keine Bücher mehr in der Hand hält, sondern nur noch Texte, wenn man elektronische Bücher liest. Ich tue das. Als Leser. Als Autor aber begrüße ich die neue Zeit. Sie bietet meinen Texten mehr Aufmerksamkeit. Außerdem gibt es mehr Honorar. Dennoch gibt es diese Stereotype, man habe nicht mehr das wundervolle Gefühl in den Händen, wenn man ein Buch anfasst, nicht das ganze Werk im Blick und vieles mehr.

Ich höre das selbst von Leuten, die noch nie ein richtiges Buch in Händen gehalten haben. Zumindest nicht ohne Schutzumschlag und nie den richtigen, vielleicht wunderschönen farbigen Leineneinband des Buches gefühlt und gesehen haben. Von Leuten, die alles nachplappern. Was ist denn Besonderes daran, ein Taschenbuch in der Hand zu halten? Womöglich noch eines vom Penguin-Verlag, so fest geschnürt, dass man in der Mitte kaum noch die Sätze zu Ende lesen kann, ohne das Buch auseinanderknicken zu müssen. Ich finde es nicht schade darum. Schade wäre es um die gebundenen oder auch die ansprechend gestalteten Softcover-Bücher. Wenn es die eines Tages nicht mehr gäbe, das wäre eine Katastrophe.

In Leland gibt es zwei Buchläden. Nachdem ich

meinen Kaffee getrunken und den *Cherry-Pie* aufgegessen habe, ist es Zeit, einen davon zu besuchen. Der *Leelanau Bookshop* an der Hauptstraße ist nicht zu übersehen. Den zweiten, in einer Nebenstraße, hätte ich ohne einen Tipp nicht gefunden. Der kommt von Lori, der Buchhändlerin des ersten Ladens. Mit ihr führe ich ein Gespräch unter anderem darüber, dass es in den kleinen Orten in Michigan überall reizvolle Buchläden gebe. Ich berichte ihr von meiner Beobachtung, dass viele Buchläden mit einem Café verbunden seien. Auch ihrer. Mich interessiert, ob dadurch der Buchumsatz angekurbelt wird. Würden ohne ein Café womöglich weniger Bücher verkauft werden?

Aber Lori sagt, das Café sei nicht notwendig. Allerdings denke sie, immer mehr Leute erwarteten es. Dann fügt sie hinzu: „Aber es gibt auch Kunden, die hier schon seit Jahren kommen und sagen: ‚Oh, hier wird jetzt auch Kaffee serviert...?' Für die ist das eine große Überraschung, obwohl wir das schon seit vielen Jahren machen. Ich glaube nicht, dass der Kaffee die Hauptattraktion ist."

„Seit wann gibt es diesen Buchladen?", frage ich.

„Seit ungefähr etwas über 30 Jahren. Der jetzige Eigentümer führt ihn seit 16 Jahren. Solange bin ich auch schon hier."

„Ganz schön lange Zeit. Du magst deinen Job anscheinend, oder?"

„Ja, sehr."

„Im Winter", sage ich, „ist es hier doch ziemlich rau. Viel Schnee und so. Ist dann alles geschlossen?"

Lori nickt und sagt: „Früher hatten wir den Winter über immer geöffnet. Aber nun schließen wir für vier Monate. Es kommen nicht genug Leute, um dieses Geschäft am Laufen zu halten. Leland hat so um die 2.000 Einwohner, aber viele Häuser werden als Zweitwohnung genutzt und die sind im Winter weitestgehend verlassen. Unser Hauptgeschäft ist natürlich im Sommer, von Juli bis Mitte August, so sechs bis sieben Wochen. Da haben wir immer eine gute Saison. In dieser Zeit, aber auch sonst, haben wir viel Touristen als Kunden. Im Sommer machen wir den größten Umsatz."

„Die Touristen", frage ich, „was kaufen die denn hauptsächlich für Bücher? Romane für den Strand?"

„Nee", lacht Lori, „ich glaube hier legt sich keiner an den Strand. Wir verkaufen hauptsächlich Bücher über die Gegend, Michigan und so. Aber auch Kinderbücher. Wir haben eine große Auswahl. Überhaupt verfügen wir über ein großes Sortiment unterschiedlichster Art. Neben den Bestsellern, die wir natürlich auch haben müssen, führen wir regionale und lokale Bücher, Kochbücher, Garten- und Naturbücher und auch andere Dinge. Poster, Puzzles oder hochwertige Fotografien, denn", fügt sie professionell hinzu, „was wir nicht haben, können wir nicht verkaufen."

„Wie schätzt du die neuen Technologien, wie E-Books, ein? Ein Problem eher für die großen Buchhandelsketten oder auch für euch?"

„Das weiß ich noch nicht. Aber ich denke, die Menschen werden immer technikorientierter. Sie probieren alles aus und wenn es funktioniert, werden sie das auch nutzen. Allerdings wird es auch einige geben, die wieder zurückkehren zum gebundenen Buch."

„Vielleicht wie bei den Schallplatten", ergänze ich. „Wer hätte gedacht, dass man heute wieder neu produzierte Vinyl Platten kaufen kann."

Lori nickt und sagt: „Genau. Das ist es, was ich meine. Hier gibt es noch einen zweiten Buchladen, den ein alter Mann vor einiger Zeit eröffnet hat. Drüben in der Seitenstraße. Solche Bücher, wie der hat, wird es immer geben."

Ich beschließe, dort sofort vorbeizuschauen, gehe von der Main Street in die River Street und finde bald auf der linken Seite im Vorgarten eines Einfamilienhauses ein Hinweisschild: *Good Old Books* und darunter in verschnörkelten Großbuchstaben *Old & Rare Books*. Dann gibt es noch die Telefonnummer und einen blauen Pfeil, in dem die Worte stehen *Fine Books, bought and sold*. Der Pfeil ist nötig, denn bei einem Blick auf das Haus würde man sonst fragen: Wo sind guten alten Bücher, wo ist der Laden?

Ich folge dem Pfeil, gehe auf die Eingangstür des Hauses zu, an der ein weiteres Schild nach links weist, dann rechts um die Ecke und schließlich laufe ich auf eine Tür mit Sprossenfenster zu, über der ein winziges Schild verkündet: *Book Shop*. Ich öffne die Tür und stehe in einem Raum, der anders aussieht als die bezaubernden Buchläden, die ich sonst in Michigan gesehen habe. Dort waren Buchsortiment und Regale mit hübschen kleinen Accessoires aufgelockert, Sitzecken zum Lesen, Spielecken für Kinder und oft Cafés. Hier gibt es nur

Bücher. Nichts lenkt von ihren prachtvollen Einbänden ab. Ich habe das Gefühl, als würden sie allen Eintretenden zurufen: „Wir haben kein Brimborium nötig. Wir sind was wir sind. Wenn ihr das nicht seht, könnt ihr wieder gehen“.

Aber wer könnte das, wieder gehen? Ich nicht. Selbst nach einer Stunde fällt es schwer. Ich möchte mich eine Nacht einschließen lassen. Ich möchte alles lesen. Ich möchte dort einziehen.

Der Raum hat die Größe einer Doppelgarage und das war er auch einmal. Die Regale stehen quer in den Raum, bis auf eines, das rechts vom Eingang längs an der Wand steht. Gegenüber der Tür sitzt eine Frau an einem Schreibtisch. Sie heiße Mary, sagt sie. Ich habe nicht richtig verstanden und frage nach:

„Ja, mein Name ist Mary, wie in *Merry Christmas*, und mein Mann heißt George Ball. Er ist ein Büchersammler, sein ganzes Leben lang. Den Laden haben wir 2006 geöffnet, um die Bücher zu verkaufen.“

Georg, der Sammler, ist gerade nicht da, und ich frage ungläubig nach, denn von Sammlern habe ich gehört, dass sie ein Problem damit haben, sich zu trennen.

„Ja“, sagt Mary, „die Entscheidung war nicht leicht. Aber wenn du über 5.000 Bücher zusammen hast, was willst du dann machen? Noch mehr Bücher sammeln? Nein, an dem Punkt hat sich mein Mann gesagt, wenn man älter wird, muss man aufhören, ein Sammler zu sein und das Gesammelte wieder abgeben. Für ihn war die Zeit gekommen, ein Buchhändler zu werden.“

Wunderbar, denke ich, denn sonst würde ich diese herrlichen, seltenen und alten Bücher nicht sehen, wie die wundervolle Ausgabe von *Wem die Stunde schlägt*, die Mary mir stolz zeigt. Mir fällt Martha Gellhorn ein. Sie war die dritte Ehefrau von Ernest Hemingway. Eine Journalistin und hatte bis zur Heirat mit ihm auch drei Bücher veröffentlicht, allerdings ohne großen Erfolg. Ihr Geld verdiente sie mit Artikeln für die Zeitschrift *Collier's Weekly*. Später wurde sie als eine der größten Kriegsberichterstatter bezeichnet. Seit 1999 wird alljährlich der *Martha Gellhorn Prize for Journalism* vergeben. Im April 2008 wurde sie, als eine von fünf Journalisten, mit einer 41-Cent-Sonderbriefmarke der amerikanischen Post geehrt.

Während Hemingway *Wem die Stunde schlägt* schrieb, hatte sich Martha, obwohl damals noch nicht mit ihm verheiratet, als liebe- und aufopferungsvolle Hausfrau gezeigt und gleichzeitig das Lektorat übernommen. Das hat er ihr, was wohl keine Überraschung sein dürfte, später nicht gedankt. Für ihn gehörte sich das einfach so.

Im Jahre 1943 wurde das Buch von Regisseur Sam Wood, mit Gregory Peck und Ingrid Bergmann in den Hauptrollen, verfilmt. Beide wurden für den Oscar als beste Hauptdarsteller vorgeschlagen. Insgesamt erhielt der Film neun Nominierungen. Allerdings gewann nur Katina Paxinou einen als beste Nebendarstellerin.

Ich erinnere mich, als ich versonnen auf eine wundervolle Ausgabe dieses beeindruckenden Romans schaue, dass er mit einer Startauflage von 75.000 Stück in 1941 innerhalb von 14 Tagen ausverkauft war. Ich weiß, die Zahlen sind nicht mit *Harry Potter* zu vergleichen, aber damals ging es um Literatur.

Ich erzähle Mary, dass ich dieses Buch als Jugendlicher mindestens dreimal gelesen, aber den Film nie gesehen habe. Filme zu sehen, die auf von mir gelesenen Romanen basieren, versuche ich zu vermeiden. Die Handlungen werden häufig zusammengestrichen, was dramaturgisch meist notwendig und hinnehmbar ist. Doch die charakterlichen Tiefen der Romanfiguren verlieren sich damit ebenfalls, und was übrig bleibt, entspricht meistens nicht meinen mit dem Buch verbundenen Vorstellungen.

So habe ich mir den Film *Der menschliche Makel*, basierend auf einem der besten Romane aller Zeiten, auch nie angesehen, obwohl er allenthalben gute Kritiken bekommen hatte. Wie auch der Film *Wem die Stunde schlägt*. Ich liebe Ingrid Bergmann, die göttlich war in *Casablanca*, herzzerreißend in *Notorious* und überragend in *Mord im Orient-Express*. Aber als die María aus *Wem die Stunde schlägt* war sie mir zu nordisch bleich und zu unschuldig hübsch für eine Frau mit leidvoller Vergangenheit. Als ich sie auf einem Bild mit einer modischen Kurzhaarfrisur sah, die sie in dem Film trug, wusste ich, das würde ich mir nicht ansehen, denn das hatte damit, dass man María im Roman die Haare abgeschnitten hatte, nichts zu tun.

Die Buchhändlerin Mary hat den Film auch nicht gesehen. Wir gehen an anderen Büchern vorüber. Bei jedem, das ich kenne, gerate ich ins Schwärmen.

Der große Gatsby von Scott F. Fitzgerald. Ich nehme es in die Hand und sage: „Freund von Hemingway".

„Saufkumpan", korrigiert Mary.

John Steinbecks *Früchte des Zorns* und *Jenseits von Eden* waren zu erwarten, aber auch *Wonniger Donnerstag*, eines meiner Lieblingsbücher von ihm, ist vorhanden.

Ich habe in meinem Leben noch niemanden getroffen, der den Roman auch gelesen hat oder wenn, ihn auch mochte. Als ich von William Faulkner dann auch noch *Mosquitos* finde, einen Roman, den außer mir sonst ebenfalls keiner auf der Rechnung hat, weiß ich, hier werde ich alles finden.

Ich sage zu Mary, dass *Mosquitos* viel mehr Aufmerksamkeit verdient hätte. Sie nickt. Das wirkt nicht überzeugend. Ich will mich erklären, als sie sagt: „Hier ist ein anderer Hemingway-Freund", und auf *Manhattan Transfer* weist. Na klar, Dos Passos. Hier kann ich wieder ein bisschen angeben:

„In Jugendtagen hat Dos Passos Frau mit Hemingway hier in Michigan die Ferien verbracht." Dafür ernte ich einen fragenden Blick.

Kate, die spätere Frau von John Dos Passos, war die Schwester von Hemingways Busenfreund aus Kindertagen, Bill Smith. Hemingway hat in einem seiner Briefe mysteriös beschrieben, wie er eine Nacht mit ihr verbrachte: „Der Herr gewährte mir ein Abenteuer mit einem Hauch Romantik".

Aus den näheren Umständen ergibt sich indes nichts, was auf eine Liebesbeziehung zwischen beiden hindeutet. Allerdings war Kate für Hemingways Leben insofern bedeutsam, als er durch sie Hadley, seine erste Ehefrau, kennengelernt hatte.

Kate starb bereits im Jahre 1947 bei einem Autounfall, als ihr Mann, von der untergehenden Sonne geblendet, einen halb von der Straße abgekommenen Lastwagen übersah. Sie wurde durch die Windschutzscheibe geschleudert und war auf der Stelle tot. Dos Passos überlebte, verlor aber das rechte Auge.

Als ich Mary von dem Unfall erzähle, nickt sie wieder. Das kennt sie. Wir gehen zurück zu ihrem Schreibtisch, neben dem sich weitere Regale mit Büchern befinden. Bevor ich mir das näher ansehe, frage ich Mary: „Das hier ist ein ziemlich versteckter Ort, für einen Buchladen. Wie finden euch die Kunden?“

„Es ist es so, dass wir viele Stammkunden haben. Die empfehlen uns dann wieder anderen und so weiter. Es kommen sogar Leute, die ein Buch als E-Buch auf einem Kindle lesen und sagen, dass sie es nur einmal als Buch in den Händen halten möchten. Wir haben besondere Ausgaben, vor allem viele Erstausgaben. Das spricht sich herum und die Kindle-Leute kommen auch manchmal, weil sie das Lesegerät nur für die Reisen haben, sich zu Hause aber das richtige Buch in den Bücherschrank stellen möchten.“

Ich sage ihr, dass ich das sehr gut verstehen kann und füge hinzu, dass ich, wenn ich einen größeren Koffer und zu Hause noch Platz für weitere Bücher hätte, bestimmt nicht mit leeren Händen hinausgehen würde. Außerdem, aber das sage ich ihr nicht, wenn ich das Geld dafür hätte. Die Bücher sind ziemlich teuer.

Mary selbst hat von einem hohen Preisniveau gesprochen und das mit der exquisiten Auswahl, die sie hat, begründet: Gesuchte Sammlerbücher. Sehr seltene Paperbacks. Kostbare Erstausgaben.

Ich wende mich den Regalen neben dem Schreibtisch zu. Es sind die Erstausgaben von denen sie spricht. Sie stehen prominent mit dem „Gesicht nach vorn" im Regal stehen. Sie fallen ins Auge. Eines mir besonders. Ich frage, ob ich es anfassen darf. Ein kleines Buch, nicht sehr dick. Ein Bestseller. Keiner von heute. Kein Marketingbuch. Keine Handlung mit unnötigen Steigerungen, Höhepunkten und retardierendem Moment, um Spannung zu erzeugen. Kein Abschweifen ins Reich von Fantasie und Verschwörung, in dem Platz für allerlei Unsinn ist. Keine Zauberer, keine Vampire, keine Säulen der Erde, keine Kommissare aus zerrütteten Familien. Nichts von alledem. Nur ein alter Mann und ein großer Fisch. Das Cover ist oben blau – Himmel und Meer und unten sandig – Dorf und Erde. Im Himmel steht nur der Nachname des Autors: Hemingway. Auf der Erde der Buchtitel: *The Old Man and the Sea.*

Ich halte ehrfürchtig eine Erstausgabe in Händen, bei der womöglich die Engel der Literatur selbst die Druckmaschinen betrieben haben. Ein Buch, bei dem der Autor ein letztes Mal seine Seele hingegeben hat und eine Erzählung erschaffen konnte, die unvergessliche Bilder hervorruft. Der Nobelpreis, den Hemingway für dieses Buch bekommen hat, war zwingend.

Ich kann mich von den Büchern nicht losreißen,

gehe von Regal zu Regal. Die Bücher in George Balls Bookshop strahlen Ruhe und Gelassenheit aus. Selbstbewusstsein in ihrer Einmaligkeit. Ich frage Mary: Wie viele Bücher habt ihr in diesem Raum?"

„Oh", sagt sie, „wir haben sie lange nicht gezählt. Ich schätze mal vier- bis fünftausend."

Mich interessiert noch, ob sie selbst auch Bücher kaufen. Mary geht nicht darauf ein, dass es eine blöde Frage ist, denn ich habe es draußen auf dem Schild bereits gelesen, und sagt: „Ja, das tun wir. Manchmal kommt es vor, dass wir Anrufe bekommen von Angehörigen, die Haushalte auflösen und die Bücher nicht länger haben wollen oder gebrauchen können. Oder sie müssen in ihrem Haus die Bibliothek im Erdgeschoss aufgeben, um dort ein Schlafzimmer einzurichten, weil die Leute die Treppen nicht mehr steigen können. Was sollen sie mit all den Büchern machen? Solche Leute kommen dann zu uns. Es sind ganz unterschiedliche Gründe, aus denen wir zu unseren Büchern kommen. Aber wir sind ziemlich wählerisch hinsichtlich des Zustands. Wenn Bücher beispielsweise schimmelig sind oder schlecht riechen, sind wir nicht interessiert. Wenn jemand kommt, der ein starker Raucher ist, ist das ein Grund, das Buch nicht zu kaufen. Der Zustand des Buches ist das Ein und Alles. Selbst wenn es Bücher aus dem 19. Jahrhundert sind, die wir ja auch haben, müssen sie in gutem Zustand sein."

Mary zeigt mir ein altes Buch über die Ureinwohner Amerikas, die *Ojibwas*, und erzählt, sie hätten es erst vor kurzem in einem Laden im Süden Michigans gefunden.

Denn, das sagt sie auch noch: „Wenn wir reisen, wo gehen wir hin? In *Second Hand Book Stores*.“

Bevor ich gehe, zeigt sie mir noch eine besondere Kollektion und sagt: „Wir haben womöglich die beste Sammlung von Büchern über die Flüsse Amerikas. Es gab einmal eine Veröffentlichung von 65 Büchern. Die sind heute sehr schwer zu finden. Aber hier sind sie.“

Ich verspreche wiederzukommen. Mary sagt, sie würden sich freuen. Ich ahne, dass sie sich und die Bücher meint. Als sie hinzufügt, ich könne dann auch George kennenlernen, der sich ebenfalls freuen würde, weiß ich, dass ich sie richtig verstanden habe.

Ich halte mein Versprechen und habe auch George, den zum Buchhändler mutierten Buchsammler, getroffen. Wir sprechen über Bücher – über was sonst?

Ohne wirklich die Absicht zu haben, die Erstausgabe von *Der alte Mann und das Meer* zu kaufen, frage ich nach dem Preis. Es koste 1.200 Dollar, sagt George. Seitdem ich in diesem Juwel eines Buchladens zum ersten Mal war, besuche ich ihn häufiger. George hat inzwischen seine 1.200 Dollar bekommen, was ich sehr schade finde. Aber ich habe wenigstens ein Foto von dem Buch gemacht und, noch wichtiger, wurde zu einem Gedicht darüber inspiriert.

Natur und Kultur. Die beste Verbindung, die ich mir vorstellen kann. Die vielen hübschen Buchläden in den Ortschaften im Norden Michigans sind kleine Kulturzentren und Treffpunkte. So gibt es beispielsweise im *Leelanau Bookshop* in Leland einen Buchclub, der sich an jedem zweiten Freitag im Monat trifft und offen ist für

Jedermann. Im Nachbarort Northport ist der dortige Buchladen *Dog Ears* mit einer Galerie verbunden. Auch findet sich in den Townships fast überall ein kleines Museum und die kleinen Geschäfte, Restaurants und Cafés lassen den Aufenthalt in Leelanau County selbst bei Regenwetter nicht langweilig werden.

Das alles befindet sich rund herum um die schlafende Bärin. *Sleeping Bear Dunes* wurde als Naturpark Anfang der 1970er Jahre geschaffen. Der Errichtung des Parks gingen viele Kontroversen voraus, weil neben öffentlichem auch Land, das im privaten Eigentum stand, einbezogen werden sollte.

Im Rathaus von Glen Arbor treffe ich John Soderholm. Auf seiner Visitenkarte steht *Supervisor*. Man kann in ihm so etwas, wie den Bürgermeister von Glen Arbor sehen. Mich interessieren die Auswirkungen, die der Park auf die Gemeinde hat. John erzählt mir, von *Sleeping Bear Dunes* seien fünf Townships betroffen. Ein Township in der *Lower Peninsula* von Michigan besteht aus einem Gebiet von ungefähr 92 Quadratkilometern und hat ein gemeinsames Verwaltungssystem. Ich frage: „Aber Glen Arbor hat den größten Teil, oder?“

„Ja“, sagt John, „aber wenn du auf die Karte hinter dir schaust, dann siehst du, dass *North Mani*tou, die größere der beiden Inseln, Teil des Parks ist, und die gehört zu Leland Township. Aber auf das Township Glen Arbor entfällt der größte Brocken. Danach kommt Leland und dann Empire. In allen Townships gab es, wo das Land als Park vorgesehen war, privates Eigentum.

„Das war dann von heute auf morgen Teil des Parks, die Leute wurden also quasi enteignet?“, frage ich.

„Nicht ganz. Es gab eine Reihe von Transaktionen. Aber man kann es so sehen, wie du das tust. Offiziell wurden die Leute dazu ermutigt, zu verkaufen. Ihnen wurde ein Preis genannt und sie konnten ihn akzeptieren oder nicht. Aber wenn sie es nicht taten, gab es gar kein Geld. Nach dem Verkauf wurden die Häuser abgerissen. Einige Grundstücke innerhalb des Parks gehören noch privaten Eigentümern, sogenannten *Innholders*. Die dürfen bis zu ihrem Lebensende dort wohnen bleiben. Nach ihrem Tod fällt ihr Grundstück entschädigungslos an die Bundesregierung. Es wird Teil des Naturparks. Diese Menschen brauchen allerdings keine Grundsteuern mehr zu zahlen, weil sie ja quasi jetzt schon keine Eigentümer mehr sind. Es gab damals eine Reihe von Auseinandersetzungen darüber, welche Grundstücke in die Begrenzungen des Parks einbezogen werden sollten und welche nicht. Aber letztlich war nicht viel zu erreichen, nachdem der Staat, die Bundesregierung in Washington, den Beschluss über den Park einmal getroffen hatte.“

„Habe ich das mit dem *Innholder* richtig verstanden? Wenn der frühere Eigentümer des Grundstücks verstirbt, fällt es an den Staat.? Egal, ob es noch Familienmitglieder gibt, die im Haushalt leben, Ehegatten beispielsweise?“

„Ja, genau so ist es.“

„Ich habe gehört, dass Glen Arbor und die anderen

Townships durch die Parkgründung erhebliche Steuereinbußen hatten."

„Ja", bestätigt John, „nachdem die Grundstücke im Eigentum der Bundesregierung waren, fielen die bisherigen Bewohner als Steuerzahler aus. Aber wir bekommen dafür PILT-Geld (*payment in lieu of taxes*) eine Art Entschädigung. Es wird gezahlt, wenn in einer Gemeinde Eigentum des Bundesstaats liegt. Das Problem ist nur, dass dieses Geld an das County geht, das damit machen kann, was es will. Wir Townships dringen natürlich darauf, es an uns weiterzugeben, denn schließlich sind wir es, denen die Steuereinnahmen weggebrochen sind. Aber das County tat sich immer schwer damit. Es gibt immer Auseinandersetzungen darum. Da die Einnahmen sowieso geringer sind, als wenn das Land noch zu unseren Townships gehören würde, haben wir also insofern einen finanziellen Verlust durch die Errichtung des Parks."

Andererseits, und das bestätigt mir John, hat die Situation sich für Glen Arbor erheblich verbessert. Der Tourismus boomt und die Städter aus dem Süden, denen die Cottages gehören, sind meist wohlhabend. Das Township hat außer einigen Hypotheken keine Schulden.

Einige Bewohner haben damals einen Touristenansturm befürchtet. Der blieb zwar nicht aus, hat sich aber nicht nachteilig ausgewirkt. Ging nicht einher mit dem Bau von Bettenburgen, Diskotheken oder Fastfood Restaurants. So verläuft sich aller Ansturm auf einer Länge von etwas über 100 Kilometern entlang des *Lake*

Michigan. Die Besucher kommen, um zu wandern, Rad, Kanu oder Kajak zu fahren.

Im Jahre 2011 wurden die Zuschauer einer Fernsehsendung *(Good Morning America)*, aufgefordert, den schönsten Platz der USA zu wählen. Unter die ersten zehn schafften es Ashville, eine kleine Stadt in den sehr angesagten Appalachian Mountains in Virginia. Aspen, der weltbekannte Wintersportort in Colorado mit dem Gipfel des Pyramid Peak. Cape Cod, eine 400 Quadratmeilen große Halbinsel in Massachusetts. Destin in Florida, der Strand von Lanikai auf der Hawaii-Insel Oahu, Newport in Rhode Island, Point Reyes in Kalifornien, Sedona in Arizona und die *Sleeping Bear Dunes* in Michigan. Den Sender erreichten Einsendungen von überall aus den Vereinigten Staaten. Tausende Fotos von atemberaubenden Aussichten, wahren Naturschönheiten und einmaligen Landschaften. Im August 2011 wurde aus den zehn meistgenannten Plätzen der Gewinner gewählt.

Glen Arbor durfte danach unter dem schlichten, in Blau und Weiß gehaltenen Ortsschild den Hinweis anbringen: *Sleeping Bear Dunes – voted by Good Morning America – Americas Most Beautiful Place.*

Es war am Ende des Jahres 2012 als ich im Rathaus von Glen Arbor mit Supervisor John Soderholm sprach. Mich interessierte natürlich, wie sich die ehrenvolle Wahl auf die Besucherzahlen ausgewirkte haben und er sagte, dass man in diesem Jahr 1,3 Millionen Besucher gehabt hatte, was einer Steigerung von 30% entspricht. Und die Steigerung war nicht nur vorübergehend.

John ist nicht mehr länger im Amt. Sein Nachfolger ist Peter van Nort, dessen Vorfahren, bei dem Namen keine Überraschung, aus Holland kamen. Er sagt, die Besucherzahlen steigen weiterhin. Nicht in der Größe wie in 2012 aber kontinuierlich und liegen jetzt, in 2018 bei 1,75 Millionen. Glen Arbor hat im Sommer, wenn alle da sind, drei- bis viertausend Einwohner, bezogen auf die Hausbesitzer und ihre Angehörigen bzw. Mieter. Ansonsten sind es circa 800. Da sind solche Besucherzahlen sehr beeindruckend und ich frage: „Kann ich davon ausgehen, dass Glen Arbor eine wohlhabende Stadt ist?“

„Oh ja, sehr. Ich würde sagen, das pro Kopf Einkommen hier ist das höchste von allen Townships im Staat Michigan. Und es ist ziemlich stabil hier. Wir haben es schon geschafft nicht mehr nur über die Wahl als schönste Gegend Amerikas zu sprechen und wir arbeiten weiter daran. Und nicht nur in Glen Arbor. Viele Gegenden und Dinge mit Strahlkraft wie Essen oder Wein oder Plätze zum Leben zeichnen uns aus. Nicht nur unser Township oder das County, auch die ganze Gegend um die *Grand Traverse Bay* befinden sich unter den führenden Regionen Amerikas.“

Das Herzstück des Parks (*Sleeping Bear Dunes National Lakeshore*), liegt südlich von Dunes Climb: der *Pierce Stocking Scenic Drive.*

Pierce Stocking? Was mag das bedeuten? Löchrige Strümpfe? Aber warum sollte man einen zwölf Kilometer langen Rundkurs innerhalb einer Dünenlandschaft so bezeichnen? Des Rätsels Lösung ist, Pierce Stocking ist ein Name. Der Mann, der so hieß, liebte diese Dünenlandschaft so sehr, dass er andere daran teilhaben lassen wollte.

Als Waldarbeiter hatte er Erfahrung damit, Wege zu bauen. Warum nicht einen Weg durch die Dünen? 1960 begann er damit. Sieben Jahre später war er fertig. Bis zu seinem Tod im Jahre 1976 verbesserte er ihn ständig. Heute ist er asphaltiert und mit dem Auto zu befahren. Es gibt eine Karte mit insgesamt zwölf Orten, an denen man anhalten, aussteigen und die Landschaft bewundern soll. Einige kleinere Wege laden zum Wandern ein. Die ganze Strecke kann man aber auch gut mit dem Fahrrad befahren.

Auf dem Weg gibt es eine Brücke, die mich an den Film *Die Brücken am Fluss* erinnert. Einen Film, den ich mir ausnahmsweise ansah, obwohl ich das Buch vorher gelesen hatte. Bereits als ich in der Zeitung las, wer in dem geplanten Film die Hauptrollen übernehmen würde, war mir klar: Das passt. Clint Eastwood spielt einen Fotografen, der überdachte Brücken fotografiert und sich in eine Frau verliebt, gespielt von Meryl Streep. Die Handlung nimmt einen dramatischen Verlauf. Wie Liebesgeschichten eben sind. Im Film werden dazu eindrucksvolle überdachte Brücken gezeigt.

Sie wurden überdacht, um sie vor Regen und Schnee zu schützen. Es war billiger, Dächer zu reparieren, als neue Brücken zu bauen. Diese Brücken gibt es aber nicht nur in Madison County, wo die Handlung des Films angesiedelt ist, sondern eine solche finde ich auf Stockings Weg. Sie ist nicht so schön, wie die Brücken im Film. Eher eine Holzhütte mit offenen Wänden. Das Dach hat seine Funktion erfüllt und die Überquerung geschützt. Die Seiten dagegen, auf denen es liegt, mussten bereits erneuert werden. In einer Broschüre heißt es dazu: *Stachelschweine finden anscheinend bearbeitetes Holz reizvoller als naturbelassenes.*

Nummer drei der besonderen Orte auf der Karte ist eine Aussichtsplattform namens Dünen-Überblick. Von hier kann ich Richtung Norden den Parkplatz von *Dunes Climb* und dahinter den *Glen Lake* sehen, wie ich ihn auch bei meiner ersten Dünenbesteigung entdeckt hatte. Ich befinde mich aber viel höher und sehe deshalb nicht nur diesen See, sondern auch den *Lake Michigan.*

Bei meiner Wanderung, nachdem ich *Dunes Climb* hochgestiegen war, hatte mich der Ausblick bereits begeistert. Der Blick nach Norden. Nun sehe ich alles von einer höheren Warte. Vor mir breitet sich eine Bilderbuchlandschaft aus. Bewaldete Höhenzüge und dazwischen die blauen Wasser der Seen. Dünen sind auch zu sehen. Sie ziehen sich zum Westen und Süden zum *Lake Michigan* hin. Von einer noch höheren Warte, nämlich dem Spaceshuttle Columbia, sieht man „den scharfen Kontrast zwischen dem Weiß der Dünen, dem riesigen Blau des *Lake Michigan*s, dem tiefen Blau des *Glen Lake*s und dem Grün der Wälder“. So hat der Astronaut Jack Lousma, der als Junge in den Dünen umhergeklettert war, den Anblick aus dem Weltraum beschrieben.

Der *Glen Lake* war in Urzeiten mit dem *Lake Michigan* verbunden. Dann schoben sich Sand und Gräser, Büsche und Bäume dazwischen und haben dieses

Kunstwerk der Natur gebildet. Meinen großartigsten Blick darauf erhalte ich vom Aussichtspunkt Nummer neun, dem Herzstück des *Stocking Drives*. Er befindet sich direkt an einen steilen Kliff (*Steep Bluff*). Dieses Kliff fällt ungefähr 140 Meter tief in den *Lake Michigan*. Untersuchungen haben ergeben, dass es vor dem heutigen Kliff, genau vor meinen Augen, ursprünglich eine Landzunge mit einer Ausdehnung von drei Kilometern gegeben hat. Seither haben die Wellen des Sees Felsen und Sand vom unteren Teil ausgewaschen. Von oben rutschte die Erde nach und versank ebenfalls im See. Vor der Aussichtplattform, die, aus Holz gebaut, etwas über das Kliff hinausragt, kann man Leute sehen, die unten am Strand herumlaufen. Sie sind anscheinend von oben da hinunter gegangen, denn ich höre jemanden sagen: „Hoffentlich wissen die auch, dass sie da wieder hoch müssen ...“

Eine berechtigte Frage, wenn man weiß, dass in einer indianischen Legende der Aufstieg als eine besondere Leistung angesehen wurde, die, wenn er geschafft war, ein langes Leben versprach.

Die Landschaften im Norden Michigans mit ihren Felsen sind, wie bereits erwähnt, durch die großen Gletscherverschiebungen der Eiszeit entstanden. Ich stelle mir vor, wie die Landschaft aussah, als die Gletscher schmolzen, sich Höhen und Täler mit Flussläufen und Seen bildeten, Sand und Steine sich auf die Erde legten und das Wasser sich seine Wege bahnte. Kein Wald hätte meinen Blick behindert. Bald aber würden, aus dem fortschreitenden Blickwinkel meiner Fantasie, erste

Pflanzen, Büsche und Bäume diese Einöde bewachsen und den Lebewesen – Säugetieren, Insekten, Vögeln und Fischen –, die den zurückweichenden Gletschern folgten, eine Heimat bieten.

Dünen sind im Prinzip nichts anderes als Sandhaufen, die vom Wind ständig verändert werden. Auf ihnen bildet sich trotz der Bewegungen pflanzlichen Leben. So blicke ich auf kleine und große Sanderhebungen, bewachsen mit Gräsern, Büschen und kleinen Bäumen.

Ich verlasse den Holzweg, der zur Plattform führt, und begebe mich etwas tiefer. Ich setze mich. Rechts vor mir befindet sich eine Düne, die mich wie ein Magnet angezogen hat. Sie ist auf einer Seite abgebrochen. An der Bruchstelle liegen herabgerutschte Baumstämme. Auf der Kante, die wie ein Schiffsbug aufragt, stehen junge Bäume. In geringer Entfernung schließt sich rechts auf einer kleinen Anhöhe ein Wäldchen an. Eine schönere Landschaft habe ich noch nie zuvor gesehen. Als ein Titelbild für meinen Gedichtband *Jahreszeiten* gesucht wurde, habe ich ein Foto dieser Düne genommen. Einige Jahre später ist von diesem schönen Bild nicht mehr viel erhalten. Die kleine Anhöhe mit dem Wäldchen ist halb abgebrochen. Hier erfährt man die Unbeständigkeit des Lebens.

Die hat auch vor der „schlafende Bärin" nicht haltgemacht, denn ich frage mich, wo sie ist. Von hier aus sollte ich sie sehen. Aber der Umriss einer Bärin ist nicht zu entdecken. Übriggeblieben ist nur eine kleine Düne.

In einiger Entfernung kann ich sie sehen, wenn ich

durch die Senke mit „meiner" abgebrochen Düne nach Norden schaue. Ziemlich nahe am *Steep Bluff*.

Die Düne, die dem Park den Namen gab, ist ungefähr 2.000 Jahre alt und hat sich in der Zeit stark verändert. Als sie sich formte, lag sie nicht kurz hinter *Steep Bluff*, sondern viel weiter im Landesinneren. Der Sand, der vom Wind von der Klippe getragen wurde, hat sie über Zeiten zu einer Gestalt geformt, die an eine schlafende Bärin denken ließ. Heute liegen verkrüppelte, tote Bäume unterhalb der Kuppe. Geisterwald genannt. Er und der heutige Bewuchs auf der Spitze, erzählen eine Geschichte von Schöpfung und Veränderung. Von Zeiten, in denen Sand die Düne schuf, und Zeiten, in denen Bäume zu wachsen begannen.

Der Bewuchs, der heute an der Spitze zu sehen ist – Bäume und Büsche – hat sich um den Jahrtausendwechsel schnell entwickelt. Diesen Wandel erlebt die Düne anscheinend zum dritten Mal. Eine weitere dramatische Veränderung betrifft die Höhe. Es gab eine Zeit, da betrug sie 71 Meter. Alles, was von ihr übrig blieb, ist ein nicht einmal halb so hoher bewaldeter Hügel.

Dieser Erosionsprozess schreitet unaufhaltsam fort. Es ist abzusehen, dass er eines Tages die alte Bärin in den Himmel oder, wie es bei den Ureinwohnern heißt, die Ewigen Jagdgründe schicken wird. Dorthin, wo ihre beiden vor langer Zeit ertrunkenen Jungen auf sie warten. Mit dieser tröstlichen Aussicht lässt sich die traurige Entwicklung ein wenig besser ertragen.

Nicht nur die Dünen im *Sleeping Bear*, sondern das ganze County verändert sich ständig. Es würde auch jeder Erfahrung widersprechen, täte es dies nicht. Eine Veränderung in den letzten 300 Jahren in Michigan ist vergleichbar mit den Gletscherverschiebungen der Eiszeit. Dort veränderte sich die Landschaft, hier die Bevölkerung.

Aber ich habe in einem Zeitraum von zehn Jahren keine gravierenden Veränderungen erlebt. Nur den Wechsel der Inn-Keeper im *Glen Arbor Bed & Breakfast.* Als ich das zweite Mal dort bin, ist meine Jody nicht mehr da. Aber sie und Brian leben noch in der Gegend, sodass wir uns sehen können, wenn ich dort bin.

Ich frage Jody warum, und sie sagt, sie wollte einfach einmal etwas anderes machen. Wieso nicht, denke ich. Zumal ich Katie, Jodys Nachfolgerin, die gleichzeitig eine Freundin von ihr ist, bereits kenne.

Sie hat zuvor ein Restaurant geführt, auf der anderen Seite vom *Glen Lake.* Jody hat es mir empfohlen gehabt, weil es am besten sei, wenn ich mittags ein Sandwich essen und nicht ganz bis Leland in den Käseladen fahren wolle.

Das Restaurant ist mir nicht nur wegen des guten Essens in Erinnerung geblieben, sondern auch wegen zweier anderer Dinge. Zunächst der Beruf von Jeff, Katies Ehemann. Er ist Fotograf. Im Restaurant hat er herausragend bearbeitete Fotos von Wasserfällen der Gegend ausgestellt. Des Weiteren ein Schild im Restaurant. Darauf hieß es: *Nahrungsmittelwarnung: Unser Speiseeis schmeckt hervorragend. Das bedeutet, es enthält Fett und Kalorien.*

Der Buchladen von Glen Arbor, der seit ungefähr

15 Jahren an diesem Platz, in einer Seitenstraße, ansässig ist, befindet sich in einem beeindruckenden Gebäude. Ein altes Cottage, weshalb der Laden auch *The Cottage Book Shop* heißt. Das Haus ist 84 Jahre alt und wurde früher als Ferienunterkunft genutzt. Irgendwann haben die Eigentümer des Buchladens das Cottage gekauft und hierher verfrachtet. Denn es befand sich ursprünglich auf der anderen Seite vom *Glen Lake.*

„Eine faszinierende Geschichte", sage ich zur Buchhändlerin Lynn, die mir das erzählt.

„Ja", sie nickt dabei lächelnd, „sie haben es extra hierher geschafft, um den Buchladen darin unterzubringen."

In den Regalen stehen Kinderbücher, Romane, Historie, Mystery. „Solche Sachen gehen hier am besten", sagt Lynn, „und dies." Sie nimmt einen Bildband zur Hand. „Beispielsweise Fotobücher aus der Gegend hier in Michigan."

Wir blättern das Buch mit den üblichen Landschaftsbildern, von denen ich viele inzwischen selbst aufgenommen habe, durch und Lynn sagt dann noch, dass sie auch viele Bücher von lokalen Schriftstellern oder Geschichten aus der Gegend verkaufen.

Während Glen Arbor sich mit Ruhm schmückt, kann ein anderer Ort, Glen Haven, der zwischen Glen Arbor und den Dünen liegt, nur zuschauen. Glen Haven wurde 1857 unter dem entzückenden Namen *Sleeping Bearville* gegründet. Etwa zeitgleich mit Glen Arbor, dessen erste Siedler 1848 erschienen.

Damals gab es weder Eisenbahnen noch ausgebaute

Straßen und Autos. Schiffe waren die einzigen Transportmittel. Doch ohne Häfen keine Schifffahrt. Deshalb baute man einen 100 Meter langen Pier in den See. Glen Haven bekam einen General Store, in dem es notwendige Bedarfsartikel gab, und eine Schmiede, in der zerbrochenes Gerät repariert werden konnte. Es gab eine Pension (*Boarding House*), in dem die Arbeiter, Holzfäller, Geschäftsleute und wer sonst noch alles ein Bett benötigte, übernachten konnten.

Der Ort wurde bis in die 1930er Jahre als wichtiger Hafen genutzt. Das Dock wurde 1865 erbaut, um das Holz, das auch hier geschlagen wurde, zu verladen. 24 Schiffe besaß allein die Holzgesellschaft, die von Glen Haven aus das Holz nach Buffalo, Chicago oder Milwaukee lieferte.

Als die Wälder nichts mehr hergaben, war die Zeit des Hafens aber noch nicht vorbei. Er wurde nun hauptsächlich zum Verschiffen der landwirtschaftlichen Erzeugnisse genutzt. Außerdem von großen Kreuzfahrtschiffen angelaufen, die Anfang des letzten Jahrhunderts über die Großen Seen fuhren. Schiffe mit bis zu 2.000 Passagieren.

Nachdem die Straßensysteme so ausgebaut waren, dass es günstiger war, den Landweg zu nehmen, funktionierte Glen Haven immer noch als Stadt. Bis ins Jahr 1941 wurden Kirschen in Dosen gepackt und in die Welt verschickt. Das alles ist vorbei. Glen Haven, einst einer der geschäftigsten Häfen am *Lake Michigan*, ist heute ein Museumsdorf und somit Teil der Attraktionen des Naturparks.

In Leelanau County gibt es noch einen anderen Ort, der mit der Attraktivität von Glen Arbor und Leland im Westen und Suttons Bay im Osten nicht mithalten kann: Northport. Er liegt direkt an der Kuppe des kleinen Fingers, den das County darstellt, und ist von Westen wie von Osten gleichermaßen zu erreichen. Die berühmte Straße 22 krümmt sich nämlich um den Finger herum. Somit fährt man links (West) und rechts (Ost) an denselben Schildern vorbei, die, völlig korrekt, entweder Süd oder Nord anzeigen. Ich mache mir nur Gedanken darüber, falls ich mal Hilfe rufen müsste und man mich fragen würde, wo ich sei, wäre der Hinweis „ungefähr 2 Meilen auf der 22 Süd" beispielsweise nicht ausreichend.

„Auf welcher Seite denn?", wäre die logisch sich anschließende Frage.

Northport war vor 100 Jahren die größte Ansiedlung im County. Das ist vorbei. Hier ist nicht der Platz, an dem die Leute aus dem Süden eine Menge Cottages bauen. Wer die anderen hübschen Orte und Gegenden vor der Haustür hat, braucht sich auf Gäste nicht einzustellen. Die bleiben dort stecken. Dem Ort ist aber bisher das Schicksal einer Geisterstadt wie Glen Haven erspart geblieben. Sein Überleben sichern Bäume. Keine Wälder. Bäume. Plantagen. Kirschen.

In Glen Haven sind einige der historischen Gebäude für den Tourismus wieder hergerichtet worden. So kann man im alten, mit einer wundervollen roten Farbe bemalten *Black Smith Shop* einen Schmied bei der Arbeit beobachten. Die Schmiede wurde in ihren Urzustand zurückversetzt, nachdem sie jahrelang als Lager- und Wohnhaus gedient hatte.

Mit einem der Schmiede habe ich mal gesprochen. Er heißt Jim. Er erzählt mir, die Schmiede sei 1856 gebaut und 1920 geschlossen worden. Ich sage: „Da bestand der Hafen aber noch.“

„Ja“, sagt er, „das letzte Schiff landete hier 1931 an.“

„War das der Zeitpunkt, an dem die Stadt verlassen wurde?“

„Nein. Hier war die Familie von D. H. Day ansässig, der das alles weitgehend gehörte, und die hat später von hier aus Dünenrundfahrten veranstaltet. Die waren, bis sie 1972 eingestellt wurden, eine der größten Attraktionen hier.“

Jim wird unterstützt von einem Rentnerehepaar, Elaine und John. Sie sind Freiwillige, die sich den Touristen widmen. Elaine ist eine schlanke Frau, Anfang 60, hat einen grauen Pony und dunkle Locken. Sie trägt eine Brille, eine auffällige rote Bluse und hat ein Clipboard in der Hand, an dem sie sich ein bisschen festzuhalten scheint. Ich erfahre, dass sie mit ihrem Mann das ganze Jahr in einem Wohnwagen lebt. Sie haben vor acht Jahren ihr Haus verkauft und arbeiten freiwillig in verschiedenen Parks. Im Winter sind sie in Texas, im *Big Bend National Park* und im Sommer hier.

„Die Verwaltungen der Naturparks haben nicht genügend Geld“, sagt sie, „um alles am Laufen zu halten. Deshalb sind sie dankbar für Freiwillige und davon gibt es eine ganze Menge. Meist Rentner. Die kommen dann

Jahr für Jahr wieder. Für uns ist es das erstes Jahr hier.“

Elaine hat eine angenehme Stimme, mit der sie mir noch erzählt, dass ihr Mann gerade lernt, wie man schmiedet. Sie sagt: „Hier sind immer unterschiedliche Schmiede, jeden Tag. Die haben noch andere Jobs und nicht immer Zeit. So trainieren sie einige der Freiwilligen. Die gehen richtig zur Schule. Es gibt mehrere davon im Land.“

Ich schaue zu John, ihrem Mann, der ebenfalls groß und schlank ist und nicht so aussieht, wie ich mir einen Schmied vorstelle. Aber er trägt Arbeitshandschuhe und eine Schutzbrille. Er ist dabei, mit einem Blasebalg die Glut eines Ofens anzuheizen, in die er ein Stück Metall hält. Als es glüht, nimmt er es heraus, hält es in einen Wasserbottich, der daneben steht, wendet sich um und geht zum Amboss, auf dem er jetzt mit einem Hammer auf das glühende Metall schlägt. Ich frage Elaine: „Dein Mann ist gar kein Schmied?“

Daraufhin hebt er den Kopf und sagt lachend: „Ich schmiede seit ungefähr zehn Minuten ...“

Ich überlege, ob ich nicht auch als Volontär in den amerikanischen Naturparks anheuern sollte.

Am Ende der Straße in Glen Haven, unten am Wasser, befindet sich auf der rechten Seite ein großes rotes Gebäude, in dem ursprünglich die *Glen Haven Canning Company* ihre Konserven herstellte. Eigentümer war D. H. Day.

Davor ragte der Pier tief in den See. Wer heute die Straße bis dahin hinuntergeht, sieht die Konservenfabrik, die als Schifffahrtsmuseum hergerichtet ist und einige Parkplätze. Und am Strand vielleicht einige Urlauber, die von ihren Liegenstühlen über den See schauen, auf dem sich auf den Resten des Piers, der nur noch knapp aus dem Wasser ragt, die Möwen ausruhen.

Vor 100 Jahren wimmelte es hier von Menschen. Dockarbeiter und Holzfäller, die sechs Tage in der Woche jeweils zwölf Stunden arbeiteten und in ihrer Freizeit an ihren eigenen Häusern bauten, damit sie nicht in den meist überfüllten Pensionen mit anderen zusammen in einem Bett schlafen mussten. Außerdem sah man Kutschen und Flachwagen, die das Holz auf einer Schienenkonstruktion zum Verschiffen brachten, und eine Lokomotive, die diese Flachwagen zog. D. H. Day hatte die Lokomotive 1907 gekauft.

Ich wundere mich, warum der eine Ort, Glen Haven, nur noch fragmentarisch existiert, und der andere direkt daneben, Glen Arbor, auch ein alter Hafen, voller Leben ist.

Die Entwicklung in Glen Arbor verlief völlig anders. Bis in die 1960er Jahre hinein war das nicht absehbar. Dann kamen Menschen von überall hierher und kauften Land, um Cottages zu bauen. Glen Arbor galt als das beste offene Geheimnis für Leute mit Geld, die sich nach Ruhe und Erholung sehnten.

Als der Nationalpark geschaffen wurde, waren die Menschen, die hier lebten, nicht besonders begeistert. Mir wurde immer wieder erzählt, dass man fürchtete einen Touristenansturm zu erleben. Auch von Mary, die früher Lehrerin war.

Als sie mir das erzählt, sage ich ihr, dass ich den

Eindruck habe, als seien alle Leute, die ich hier treffe, ehemalige Lehrerinnen oder Lehrer, Professoren oder Professorinnen. Einige noch praktizierende sind auch dabei. Mary weiß den Grund dafür so wenig wie ich und denkt, dass ich diese Menschen womöglich anziehe. Vielleicht hat sie recht. Es macht Freude, sich mit ihr zu unterhalten. Marys Tochter, Liz, arbeitet als Journalistin für das *Traverse Magazine*.

Ich hätte gern mit ihr zusammengearbeitet, besser gesagt sie benutzt, um über sie vielleicht einmal eine Story in dem Magazin unterzubringen. Ich habe sie zweimal getroffen, wir sprachen darüber und ich hatte den Eindruck ihr gefiel der Gedanke. Aber dann war sie immer sehr beschäftigt oder irgendwo unterwegs und es kam zu keinem weiteren Treffen. Ich fand das schade, aber wenn sie so beschäftigt ist, kann ich nichts machen.

Als ich das zuhause Anna erzähle, meint die, Liz hätte nur beschäftigt getan. Obwohl ich die Antwort ahne, frage ich nach, warum sie so etwas sagt und höre genau was ich erwartet habe: „Die wollte einfach nicht."

Ich hasse es, wenn Anna glaubt, sich über etwas ein Urteil erlauben zu können, das sie nur flüchtig aus meinen Erzählungen kennt.

Liz hat mir bei einem unserer beiden Treffen einen Artikel von sich gegeben, den sie im Juli 2013 veröffentlicht hat. Er handelt von einem Ford, *Car No. 9*, so auch der Titel des Artikels, der als ein sogenanntes *Dunes Mobile* eingesetzt worden war. Das waren Fahrzeuge, die Besucher durch die Sleeping Bear Dunes fuhren. Dieser Ford wurde wiederentdeckt und hat 2013 an der Parade am 4. Juli, dem Nationalfeiertag der USA, in Glen Arbor teilgenommen.

Mit Mary unterhalte ich mich oft. Auch über die unterschiedliche Entwicklung der beiden Orte Glen Arbor und Glen Haven. Von ihr erfahre ich, dass in Glen Arbor „nichts war", als sie 1954 das erste Mal hierher kam. Dann schränkt sie ein, vielleicht das Haus gegenüber von Louis, genannt Lou, Batory, den ich eine Woche, vor seinem 103. Geburtstag im Juli 2013 kennengelernt habe. John vom Rathaus, hat mir geraten, ich solle ihn, Lou, einmal besuchen, er stamme aus Österreich.

Das mache ich und treffe ihn vor seinem Haus. Er sitzt dort mit übereinander geschlagenen Beinen, kurzer Hose, einem roten T-Shirt und einer schwarzen Baseballkappe auf dem Kopf, unter der weiße Haare hervorschauen, die in langen Koteletten bis weit auf den Unterkiefer wachsen.

Mir ist bei seinem Anblick nicht klar, ob er schläft. Kann sein, kann auch nicht sein. Ich gehe die kleine Einfahrt hoch und mache mich bemerkbar. Er schläft. Es dauert etwas, bis er reagiert. Er scheint mir zuerst etwas benebelt zu sein und ich denke, ich störe ihn. Aber, anscheinend nicht, denn er unterhält sich freundlich mit mir.

Als ich ihn frage, ob er aus Österreich stammen würde, sagt er: „Nein, aus Ungarn."

Zunächst glaube ich, dass John sich getäuscht hat. Aber dann fällt mir ein: Als Lou geboren wurde, war es noch ein und dasselbe. Österreich-Ungarn. John kennt sich anscheinend aus.

Im Jahre 2018 erzählt mir Mary, dass Lou im Frühjahr verstorben sei. 107 Jahre alt sei er geworden. Trotzdem bin ich ein wenig traurig.

Lous Haus gab es also schon, als Mary das erste Mal hierherkam. Es gehörte damals seiner Schwiegermutter. Außer diesem standen noch ein paar andere. Aber nicht so viele. Es wurden dann immer wieder Parzellen aufgekauft und Cottages gebaut. Aber alle waren sich einig, so wenig wie möglich darüber zu reden. Es sollte ein Geheimnis bleiben, dass es hier Land in einer zauberhaften Umgebung gab. Doch so etwas kann nicht geheim bleiben.

Heute steht auf der Western Avenue, der Hauptstraße, die entlang des *Lake Michigan* verläuft (M 22), ein Geschäft neben dem anderen.

Die meisten Gebäude sind freistehend und von Bäumen und Büschen umgeben. Zum See sind es nur etwa 150 Meter. Die kleinen Straßen sind gesäumt von Cottages. In der Lake Street gibt es auch einige Geschäfte. Die Straßen enden am Strand, der nur dort öffentlich ist. Rechts und links davon ist alles Privatbesitz. Aber zum Baden reicht das kleine Stück am Ende jeder Straße.

Auf der dem See entgegengesetzten Seite sieht man hinter den Geschäften der Hauptstraße Bäume. Der Ort ist sehr grün. Dazwischen verstecken sich, jedenfalls auf dem ersten Teil vom Süden aus gesehen, bis zum *Chrystal River*, weitere Geschäfte. Unter anderem der Buchladen. In unserem Gespräch geht Mary auch auf die Spannungen ein, die es damals gegeben hat, als der

Park gegründet wurde. Sogar in der eigenen Familie. Ihre Eltern, die hier in einem anderen Haus lebten, waren, wie Mary sagt, so sehr gegen den Park, dass man mit ihnen darüber nicht vernünftig reden konnte:

„Sie sagten, sie könnten die Gegend selbst am besten beschützen, und dass sie dazu die Regierung in Washington nicht bräuchten. Dabei haben sie übersehen, wie arm die Leute hier waren. Die Farmer besonders. Das hier ist sandiges Land. Hier wachsen nur Obstbäume. Die Eisenbahngesellschaften haben damals, als sie die Schienen bauten, mehr Land aufgekauft, als sie benötigten, und als sie das wieder loswerden wollten, haben sie Anzeigen aufgegeben: *Rich in Silica.* Weißt du, was Silica ist?“

Ich weiß es nicht.

„Sand“, erklärt sie, „Silica ist Sand. Reich an Sand. Aber die Leute kauften es und kamen nicht damit klar. Und wenn man denen Geld unter die Nase hält, dann verkaufen sie. Also“, fragt sie mich, „wie wollten die Gegner des Parks die Landschaft schützen können?“

Kann ich auch nicht sagen. Wir sind uns einig, dass es mit dem Park eine gute Idee war. Auch wenn einige das vielleicht anders gesehen haben und es heute vielleicht immer noch tun. Ich komme auf Glen Haven zu sprechen. Im Laufe des Gesprächs entwickle ich eine Theorie: „Glen Haven ist heutzutage Eigentum der Regierung, richtig?“

„Ja“, bestätigt Mary, „aber Glen Arbor nicht.“

„Der Ort nicht“, sage ich.

„Ja, aber das Township schon weitestgehend.“

„Kann es sein“, überlege ich, „dass Glen Arbor nur deswegen prosperierte, weil es hier genügend Parzellen für Cottages gab? Und Glen Haven deswegen nicht, weil dort alles ein und demselben Mann, D. H. Day, gehörte?“

„Ja, das kann durchaus sein“, sagt Mary.

Hank

Nanabojos Faust soll der Legende nach für die wundervolle Landschaft der *Sleeping Bear Dunes* im Norden der unteren Halbinsel Michigans verantwortlich sein. Von ihm und seinem Schaffen habe ich zum ersten Mal gehört, als ich mich mit Ureinwohnern unterhalten habe. Von ihnen habe ich auch eine andere Bedeutung der Natur erfahren. Sie war mir zwar theoretisch nicht unbekannt, aber es ist ein Unterschied ob man etwas liest oder hört oder aber ob sie sich durch sich selbst erschließt.

Nach einer der Legenden der Ureinwohner waren Gletscherbewegungen oder ähnliches nicht verantwortlich für die Landschaft, mit der sie eng verbunden waren und die ihr Leben im Zyklus der Jahreszeiten sicherte. Dass die Natur ihnen auch heute noch so nahe ist und sie die neuen Möglichkeiten, die ihnen seit einigen Jahrzehnten geboten werden, ausschöpfen um sie zu schützen, war mir neu. Hank Bailey ist einer von ihnen. Er hat mir ihre Kultur auf vielen Begegnungen und gemeinsamen Ausflügen so erzählt hat, dass ich sie verinnerlichen kann und seine Welt, die der Anishinabeg, zu verstehen beginne. Eine Welt, die in Mythen besungen wird.

Auf eine davon wurde ich aufmerksam, als ich durch Harbor Springs fuhr. Früher nannte der Ort sich *L'Arbre Croche*, und das hat mit Nanabojo zu tun, der aus seiner Hand die wunderschöne Natur der Anishinabeg erschaffen hat. *Arbre croche* aber bedeutet ein verwachsener Baum auf französisch und der frühere Ortsname *L'Arbre Croche*, hat auch mit der Hand Nanabojos zu tun. Allerdings nicht mit deren schöpferischer, sondern eher zerstörerischer Kraft.

Der Legende nach, konnte er eines Tages einem Fluss nicht weiter folgen und musste einen Hügel überqueren. Es war mühsam. Mit seinem Kanu, das er über dem Kopf trug, musste er auf unebenem Boden bergauf gehen. Die Zweige der Bäume hingen tief und so kam es, dass sich das Boot darin verfing. Nanabojo stürzte zu Boden, schlug sich die Knie auf und stieß sich den Kopf. Rasend vor Wut rappelte er sich hoch, befreite das Boot von den Ästen und schlug mit seiner Faust auf den Baum ein, sodass dessen Stamm eine starke Beule bekam. Nanabojo hatte ihn in einen „verwachsenen Baum" verwandelt.

In Harbor Springs lebten im 19. Jahrhundert die meisten Ureinwohner Michigans. Sie hatten sich die Gegend fein ausgesucht. Über die Bucht (*Little Traverse Bay*), an der sich der Ort befindet, hat einst Ernest Hemingway zu Hadley, seiner ersten Frau, gesagt als sie dort entlangfuhren: „Da spricht man von der Schönheit der Bucht von Neapel. Ich habe beides gesehen, und kein Ort ist schöner als Little Traverse in seinen Herbstfarben."

Die Ureinwohner leben auch heute noch hier. Versteckt in einem Reservat, wie ich beiläufig von einem Polizisten erfahre, den ich in Harbor Springs treffe. Ich habe mich in der Nähe des Ortes in einem Weingut einquartiert.

Der Wein kann mich allerdings nicht überzeugen. Auch wenn Jerry, dem der Berg gehört, auf dem der Wein wächst, sich alle Mühe gibt, mir weiszumachen, dass hier, wo wir gerade stehen, der beste Boden für Wein sei.

Trocken und karg, sagt er, damit sich der Weinstock „einkrallen" kann. Nur dann entfalte er seine Stärke und bringe die richtigen Trauben hervor. Ein Weinparadies. Allerdings erst im Werden. Denn vor 30 Jahren sei hier nichts gewesen. Nur Bäume, Bären, Rehe.

Ich hake nach: „Keine Weingüter? Man kann also sagen, dass dies eine neue Weingegend ist, oder?"

„Ja", bestätigt er, „wir sind noch nicht einmal Mitglied im AVA."

Ich frage: „Was ist AVA?"

„AVA heißt *American Viticultural Area* und wenn man als solche anerkannt wird, hat man Vorteile. Man darf dann seine Weine ausführen. Außerdem den Namen der Rebe auf das Etikett schreiben. Alles Sachen, auf die einige Käufer Wert legen. Diese Gegend hier ist als solche noch nicht anerkannt."

„Also", frage ich, „dann wartest du also darauf, dass die Regierung sie als Weinbaugebiet ausweist?"

„Ja", bestätigt er, „ich hoffe, das wird bald geschehen. In Michigan gibt es bis jetzt nur vier anerkannte

Weinbaugebiete, zwei unten bei Kalamazoo, das sind die ältesten und zwei in Nordmichigan, wovon das größte Leelanau County ist.“

Natürlich, denke ich, Leelanau County. Hätte mich sehr gewundert, wenn das nicht dabei gewesen wäre. Das Weingut als Quartier habe ich mir deshalb ausgesucht, weil ich von dort bequem Harbor Springs auf der einen und Petoskey auf der anderen Seite der Little Traverse Bay erreichen kann. Petoskey kenne ich schon von einer früheren Reise, aber über Harbor Springs habe ich bisher nur gelesen.

Es ist ein Sonntag, als ich das erste Mal in diesen Ort fahre. Er wirkt ausgestorben. Ich gehe durch die Straßen und schaue mir die kleinen farbenfroh gestrichenen und mit Liebe zum Detail renovierten Geschäfte an. Dann beobachte ich, dass plötzlich ein Polizeifahrzeug hinter meinem geparkten Auto hält und fürchte, falsch geparkt zu haben.

Aber nein. Der Polizist, er heißt David, wie er mir später erzählt, telefoniert mobil, steigt aus und geht über die Straße. Dort schaut er sich aufmerksam die Fassade eines der Geschäfte an, telefoniert aber weiter. Was er dort gemacht hat, weiß ich nicht. Ich frage ihn nicht, weil es mich nicht interessiert. Anderes schon und so spreche ich ihn an, nachdem er aufgehört hat, zu telefonieren.

Wir fragen uns gegenseitig, wie es uns geht und dann will ich wissen, warum die Stadt so ausgestorben wirkt. Er sagt: „Das hier ist primär eine Sommerstadt, deswegen ist nicht so viel los. Aber hauptsächlich, weil heute Sonntag ist. Denn jetzt, im Herbst, gibt es auch viele Touristen, die wegen der Laubfärbungen herkommen. Hier in der Nähe ist dieser *Tunnel of Trees*, der für seine herbstlichen Farben berühmt ist."

Ich will ich mir das nicht entgehen lassen und erkundige mich nach dem Weg.

„Am Seeufer entlang, Richtung Norden, nach Cross Village. Dort siehst du eine sehr schöne Farbszenerie."

„Wie ist es hier im Winter?", möchte ich wissen, und David gibt zu:

„Da ist nicht wirklich etwas los. Obwohl, wir haben hier in der Nähe Berge zum Skifahren. Aber die Besucher kommen nicht in die Stadt. Die sind in den Ressorts und Hotels, wo sie alles haben, was sie benötigen. Im Sommer gibt es viele Freizeitmöglichkeiten auf dem Wasser. Boot fahren zum Beispiel. Es gibt hier viele Cottages, Zweithäuser von Leuten aus den Städten, die den Sommer hier verbringen."

Ich frage nach: „Aus Ann Arbor, Detroit und so?"

„Ja", bestätigt David, „aber hauptsächlich aus Chicago. Es gibt hier im Sommer eine Reihe von Festivals. Wir feiern natürlich den 4. Juli und veranstalten jährlich eine große Segelregatta."

Ich will wissen: „Gibt es in Harbor Springs irgendwelche berühmten Leute? Söhne oder Töchter der Stadt, die man kennt?"

„Eigentlich nicht", er schüttelt den Kopf. „Wenn du runter Richtung Petoskey gehst, siehst du ein Gebäude, das *Ephraim Shay House*. Der Typ war ein Eisenbahnbaron. Unsere Grundschule ist nach ihm benannt. Er hat eine Menge Geld mit Eisenbahnen gemacht und viel für die Infrastruktur des Ortes getan.

Wir haben noch eine zweite Grundschule, die *Blackbird School*, benannt nach einem Indianerhäuptling."

Als wir unser Gespräch beenden, zeigt er mir noch den Weg zu einem Supermarkt, den ich aber nicht finde. Aber die Suche führt mich auf die angrenzenden Hügel. Von dort habe ich einen traumhaften Blick über die Bucht, in die sich noch eine kleine Landzunge zieht. Die herbstlichen Farben der Bäume, die Wolken am Horizont, darunter das Wasser, etwas Nebel, der sich dazwischen legt. Wie ein Gemälde.

Hier also genießen die reichen Leute aus Chicago den Blick auf dieses malerische Szenario, denke ich. Hemingway hatte recht mit seiner Bemerkung über die überragende Schönheit der Bucht. Ich kenne auch beide.

Der Ort macht auf mich den Eindruck einer wohlhabenden Stadt. Aus den Wipfeln der Bäume, die um die eleganten Häuser herum stehen, glaube ich das Flüstern eines einzigen Wortes zu hören: Money!

Als David den Indianer Blackbird erwähnt, erfahre ich auf Nachfrage von dem Reservat. Dort treffe ich den bereits erwähnten Eric Hemenway. Das Reservat liegt etwas versteckt. Nur wer von Harbor Springs aus die Straße nach Norden fährt, sieht ein Schild, das darauf hinweist. Von der anderen Seite, aus der ich gekommen bin, gibt es keinen Hinweis.

Als ich das erste Mal auf den Parkplatz vor dem Verwaltungsgebäude des *Little Traverse Band* fahre, ist alles verwaist. Klar, es ist Sonntag. Am nächsten Tag ist das anders und meinem Wunsch, mit jemandem sprechen zu dürfen, der mir über das Reservat und die Ureinwohner etwas sagen kann, wird sofort entsprochen.

Eric Hemenway, der Archivar, steht mir Rede und Antwort. Er ist ein junger Anishinabe und überzeugt, dass die Anishinabeg nicht, wie einige annehmen, von außerhalb Amerikas eingewandert sind. Er sagt: „Wir sind hier viel länger, als die Archäologen es uns zugestehen. Und wir glauben auch nicht, dass wir die Beringstraße überquert haben und aus Asien oder so hierher gekommen sind. Wir glauben, dass wir hier erschaffen wurden."

Dann erklärt er mir, was es mit den Reservaten auf sich hat:

„Wir haben in Michigan zwölf Reservate, *Federal Recognized Tribes*, wie sie offiziell heißen. Die Reservate sind nur halb unabhängig. Die Bundesregierung der USA ist immer noch für bestimmte Fragen zuständig. Beispielsweise für die Verfolgung von Kapitalverbrechen wie Mord, Drogenhandel, Geldwäsche und so etwas. Dann ist das FBI verantwortlich. Nur das FBI, nicht die Polizei des Staates Michigan. Wären wir völlig unabhängig, hätten wir auch unsere eigenen Pässe oder Führerscheine. Aber das haben wir nicht. Nach meiner Meinung liegen wir zwischen dem Bund und dem Staat Michigan. Wir können Dinge tun, die der Staat Michigan nicht tun kann. Beispielsweise Casinos betreiben. Ein großes Recht, das wir haben. Unsere Stämme in Michigan haben viele Casinos."

Ich frage: „Aber die Sache mit den Casinos gibt es noch nicht solange, richtig?“

„Ja und Nein“, sagt Eric, „Die früheren Agreements, die Abkommen, die von den Stämmen hier in Michigan unterzeichnet wurden, sind über 150 Jahre alt. Sie stammen aus dem Jahr 1836. Das waren die hauptsächlichen Abkommen von Washington, D.C. 1855 wurde ein weiteres Abkommen geschlossen. Sie etablierten unsere Reservate, wie sie heute existieren, und gaben uns eine gewisse Form der Selbstbestimmung. Zu dieser gehört die Möglichkeit, Glücksspiel zu betreiben. Alles geht auf diese Abkommen zurück.“

Ich gebe zu Bedenken: „Selbst in den Büchern und Filmen, die von Weißen über die Situation der Ureinwohner gemacht wurden, und die mir und anderen in Europa ein Bild über sie vermittelt haben, ist zu entnehmen, dass diese Abkommen nicht eingehalten wurden.“

„Völlig richtig“, bestätigt Eric, der sehr kompetent wirkt und bei diesem Thema sehr ernst ist. „Ursprünglich ermöglichten uns die 1836er Abkommen Zugang zu Millionen von Hektar Land. Aber seit 1855 haben wir nur noch Zugang zu dem, was wir heute haben. Alle Abkommen wurden gebrochen, und zwar sofort nach der Unterzeichnung. Das fing bereits bei der Vereinbarung von Greenville aus dem Jahre 1795 an. Sie legte für die Stämme um die Großen Seen fest, was *Indian Territory*, das Land der Ureinwohner in Michigan und Teilen von Indiana, ist. Es gab nicht einen einzigen weißen Siedler, der sich daran gehalten hat. Die nahmen sich alles, was sie wollten, und die Regierung hat nichts dagegen getan. Zu der Zeit gab es Indiana noch nicht als Staat, sondern nur als Territorium. Die weißen Siedler wollten daraus einen Staat machen, wofür eine bestimmte Bevölkerungszahl notwendig war. Aber sie konnten nichts tun, denn es war unser Land."

„Und es konnte kein Staat gegründet werden mit den Ureinwohnern, weil die nicht als Bevölkerung zählten."

„Ja, richtig. Wir wurden nicht als Einwohner betrachtet und sie siedelten immer mehr Weiße an, um ihr Ziel zu erreichen. Und", fügt er hinzu, „in diesem Dunstkreis finden in diesem Jahr die 200-Jahr-Feiern des Krieges von 1812 statt. Unser Stamm hatte viele Mitglieder, die in diesem Krieg gekämpft haben. Mit den Engländern gegen die Amerikaner. Gegen den Eingriff der weißen Siedler auf indianisches Land. Das war das Herzstück des Konflikts. Keiner hat unsere Rechte verteidigt. Wir sagten uns, genug ist genug, und kämpften. Fast 40 Jahre lang hatten uns die weißen Siedler gedemütigt und betrogen, bevor wir 1812 zurückschlugen."

„1812", werfe ich ein, „war damals ein großer Krieg, oder nicht?"

„Gigantisch", sagt Eric. „Ein gigantischer Krieg für uns. Unglücklicherweise haben wir ihn verloren."

Er macht eine Pause und sagt dann – es klingt heute noch, 200 Jahre später, tief resigniert: „Wir haben alles verloren." Eric lässt den Satz nachwirken, bevor er fortfährt: „Aber es war noch nicht vorbei. Die Amerikaner hörten nicht auf, die Anishinabeg zu bekämpfen. 15 Jahre nach Kriegsende bestimmte Präsident Andrew Jackson, dass die Stämme der Ostseite des Mississippis auf die Westseite umzusiedeln seien. Wenn nötig, mit Gewalt.“

„Das hört genau so an, wie das, was Stalin mit den verschiedenen Volksgruppen in der UdSSR gemacht hat“, sage ich.

„Ja“, pflichtet Eric mir bei, „dasselbe. Genau dasselbe. Wir sind nur deshalb noch hier, weil unsere Stammesführer damals nach Washington gegangen waren. Sie wussten, dass die *removal policy*, wie es genannt wurde, eine Realität war. Es gab tatsächlich Stämme im Süden Michigans, im Norden Ohios und in Indiana, die bereits haufenweise vertrieben worden waren. Unsere Führer wussten das und sie versuchten, unser Land für die zukünftigen Generationen zu sichern. Wenn sie nicht nach Washington gingen, würde die Armee sie vertreiben.“

„Da redet heute kein Mensch mehr drüber, oder?“

Er schaut mich belustigt an:

„Natürlich nicht. Aber pass auf. Die Stammesführer taten, was sie zu jener Zeit konnten, und handelten ein Abkommen aus, nach dem die Anishinabeg bleiben durften. Sie konnten es aber ohne Zustimmung ihrer Stämme nicht unterzeichnen. Bei uns gibt es seit ewigen Zeiten eine sehr ausgeprägte demokratische Entscheidungsstruktur. Unsere Führer stimmten dem Abkommen zwar grundsätzlich zu, baten die Amerikaner aber, damit im Frühjahr zu ihren Stämmen hier in Harbor

Springs zu kommen, wo es unterzeichnet werden sollte. Die amerikanische Regierung war einverstanden. Aber als die Stammesführer im Frühjahr das von den Amerikanern mitgebrachte Abkommen noch einmal durchgingen, sahen sie, dass ihr Recht, hier zu bleiben, jetzt plötzlich auf fünf Jahre beschränkt war. Unsere Stammesführer sagten, dass von einer zeitlichen Begrenzung in Washington nicht die Rede gewesen sei. Aber die Regierungsvertreter drängten: ‚Egal. Ihr müsst das jetzt unterzeichnen.' Das taten wir schließlich. Zu jener Zeit hatten wir erstklassige und clevere Stammesführer, die sofort danach damit begannen, ein neues Abkommen zu verhandeln und Land selbst aufzukaufen, weil sie sich sagten: ‚Wenn wir Landbesitzer sind, haben wir Rechte und können nicht vertrieben werden.' Wir schufen viele Doppeldeutigkeiten, sodass die Regierung nicht wusste, wie sie reagieren sollte. Das gab uns die Möglichkeit für das neue Abkommen, das wir 1855 unterzeichneten und uns endgültig erlaubte, hier zu bleiben."

Ich hake nach: „Ihr habt Land, das euch gehörte, aufkaufen müssen?"

„Ja, denn bei uns gab es kein Eigentum. Das Land auf dem wir lebten, unser Land, gehörte keinem Einzelnen."

Wer sich heute in den Reservaten der Ureinwohner in Michigan umschaut, wird keine windschiefen Hütten mehr vorfinden, die kaum ihre Form, geschweige denn das Wetter, halten können, und von Schrott und Müll oder Pennern, die auf ausrangierten Autositzen hocken, umgeben sind. Es ist ein Wandel eingetreten und es ist erst 30 bis 40 Jahre her, als er begann. Ich sage zu Eric: „Heutzutage scheint es mir, wenn ich mich hier und in anderen Reservaten umsehe, dass ihr in einer guten wirtschaftlichen und finanziellen Situation seid.“

„Man kann nicht sagen eine gute Situation“, erwidert er, „aber in einer besseren. Es ist besser in meiner Generation, als in der meiner Großmutter. Ökonomisch gesehen. Es gibt mehr Arbeitsplätze, mehr Möglichkeiten. Aber meine Generation hat immer noch damit zu tun, das historische Trauma auszuhalten. Das ist wie ein Fluch. Ich meine 150 Jahre Reservate und den Verlust der Traditionen. Die Odawa beispielsweise lebten in einem riesigen Gebiet. Über Tausende von Meilen, bis zu hin nach Montreal, wurde umfangreicher Handel betrieben. Die Männer waren Fischer, Jäger oder Händler. Die Frauen kümmerten sich um die Erziehung der Kinder und um die Dörfer. Sie lebten in dieser Kultur. Das alles ist verlorengegangen.“

„Ja, aber ihr habt jetzt die Möglichkeit, eure Kultur, wenn auch vielleicht nicht ganz, aber zumindest zum Teil, wieder zurückzubekommen. Ihr habt eure Fischerei- und Jagdrechte, obwohl in den alten Vereinbarungen geregelt, die aber nicht eingehalten wurden, höchstrichterlich zurückerkämpft und ihr habt die Casinos, mit deren Geld ihr eure Gemeinschaftsaufgaben bis zum Bau neuer Siedlungen finanzieren könnt. Das alles habt ihre euch in den letzten Jahrzehnten erkämpft.“

„Ja, immerhin sitzen wir nicht mehr im Dreck. Uns geht es heute besser als mancher Gemeinde um uns herum. Insofern beschweren wir uns auch nicht mehr."

Als ich das Reservat verlasse, stelle ich mir die Frage, wieso sich die USA, die in ihrer eigenen Geschichte mit Minderheiten teilweise menschenverachtend umgegangen sind, heute als die großen Heilsbringer von Demokratie und Freiheit sehen. Es ist noch nicht lange her, dass Völkern und Rassen innerhalb der Vereinigten Staaten deren elementaren Rechte vorenthalten wurden. Das weiße Amerika tut so, als hätte es dies nie gegeben. Da wird nichts aufgearbeitet. Oder gar wieder gutgemacht. Kann es sein, dass die selbst auferlegte Verpflichtung, die Welt Freiheit und Demokratie zu lehren, womöglich demselben Syndrom entstammt, das oft bei Konvertiten beobachtet wird? Nämlich, dass sie ihren neuen Glauben fundamentaler ausleben?

Mir ist durch das Gespräch sehr deutlich geworden, wie unsagbar die Ureinwohner unter den weißen Siedlern gelitten haben. Meine Wahrnehmung der Landschaft um *Little Traverse Bay* verändert sich durch das Gespräch mit Eric. Erinnerungen, denen ich mich nicht entziehen kann. Wahrnehmungen von Vorstellungen eines Volkes, das hier einst mit der Natur verbunden war. Dieser Verlust belastet meinen Blick. Die Schönheit von mit Wäldern durchzogenen Hügeln und Tälern, das bezaubernde Zwitschern der Vögel und die im See versinkende Sonne sind entweiht von der abwesenden Kultur eines Volkes, die einst ein lebendiger Teil dieser Landschaft war. Heute werden die Ureinwohner hinter Harbor Springs im Reservat geduldet. Glücklicherweise nicht mehr in ärmlichen Verhältnissen, in denen sie die meiste Zeit über vegetieren mussten, denn das Land war weiß geworden. Ich hätte mir gewünscht, Nanabojo hätte damals seine Faust einsetzen können.

Ich verlasse Harbor Springs, das frühere *L'Arbre croche*. Die Ureinwohner haben den *Crooked Tree*, den verwachsenen Baum von Nanabojos Faust, kopiert. Ein solcher Baum, so merkten sie, eignete sich hervorragend als Wegmarkierung und so züchteten sie verwachsene Bäume als Wegweiser. Da aber ihre Kraft nicht mit Nanabojos zu vergleichen war und ihr Faustschlag wenig ausgerichtet hätte, schnitten sie stattdessen den Hauptstamm der Bäume kurz über den untersten Zweigen ab. Somit wuchsen nur noch seitliche Stämme weiter. Nanabojos Baum in Harbor Springs ist lange verschwunden. Die meisten anderen, die von Indianern geschaffen wurden, ebenfalls. Sie waren den weißen Siedlern für deren Straßen und Bauvorhaben im Wege. Das war ihnen allemal wichtiger als die Bewahrung der Naturdenkmäler der Ureinwohner, die sie ohnehin verachteten. Das hat sich bis heute nicht wesentlich geändert.

„Der weiße Mann" sagen wir heute nicht mehr. Nicht nur nicht, weil wir die unerwähnten Frauen diskriminieren würden und es sich nicht nur rassistisch anhört. Nämlich aus dem Grund, weil damit gesagt sein soll, er sei der bessere Mann, der weiße. Rassistisch will er aber nicht sein. Deshalb gibt es jetzt einen anderen Begriff: *der Westen*. Genauso überheblich besetzt. Er weiß alles besser und ist das Zentrum der Welt.

Aus solchem Mittelpunktdenken entsteht schnell

Verachtung für diejenigen, die nicht wissen, wie die Welt beschaffen ist oder sein sollte. Was der Westen genauso wenig weiß – aber er glaubt fest daran, es zu tun.

Michigan ist altes Indianerland. Wer allerdings im Internet Seiten über Städte, Dörfer, Landschaften oder den Staat selbst aufruft, bekommt den Eindruck vermittelt, es habe hier vor dem 17. Jahrhundert nichts gegeben. Falls Ureinwohner doch erwähnt werden, sind sie rot und wild. Im Gegensatz zu weißen und kultivierten Siedlern.

Ich wollte als Kind beim Spielen immer *Indscho* sein. In Hamburg hieß das Spiel: *Trappers und Indsche*. Das lag an einer Comic-Figur, die *Schnüffi* hieß. *Schnüffi* wurde einige Zeit zu meinem Spitznamen. Ich hatte keine Ahnung, was Trapper bedeutete, aber in den Filmen und Büchern gewannen sie immer.

Nicht nur dort. Aus Trappern, den Fallenstellern, und Siedlern sind Amerikaner geworden. Sie haben die Ureinwohner verdrängt. In der öffentlichen Wahrnehmung gibt es sie heute kaum. Auch in meiner zunächst nicht. Ich nehme zunächst nur Casinos mit fremd wirkenden Namen wahr. Was ich anfangs nicht weiß: Sie gehören Indianern. Versteckt um die Casinos liegen die Reservate. An einem davon rausche ich im Leelanau County vorbei. Auf dem östlichen Teil der merkwürdig wunderbaren M 22.

Wer durch Suttons Bay nach Norden, Richtung Northport fährt, kommt durch Peshawbestown. Da bin ich allerdings durch, bevor ich mir über die Aussprache im Klaren bin. Es sind, wie man hier sagt, *Blink-and-you'll-miss-them-towns* (Wenn du blinkst, bist du durch). In Peshawbestown fährt man am Casino vorbei, einer Kirche und ist durch.

Es gibt zwar ein Willkommensschild, auf dem steht, dass sich hier das Reservat der *Grand Traverse Band of Ottawa and Chippewa Indians* befindet, aber die Aufmerksamkeit wird auf ein größeres Schild gelenkt: In 150 Metern sei der Eingang zu einem Casino. Eine Geschwindigkeitsbegrenzung ist entweder aus Vorsichtsgründen eingerichtet oder aber, was wahrscheinlicher ist, damit man die Einfahrt zum Parkplatz nicht verpasst.

Aber selbst vor Ort wird das Reservat übersehen. Als ich später einmal in Glen Arbor äußere, ich würde nach Peshawbestown in das Indianerreservat fahren, haben mich die Leute entgeistert angesehen und gefragt: „Da gibt es ein Reservat?"

Ich finde, hier macht sich die geringe Wertschätzung bemerkbar, mit der die weißen Amerikaner die Indianer auch heute noch betrachten.

Den Anishinabe Hank habe ich in Peshawbestown kennengelernt. Ich glaube, ihn nur zu einem Gespräch zu treffen, aber Hank nimmt sich den ganzen Tag Zeit für mich und fährt mit mir im Reservat herum. Er zeigt mir ein gut funktionierendes Gemeinwesen, mit Wohnungsbau- und Umweltschutzprogrammen, eigenen Zentren für die medizinische Versorgung, einem großen Sportkomplex und dem Platz, an dem die Anishinabeg ihre Feierlichkeiten abhalten.

Es ist ein großer kreisförmiger Bereich mit einem Dach darüber. Hank sagt: „Hier ist der Platz, wo wir tanzen. Mutter Erde betrachten wir sowieso als heilig, aber wenn wir hierher kommen, dann tanzen wir in diesem heiligen Kreis, der den Lebenskreis symbolisiert. Wir betreten ihn von Osten, wo man geboren ist. Alle Richtungen haben ihre eigene Bedeutung. Wir haben Trommeln – und wir haben Adler. Sie kommen, wenn wir hier unsere Tänze aufführen, glaube es mir, und fliegen hier herum und schauen auf uns."

Na klar kommen die Adler. Warum auch nicht? Sie spielen in der Mythologie der Anishinabeg eine große Rolle und sind nicht nur einfach Vögel. Sie sind, wie alles was die Ureinwohner an Flora und Fauna umgibt, genauso Teil der Natur, wie sie selbst. Die Adler sind die himmlischen Boten zwischen dem Schöpfer (*creator*) und den Anishinabeg.

Das Reservat, wie es sich heute zeigt, hat nichts mehr zu tun mit der Vergangenheit, die Hank so beschreibt: „Es war ein einziger Skandal, und ich sage dir auch, warum. Wir wurden bis zu Beginn der 1970er Jahre sehr schlecht behandelt. Unsere Situation war wirklich schlimm. Unsere Gemeinschaft litt Not. Wenn du alte Bilder dieses Dorfes siehst, bekommst du einen Eindruck davon. Unsere Häuser waren aus Teerpappe, wir hatten kein fließendes Wasser, unsere Toiletten waren außerhalb des Hauses. Wir waren eine wirklich zurückgebliebene und notleidende Gesellschaft. Es gab Vorurteile gegen uns. Wir fanden keine Jobs, man ließ uns nicht in den Baumschulen arbeiten. Die Menschen waren gemein zu uns. Und eine große Zahl unserer Leute ist daran kaputtgegangen. Wir waren nicht einmal als Stamm anerkannt. Ich wurde in den Augen der Regierung nicht als Indianer betrachtet. Kannst du dir das vorstellen?"

„Aber heute sieht alles sehr prima aus hier", sage ich und frage nach: „Was war entscheidend, dass sich die Situation so gravierend geändert hat?"

„Als wir endlich wieder die Anerkennung der Regierung der Vereinigten Staaten bekamen", erklärt Hank, „gab es große Veränderungen. Es war 1978. Der Regierungserlass *The Indian Religious Freedom Act*, hat uns Rechte zurückgegeben, die wir lange nicht mehr hatten. Dann kam noch weiteres hinzu. Ein Mitglied unseres Stamms versuchte nach den Regeln zu fischen, die er in den alten Vereinbarungen gesehen hatte. Die Polizei aber sagte, eine solche Vereinbarung existiere nicht und hat ihn eingesperrt. Das Verfahren ging bis zum höchsten Gericht in Washington und das stellte fest, dass wir schon immer hier waren und wie früher das Recht haben, überall zum Lebensunterhalt zu fischen."

Die Berufs- und insbesondere die Sportfischerei hatten zuvor rücksichtlos gegen die Ureinwohner gekämpft, um ihnen das Fischen zu untersagen. Aber die Zeiten, in denen Weiße das Recht der Ureinwohner biegen, sind anscheinend vorbei. Das Recht, überall und vor allem mit Gerät, das sie früher auch genutzt haben, fischen zu dürfen, ist wörtlich zu verstehen. Überall heißt auch überall und nicht nur in den Reservaten. Das gilt im Übrigen inzwischen auch für die Jagd.

Hank ist, so seine Berufsbezeichnung, der *Fish and Wildlife Technician*, der im Bereich der Naturressourcen des Reservates für Fisch und Wildtierangelegenheiten zuständig ist. Als ich ihn kennenlerne, fühle ich mich sofort zu ihm hingezogen. Ihm geht es anscheinend genauso mit mir und wir sind beste Freunde geworden.

Ich bin derjenige, der von der Freundschaft am meisten profitiert. Denn es macht ihm Spaß mit mir herumzureisen, mir die Natur zu zeigen, wie er sie sieht und mich mit anderen Menschen zusammenzubringen, die ebenso die Natur und Wesen, die in ihr leben, als eine Einheit sehen, in der sich alles gegenseitig bedingt und man sich mit Respekt begegnet. Unter den Leuten, die ich durch Hank kennenlerne, sind auch solche, die keine Ureinwohner sind. Es ist also nicht eine Frage der Abstammung oder Herkunft, sondern es ist in allen Menschen angelegt. Leider haben die meisten Menschen „im Westen“ anderes im Kopf, als sich Gedanken um ein Leben zu machen, in dem es nicht nur auf den Erfolg des Einzelnen ankommt.

Charles E. Cleland ist ein sehr profilierter Autor, der wichtige Bücher über die Geschichte und die Ureinwohner Michigans geschrieben hat, wie beispielsweise *Rites of Conquest: The History and Culture of Michigan's Native Americans.*

Hank sagt mir, ich müsse ihn unbedingt treffen. So fahre ich an einem Sonntagvormittag zu seinem Haus in der Nähe von Charlevoix. Sturzbäche von Regen stellen die Scheibenwischer meines Autos vor fast unlösbare Aufgaben. Ich werde diese Fahrt nie vergessen. Sie war einerseits beklemmend aber auch sehr beeindruckend. An den schmalen Straßen, die zu Clelands Haus führen, stehen teilweise hohe Bäume, deren Kronen den auf baumfreien Strecken ungehindert prasselnden Regen filtern und das Grün der Blätter in einer Weise schimmern lassen, dass ich das Gefühl habe, durch einen Schleier zu fahren.

Mit Cleland, der Professor der Anthropologie war, spreche ich hauptsächlich über die Ureinwohner Michigans, die Anishinabeg. Aber auch über die Landschaft und als ich ihm sage, dass mir beim Anblick von *Sleeping Bear* die Vollkommenheit der Natur bewusst wurde und ich das Mysterium unserer Welt der Erscheinungen bewundert habe, sagt er zu mir: „Natur und Lebewesen in Michigan waren nicht immer, wie sie sind; nicht einmal heute sind sie, was sie scheinen. Was so real zu sein scheint, ist in Wahrheit mysteriös, denn die erste Welt war eine Welt der Träume. Es war nicht erkennbar, wo sie sich befand, nicht erkennbar, was Pflanzen, Tiere oder Menschen waren. Es gibt eine Legende darüber:

In dieser Welt lebte eine alte Frau mit ihrer Tochter. Eines Tages, als die Tochter auf der Suche nach Nahrung war, fand ein Geist, der sie entdeckte, Gefallen an ihr. Es war der Wind, der ihren Körper mit einem kalten Hauch umarmte, und den sie, obschon es ein heißer sonniger Tag war, kaum spürte. Als sie nach Hause kam, fragte die Mutter, ob sie jemanden getroffen habe. Die Tochter verneinte, aber die Mutter ahnte: Etwas war geschehen.

Kurz darauf entdeckte das Mädchen, dass es schwanger war. Später wurden ihr drei Söhne geboren. Es waren Geistwesen. Der erstgeborene wurde Nanabojo genannt, der zweite hatte keine menschlichen Merkmale, der dritte war aus Stein. Obwohl von seiner Mutter immer ermahnt, tötete Nanabojo alles, was er sah, versuchte es sogar mit höheren Geistwesen. Er machte sich mit seinem zweiten Bruder auf, die Welt zu entdeckten. Da aber der dritte nicht mitgehen konnte, waren die beiden verpflichtet, jeden Tag zurückzukehren. Das störte Nanabojo und er tötete seinen Steinbruder.

Sein zweiter Bruder wurde auf den immer längeren Wanderungen schnell müde. Nanabojo ließ ihn zurück. Bald darauf starb auch dieser Bruder, doch zuvor baute er einen Weg, der zum Himmel führt, damit alle Wesen, die sterben, nicht auf der Erde bleiben müssen.

Nanabojos neuer Gefährte wurde ein Wolf, bis dieser eines Tages von Geistern der Wasserwelt ertränkt wurde. Nanabojo schwor Rache. Mit Pfeil und Bogen stellte er den Wesen nach, die in Form großer Schlangen dahergekommen waren, und tötete sie. Die anderen Geister der Wasserwelt ließen darauf eine große Flut über das Land kommen. Nanabojo konnte sich nur mit Mühe auf einen hohen Baum retten. Um ihn herum schwammen Tiere. Er fragte sie, ob sie nicht auf den Grund tauchen und etwas Erde nach oben bringen könnten. Zuerst versuchte es ein Otter, dann ein Biber, aber keiner der beiden schaffte es. Erst das dritte Tier, eine Bisamratte, kam mit einer vollen Pfote zu ihm zurück. Nanabojo nahm die Erde in seine Hand und ließ sie in der Sonne trocknen. Dann warf er sie in die Flut und eine wundervolle Insel erhob sich. Es war dies die neue Erde. Viele Geistwesen halfen Nanabojo, die neue Welt der Ureinwohner zu gründen.“

Die Erzählung wirkt noch lange in mir nach und ich denke, *Sleeping Bear* ist nicht nur ein Teil der Welt, die mir Cleland geschildert hat, sondern einer, der in seiner Schönheit kaum zu überbieten ist. Der Platz hat zudem noch den originellsten Namen und eine traurig-schöne Legende. Ich bin mir nur nicht mehr sicher, ob es die Gletscher waren, die den *Schönsten Platz Amerikas* schufen, oder Nanabojo.

Glen Arbor, die *Sleeping Bear Dunes*, das gesamte Leelanau County sind für mich aber nicht nur wegen ihrer Attraktivität etwas besonderes, sondern mir durch Hank zur zweiten Heimat geworden.

Als ich wieder einmal nach Michigan fuhr, wollte ich auch ihn treffen, der mich im Jahr zuvor so freundlich durch sein Reservat geführt hat. Aber er tat nicht nur das. Er hatte mir für meine Recherchen zwei Adressen gegeben. Am Abend des Tages als ich Hank kennenlernte, es war der Vorabend meiner Abreise aus Glen Arbor, klopfte es an meine Tür und ich hörte: „Da ist Besuch für dich. Ein Mann, der dich unbedingt sprechen will."

Ich gehe ins Foyer und da sitzt Hank, strahlt mich an und sagt: „Ich will nur sichergehen, dass du die Adressen richtig aufgeschrieben hast."

Ich frage ihn ungläubig: „Hank, deswegen bist extra die lange Strecke hierher gefahren?"

„Ja, mit meiner Harley."

Ach so. Dann ist es verständlich. Natürlich gehe ich raus und bewundere das prächtige Gefährt. Viele Einwohner in Michigan haben eine Harley-Davidson und alle umhegen und pflegen sie mit Hingabe, um an den Wochenenden durch die Gegend zu fahren. Irgendwo findet anscheinend immer ein Harley-Treffen statt und das Straßenbild ist voller *Easy Rider*. So war die von Hank nicht die erste Harley, die ich in Michigan bewundern durfte.

Einmal, auf einem Bauernhof, in einem Stall, der unaufgeräumt und verschmutzt wirkt, wird mir eine Harley vorgestellt, die glänzt und strahlt, als käme sie direkt aus dem Harley-Museum in Milwaukee auf der anderen Seite des *Lake Michigan*. Ich spreche dem Mann meine Bewunderung aus, und er berichtet von den schönen Touren, die er damit macht. Als ich frage, was denn seine Frau dazu sage oder ob er sie immer mitnehme, sagt er: „Nee, die hat ihre eigene."

Hank hat seine Sorge um mich mit dem Angenehmen verbunden: Eine Fahrt mit seiner Harley. Und meine Vermutung wegen der „langen Strecke", die er gefahren wäre, war nicht ganz richtig. Sie war daraus hergeleitet, dass ich dachte, er würde im Reservat bei Peshawbestown wohnen, was über 20 Meilen entfernt ist. Aber das stimmt nicht, wie ich bei unserem Wiedersehen erfahre. Wir treffen uns zum Mittagessen in Cedar, einem Ort, der sich Herz der Leelanau Halbinsel (*The Heart of Leelanau Peninsula*) nennt, und als ich Hank frage, warum wir uns hier treffen, sagt er, es liege auf seinem Heimweg vom Reservat. Ich schaue in an und frage etwas ungläubig: „Du wohnst nicht im Reservat?"

„Nein."

„Wo wohnst du denn?"

„Ja, schwer zu erklären. Aber, hast du schon mal, wenn du von Glen Arbor nach Leland fährst, das

Grundstück mit dem weißen Holzzaun (*white picked fence*) gesehen?“

Und ob ich das gesehen hatte. Es ist ein sehr großes parkähnliches Grundstück. Das Haus ist kaum hinter den Bäumen auszumachen und es liegt, wenn auch nicht direkt am aber zum See hin und der ist nicht sehr weit entfernt. Ich blicke ihn noch intensiver an und sage: „Natürlich habe ich das gesehen und jedes Mal bewundert, wenn ich vorbei fuhr. Ich habe sogar Fotos von dem Grundstück gemacht mit den herrlichen Herbstfarben der Bäume im letzten Herbst. Sag’ jetzt bloß nicht, dass du dort wohnst?!“

„Doch.“

Ich sage, neidisch reagierend: „Dann musst du aber sehr reich sein.“

„Nee, ich nicht. Aber meine Frau.“

Inzwischen weiß ich, dass seine Frau Amy in ihren 30iger Jahren einen schweren Autounfall erlitten hatte, der zu bleibenden körperlichen Schäden besonders in den Armen und Schultern führte, sodass sie ihren Beruf als Schmuckdesignerin nicht mehr ausüben konnte. Es gab eine Entschädigung, deren Höhe ich nicht weiter nachgefragt habe, aber aus vielen Gesprächen, die wir inzwischen geführt haben, kann ich nachvollziehen, dass sie ausreichend war, dieses wundervolle Grundstück mit dem Haus darauf zu kaufen.

Als ich zuvor einige Male bewundert vorbeigefahren war, konnte ich nicht nur nicht ahnen, dass Hank dort wohnt, sondern auch nicht, dass dies Haus für mich eine besondere Bedeutung bekommen würde.

Glücklicherweise ist auch Amy, wie Hank ein Freund, eine Freundin geworden und es dauerte nicht lange, bis ich, wenn ich im Leelanau County bin oder in Michigan oder auch überhaupt in den Vereinigten Staaten, bei ihnen wohne. Als ich das erste Mal dort übernachte, sagen sie zu mir: „Das ist jetzt, wenn du willst, dein Zimmer, wann immer du und wie lange du immer bleiben willst. Von hier aus kannst du deine Reisen machen und hierher kannst du immer wieder zurückkommen. Auch wenn wir mal nicht hier sein sollten."

Das habe ich mir nicht zweimal sagen lassen. Mit Amy, die keine Ureinwohnerin ist, sondern deren Vorfahren aus Italien stammen, verbindet mich die Liebe zur Literatur und mit Hank die zur Natur. Amy liest jedes Buch, das ihr unter die Finger kommt. Hank erlebt die Natur und weiß anscheinend alles über sie und Michigan, beziehungsweise die Bereiche, die den Anishinabeg und ihrer Geschichte zuzurechnen sind.

Von ihm erfahre ich Dinge, die kein anderer kennt oder Einsichten, die kaum ein anderer haben mag. Ich meine solche Dinge, wie an einem Nachmittag als wir an Glen Haven vorbeifahren und Hank sagt: „Halt mal an." Er zeigt am Ortseingang auf ein leeres Grundstück: „Hier war mal eine Schule. Ein Großonkel von mir besuchte sie, zusammen mit den Kindern von D. H. Day. Auf den heutigen Karten sind die historischen Gebäude eingezeichnet. Was nicht erwähnt ist, nicht nur hier nicht, sind die Indianerlager, die es in all den Städten im Norden Michigans gegeben hat. Aber ich weiß, wo es war. Ich zeige es dir."

Wir gehen ungefähr 100 bis 200 Meter hinter der heutigen Ranger-Station, die das einzige Gebäude im Ort ist, das eine richtige Funktion hat, in den Wald. Hank und ich schleichen durch das Unterholz. Ich bin für einen Moment in die Welt der alten Spurensucher eingetaucht. Nach einer Weile sagt er: „Warte mal", und geht allein weiter, seitlich an einem Dickicht vorbei. Es dauert nicht lange, bis die Zweige eines Busches vorsichtig auseinander gebogen werden und Hanks dunkles, markantes Gesicht durch das Dickicht strahlt: Er hat den Platz wiedergefunden! Ich bin stolz auf ihn. Er erklärt, warum das Lager genau an dieser Stelle war: Es lag hinter einem Hügel, damit es vor den Winden des *Lake Michigan* geschützt war. Einige Vertiefungen deuten auf die Existenz von vormaligen Hütten. Kein Unbeteiligter würde an ihnen heute die ursprüngliche Bedeutung erkennen.

Gegenüber dem verwaisten Schulgrundstück von Glen Haven liegt, auf der anderen Seite der Landstraße M 22 der *Alligator Hill*. Den hatte man mir bei meinem ersten Aufenthalt in Glen Arbor empfohlen. Es würde dort einen Aussichtspunkt geben, von dem aus man einen großartigen Blick über den *Lake Michigan* hätte. Von dort aus könnte ich auch die beiden Inseln sehen, die den Untergang der kleinen Bären symbolisieren, *Little* und *Big Manitou*. Der Hügel zieht sich von Glen Haven in Richtung Glen Arbor und verdankt seinen Namen seiner Form, die einem Alligator gleicht. Sein imaginäres Maul ragt in die Dünen hinein.

Eines vormittags fahre ich hin, stelle mein Auto auf

dem Parkplatz ab, steige aus, nehme mir eine kleine Wegbeschreibung, die dort ausliegt, und mache mich auf den Weg zum Aussichtspunkt, der mir ans Herz gelegt wurde. Der Rundweg um den ganzen Hügel ist insgesamt 14 Kilometer lang, unterteilt in kurze und lange Bögen. Der Aussichtspunkt aber, und das hatte man mir auch gesagt, liege nur ungefähr drei Kilometer vom Eingang entfernt. Ich betrachte die Karte. Ich sehe, da steht *Islands Lookout*. Da will ich hin. Also links. Ich will ein paar Fotos machen und anschließend auf der anderen Seite des *Glen Lake* zum Lunch ein Sandwich essen.

Schon nach kurzer Zeit gibt es auf meiner Wanderung eine Weggabelung, die ich auf der Karte nicht sehe. Links steht auf einem Schild *easy trial* und nach rechts fehlt ein Hinweis. Ich denke, der leichte Weg ist etwas für alte Leute und gehe rechts weiter. Der Wald ist sehr grün und die Sonne wirft Streifen durch die Zweige. Zersägte Baumstämme am Waldesrand. Auf dem Weg selbst größere Äste. Nach einer Weile durch kurviges Gelände erreiche ich eine kleine Schlucht. Dazu Gekreisch von Tieren. Ich habe keine Ahnung, wer da schreit und lärmt. Aber ich beunruhige mich nicht. Es hört sich weit weg an. Oder sollten hier wilde Tiere auf mich warten? Bären? Cougars? Nein, wohl nicht.

Cougars, auch Berglöwen genannt, lebten ursprünglich in Michigan. Sind hier aber seit 1906 nicht mehr gesichtet worden. So mein damaliger Wissenstand. Inzwischen weiß ich aber, dass im Jahre 2008 der erste wieder aufgetaucht ist. Aus 2018 gibt es ein Bild von einem herrlichen Exemplar auf der *Upper Peninsula* im Internet zu bewundern. Ziemlich groß, das Tier. Es gibt Meldungen von Spaziergängern, sie hätten im *Sleeping Bear* welche gesichtet. Ich glaube das eher nicht. Allerdings machen mich die neuen Warnschilder dort nachdenklich. Damals gab es die noch nicht. Jetzt heißt es:

Sie befinden sich im Lebensraum von Cougars! Es kann ein aufregendes Erlebnis sein, falls Sie auf welche treffen. Aber es ist eher unwahrscheinlich. Falls aber doch, verdienen sie unseren Respekt.

Weiter, *just in case,* wird geraten, man befolge gewisse Verhaltensregeln. Ich habe das nicht genau durchgelesen. *Just in case* nämlich würde ich mich an nichts erinnern können. Insoweit kenne ich mich.

Auf meinem geplanten kurzen Ausflug machten mir nicht so sehr Fantasien über Tiere zu schaffen, sondern etwas anderes. Nach meinem Gefühl hätte ich den Aussichtspunkt längst erreicht haben müssen. Ich denke, dass ich mich wohl verlaufen habe. Wieder einmal. Mein erster Impuls ist der, einfach zurückzugehen. Das wäre keine schlechte Idee gewesen. Ich hätte das machen sollen. Aber ich denke, es wird schon werden. Doch es wird nicht. Jedenfalls nicht so ohne Weiteres. Der Weg zieht sich unendlich dahin.

Ich habe keine Zeit genommen, schätze aber, womöglich schon mehr als eine Stunde unterwegs zu sein. Die Sonne brennt jetzt heißer. Ich schwitze ziemlich und bekomme Durst. Es gibt nur noch kleinere Nadel- und junge Laubbäume. Mein bisher schattiger Weg liegt jetzt in der prallen Sonne.

Ich komme fast ins Phantasieren mit einem Vers aus einem Gedicht von Theodor Storm:

Nun geht sie tief in Sinnen
Trägt in der Hand den Sommerhut
Und duldet still der Sonnenglut
Und weiß nicht was beginnen.

Ich habe meinen Hut auf. Ich bin ja auch nicht verliebt, wie das Mädchen im Gedicht von Theodor Storm, weiß allerdings auch nicht was beginnen.

Der Boden zeigt sich sandig, steinig, grasig. Die Tiergeräusche sind verklungen. Es waren Coyoten, hat sich später ergeben. Es ist still jetzt. Einsam. Sehr idyllisch. Im Nachhinein betrachtet.

Damals war ich beunruhigt. Vor allem, weil meine Karte für mich überhaupt keinen Sinn ergibt. Wo in dieser sandigen ebenen Vegetation soll ein Hügel sein der einen „tollen Blick" auf den *Lake Michigan* verspricht? Irgendwann, und damit beruhige ich mich, muss ich wieder da ankommen, wo ich herkomme, denn es ist ein Rundkurs. Aber mein Mund ist ausgetrocknet und mein Magen knurrt.

Plötzlich, von links, ein junges Paar mit Baby. Es ist ein kleiner Weg, von dem sie ungefähr 20 Schritte vor mir in die Richtung abbiegen, in die ich gehe. Ich mache mich bemerkbar, sie warten und als ich sie erreiche, frage ich, ob sie sich auskennen. Leider nein. Sie sagen aber, dass sie mein Fahrzeug auf dem Parkplatz am Eingang zum *Alligator Hill* nicht gesehen hätten. Da sei außer ihrem kein anderes gewesen. Merkwürdig.

Wir schauen uns die Karte gemeinsam an. Was ich

nicht gesehen hatte: Es gibt zwei Eingänge. Ich hatte einen gesehen und dachte, es sei meiner. Ich hätte rechts herum gehen müssen statt links.

Als ich die beiden treffe, bin ich ungefähr die drei Kilometer von meinem Ziel entfernt, mit denen ich am Anfang gerechnet habe. Etwas über sechs habe ich nun schon in den Beinen, und bis zu meinem Auto zurück würden weitere drei dazukommen. *So what* – Die Aussicht vom *Islands Lookout*, den ich schließlich doch noch erreiche, ist beeindruckend.

Ich fragte mich, wieso ich mich ständig verlaufe. Ich denke, hier lag es an der Landschaft, die mit sich angeben wollte. Wozu ist sie hier, wen sie keiner bewundert?

Lange bevor die Großen Seen, *Sleeping Bear Dunes* und Michigan entstanden, bevor unsere Sonne geboren wurde, unser Planet sich mit Sauerstoff anreicherte, sich Tiere und Menschen entwickelten – lange davor hat eine Kraft das Sein offenbart. Diese Kraft, die der Philosoph Arthur Schopenhauer *Wille* nennt bewegt sich seitdem immer weiter in Raum und Zeit. Dieser *Wille* ist nicht frei. Einmal offenbart, geht von nun an alles seinen Weg auf dem gesetzmäßig die Kausalität wirkt. Die Bewegung ist dem binären System vergleichbar, das in der Computertechnologie verwendet wird. Es entscheidet nicht *Ja* oder *Nein*, sondern es geschieht oder geschieht nicht. *Eins* oder *Null*. Fällt das Licht auf die Eins, geschieht es, fällt es auf die *Null*, geschieht es nicht.

Nicht die Ereignisse als solche sind angelegt. Doch die Mittel, die vorhanden sind, als deren Resultat die Ereignisse eintreten werden. Fehlen die Mittel, passiert nichts. Diese unwandelbare Konstanz des Eintritts, sobald die Bedingungen dazu vorhanden sind, nennt man Naturgesetz und ist ein solches einmal bekannt, lässt sich die Erscheinung der Naturkraft genau vorherbestimmen und berechnen.

Manche mögen sagen, hättest du besser auf die Karte geschaut und dich besser vorbereitet, wären dir der kilometerlange Umweg, wären dir Schweiß, Durst und Hunger erspart geblieben. Sie hätten recht.

Was mich an meiner Wanderung jedoch am meisten begeisterte, waren die ersten Kilometer im dichten Wald. Ich war unachtsam. Obwohl ich weiß, wie wichtig es wäre, achtsam zu sein. Ich arbeite daran.

Bei meiner Wanderung um den *Alligator Hill*, erkenne ich gleichzeitig, dass alle Begebenheiten einer endlosen Verkettung von Ursachen folgen. Sie unterliegen dem Schicksal und fallen bei mir, wie bei allen anderen, immer dem Charakter gemäß aus. Ich weiß es nicht vorher, wie sich eine Ursache auswirkt. Nur dadurch, dass ich sie erfahre, lerne ich ihre Wirkung kennen. Also hinterher. Der Umgang mit dieser Wirkung folgt demselben Prinzip. Ich habe, meinem Charakter entsprechend, die Wanderung genossen. Die Spannungen zwischendurch als Teil davon hingenommen. Was sollte ich sonst tun? Was geschah, konnte nicht anders geschehen. Selbst wenn ich mir das gewünscht hätte. Der Wille hat es so bestimmt. Er hat auch die wunderbare Landschaft geschaffen. Wenn die keiner anschaut, muss er eben nachhelfen.

Jetzt bin ich meistens mit Hank unterwegs und laufe

nicht mehr Gefahr, mich zu verlaufen. Das bedeutet aber nicht gleichzeitig, dass meine Ausflüge kürzer geworden sind. Es gibt vieles zu sehen, was verborgen ist. Hank, der Teil dieser Natur um uns herum ist, weiß um all das und freut sich, mich teilhaben zu lassen. Und ich freue mich, dass er es tut, auch wenn mit dem „Etwas“, das er mir zeigen will, häufig verbunden ist, dass er unterwegs immer noch ein anderes „Etwas“ findet, was es auch Wert ist, gezeigt zu werden. Damit hat er auch recht. Jedes Mal, und jedes Mal öffnet er mir Welten, die ich zuvor nicht betreten hatte.

Manches Mal kann es auch ein wenig *scary* sein. Anders ausgedrückt, ich bekomme es mit der Angst zu tun. Wie beispielsweise einst, als wir bereits auf dem Heimweg waren. Es dämmerte schon und Hank sagte: „Halt mal an.“

Er hatte mir zuvor einen alten indianischen Lagerplatz gezeigt. Ich konnte von einem bestimmten Blickwinkel im Wald sehen, dass die Bäume von dort eine Art Allee zum früheren Lager hin bildeten. Als er mich zum Anhalten aufforderte, sagte er: „ Ich zeig dir mal eine besondere Quelle.“

Ich denke, sie wäre in der Nähe der Straße. Dort, wo ich anhalten soll, ist ziemlich dichter Wald. Wir steigen aus und Hank marschiert zwischen den Bäumen los. Ich folge ihm. Bald kommen wir zu einer Lichtung. Dort denke ich, hier würde es sein. Aber nein.

Die Lichtung zieht sich hin. Wir gehen ganz durch. Dann wieder Wald. Es dämmert immer mehr. Mein Gefühl flüstert: „dunkelt“: Es dunkelt immer mehr.

Von Cougars hoffte ich nicht, sie hätten ihre bevorzugte Jagdzeit in der Dämmerung. Ich wollte nicht wie ein störrisches Kind fragen: „Ist es noch weit?“, und folgte ohne einen Mucks. Außerdem war der Wald in mystisches Silber getaucht. Hank und ich und was sonst noch alles um uns herum war, gehörten hierher.

Als wir die Quelle finden, war sie kaum noch zu erkennen. Sie heißt die Mergel-Quelle (*Marl Spring*). Das Wasser kommt durch eine Schicht Mergel, einer Mischung von Calciumcarbonat mit Ton oder Lehm, und fließt von dieser Quelle in den *Otter Creek*. Wasser ist nicht der richtige Ausdruck für das, was hier sprudelt. Es ist eine eher milchige teilweise mit schwärzlichen Streifen durchzogene zähe Flüssigkeit. Beeindruckend in der Tat. Ich bewundere das Schauspiel der Natur, mit dem sie ihre Elemente tief aus der Erde hebt und im Dämmerungslicht offenbart.

Das Besondere an dieser kleinen Quelle ist, dass man dort, wie in einem Moor, auf Nimmerwiedersehen versinken könnte. Aber das sorgt mich nicht. Ein wenig auf dem Rückweg noch, verloren zu gehen. Aber auch das ist unbegründet. Hank findet den Weg ohne Probleme auch im Dunkeln zurück. Wie gesagt, auch wenn mir manches Mal nicht ganz geheuer ist, das „Etwas“, das Hank mir zeigt, ist immer von Wert.

Er ist inzwischen pensioniert. Doch seine Arbeit für das Reservat und die Natur ist noch nicht zu Ende. Denn ein Projekt, das er begonnen und sich über Jahre erstreckt hatte, wollte und sollte er noch zu Ende führen.

Ich komme zum ersten Mal damit in Berührung, als er mir wieder einmal etwas zeigen will. Es ist ein sonniger Sommertag und wir steigen ins Auto und fahren zu einem kleinen Parkplatz in einem Wald und von dort gehen wir ein paar Schritte, bis wir an ein Holzgitter gelangen, hinter dem sich, etwas unterhalb, ein kleiner Fluss befindet. Es ist der *Boardman River.* Sehr schön. Er schlängelt sich durch eine Landschaft von Wiesen und Buschwerk. Die Erhebung gegenüber auf der anderen Seite wirkt wie ein kleiner Deich. Und so etwas in der Art war es auch, denn von dort bis zu unserem Standort befand sich vor kurzer Zeit noch ein Damm und rechts von uns, wo sich nun die grüne Buschlandschaft hinzieht, hinter der man den weiteren Verlauf des Flusses vermuten kann, war ein See. Das erfahre ich alles von Hank und noch viel mehr.

Dass sich hier kein Damm mehr befindet, ist auch das Werk von Hank. Auch wurde er im Jahre 2017 für seine Mitwirkung an einem Dokumentarfilm über das Projekt mit einem Emmy, dem Fernseh-Preis der USA ausgezeichnet. Nicht er direkt und allein. Vielmehr der einstündige Film über das Projekt: *The Ottaway - A River Reborn.* Er dokumentiert die Geschichte des *Boardman River* (*Ottaway*), bei dem sich über 30 verschiedene Interessengruppen zusammengetan haben, um die Zeit zurückzudrehen, indem sie die drei oberen Dämme des Flusses entfernten.

Der *Boardman River* ist ein 80 Kilometer langer Fluss der durch eine Landschaft aus Wäldern, Feldern und Städten im Nordwesten Michigans fließt, bevor er in die

Grand Traverse Bay in den *Lake Michigan* mündet. Der Fluss gilt als einer der zehn besten Forellenströme im Bundesstaat und seine Wasserqualität war durch städtische und industrielle Prozesse nicht sehr stark beeinflusst. Bis 2013 gab es vier Dämme, die alle innerhalb von 30 Kilometern von der Mündung entfernt lagen. Drei davon sind inzwischen entfernt worden. Der letzte, der *Union Street Dam* in Traverse City, wurde modifiziert, um die Durchgängigkeit einheimischer Fischarten zu verbessern. Eine der Gruppen, die am Projekt beteiligt war, ist der *Little Traverse Bay Bands of Odawa* und mit ihr Hank.

Während ich an Stelle stehe, an der sich vor nicht allzu langer Zeit noch der *Brown Bridge Dam* befand, und ein paar Fotos mache, erzählt Hank: „Boardman war einer der Eroberer (*profiteer*) hier, der sein Geld mit Holzhandel gemacht hatte und viel für die Entwicklung der Stadt Traverse City getan hat. Dafür hat man diesen Fluss Boardman River genannt. Bei uns hieß er *Ottaway*. Genau hier, wo wir jetzt stehen, bis darüber zu der Erhebung wurde der Damm gebaut, um Strom zu erzeugen. Er wurde aber schon viele Jahre nicht mehr dafür genutzt, weil die Stromausbeute zu gering für die heutige Zeit und der Betrieb daher nicht mehr wirtschaftlich war. Als man sich Gedanken machte, wie man mit ihm umgehen sollte, denn sein Unterhalt kostete viel Geld, wurde auch unser Stamm beteiligt. Wir unterstützten die Idee, den Damm abzureißen. Weil das aber unter anderem bedeuten würde, dass der aufgestaute See (*Pond*), der zu Freizeitzwecken und zum Angeln genutzt wurde, verschwinden würde, gab es dagegen große Widerstände der Bewohner hier ringsum."

„Kann ich mir vorstellen," sage ich, „und wenn ich das hier so sehe, ist es jetzt zwar ganz schön, aber ein See ist landschaftlich doch auch nicht schlecht."

„Das ist richtig. Aber uns ging es um den Fluss, der eigentlich keiner mehr war, sondern, wie der See, eher ein stehendes Gewässer. Stelle dir vor: Wenn du einen Damm baust, dann wird zuerst, wenn all das Wasser kommt und die Landschaft flutet, der Grund sehr produktiv sein. Die Fische finden für einige Zeit exzellente Bedingungen vor. Eine Menge Gräser wachsen darum herum, was das Leben der Insekten fördert. Es ist wundervoll. Aber dann, wenn die Dämme ihre Arbeit aufnehmen, fehlt die Strömung und die Sedimente können nicht mehr abfließen und füllen den Grund der Gewässer. Und nicht nur das, sondern auch der Transport flussaufwärts ist gestört, denn die Fische beispielsweise transportieren auch Stoffe bis zur Quelle, was die wenigsten Leute wissen,."

„Das war mir auch nicht bewusst," gebe ich zu und frage: „dann war es wohl die richtige und einzige Lösung, oder?"

„Ja, definitiv," bestätigt Hank, „für uns hat jeder Fluss eine Stimme und die des *Ottaway* sagt jetzt: ‚Danke, das du auf mich gehört hast'".

Wie poetisch, denke ich. Auch in dem Film, den ich später gesehen habe, äußern sich einige der Anishinabeg über den Grund für den Dammabbruch ähnlich, indem sie sagen: „Würden wir den Fluss hören können, würde er sagen: "Lass mich fließen, lass mich plätschern, lass mich das tun was meine Aufgabe ist. (*let me flow, let me splash, let me do what I should do*)".

Als ich den Film sah, wusste ich aber bereits mehr über die Verbindung der Ureinwohner mit dem Fluss, beziehungsweise mit dem Wasser. Hank hatte mir das erklärt:

„Wasser ist absolut zentral für unser Weltbild und unsere kulturelle Identität. Die Landschaft des *Little Traverse Bay Bands of Odawa* ist geprägt von zahlreichen Binnenseen und Bächen und im Westen vom großen *Lake Michigan* begrenzt. Wir sind von Anbeginn bis in die heutige Zeit mit dem Wasser verwoben. Wasser in allen Formen gilt als lebendiges Mitglied unserer Gemeinschaft und wird als eines der heiligsten Wesen der Anishinabeg verehrt. Es ist unser Lebenselixier und bietet uns, was wir benötigen. Alles, Mensch und Tier, Pflanzen und Gräser, ist mit dem Wasser verbunden. Für die Anishinabeg sind Flüsse lebende Wesen, die von uns Hilfe benötigen, um Schäden an ihnen zu beseitigen und Krankheiten zu heilen, die von Menschen verursacht werden."

Der Fluss war einst für die Ureinwohner Teil ihres Lebens, ihrer Kultur. Es waren die weißen Siedler, die mit ihrer rigorosen Ausbeutung der Landschaft die Verbundenheit der Einheimischen mit der Natur und dem Wasser ignorierten. Wie bei allen anderen Angelegenheiten auch, brachten sie den Bedürfnissen und der Kultur der Ureinwohner wenig Achtung entgegen.

Die Einheimischen hatten damals wenig Einfluss

auf das, was geschah und als ab den 1890er Jahren Elektrizität benötigt wurde, waren es Dämme, die Wasser stauten, mit dem dann Turbinen betrieben und Strom erzeugt wurde.

Aber bereits vorher waren Landschaft und damit auch die Flüsse in Nord-Michigan herum zerstört. Wo früher ausgedehnte Wälder Lebensräume schufen, ragten nur noch Baumstümpfe aus dem Boden. Ohne Rücksicht war schon beim Abholzen der Wälder verfahren worden. Warum sollte es dann bei dem Bau eines Damms darauf ankommen, wie der sich auf die Umwelt auswirken würde? Oder was die Einheimischen davon hielten? Die Städte mussten beleuchtet, die Fabrikanlagen betrieben werden, da blieb für „Firlefanz“ wie „Mit dem Wasser sprechen“ kein Raum.

Bevor man den Damm wieder beseitigte, gab es jahrelange Diskussionen und ernsthafte Auseinandersetzungen zwischen denen, die ihn erhalten und denen, die ihn entfernen wollten. Es wurden Untersuchungen angestellt, Umfragen durchgeführt und es gab unzählige Sitzungen in Gremien und öffentliche Veranstaltungen. Es ist durchaus verständlich, dass sich viele Bewohner für den Erhalt dieses und der anderen Dämme aussprachen. Auf und in den Seen und darum herum hatten sich Lebensräume entwickelt, die nun ihrerseits gefährdet waren. Auch gab es nicht wenige, die um den Wert ihrer Grundstücke fürchten mussten, die plötzlich nicht mehr an einem oder in der Nähe eines Sees liegen würden.

Ich kann mir das Entsetzen der Gegner des Abbruchs

gut vorstellen und wahrscheinlich nicht nur von denen, als die Wasser des Sees abgeflossen waren. Sie schauten auf ein von schwarzen Baumstumpfen übersätes totes Feld und fühlten ihre schlimmsten Befürchtungen bestätigt, von denen eine lautete: Ihr werdet alle Fische töten!

Aber das Gegenteil trat ein. Der *Broadman River* ist ein ungewöhnlich kalter Fluss und somit ist sein jetzt wieder ungehinderter Abfluss in den *Lake Michigan* auch für die Wasserqualität dort bedeutend. Alle Untersuchungen über die Entwicklung des Fischbestands zeigen, dass sich der Abbruch der Dämme nur positiv ausgewirkt hat.

Im Fluss lebten vorher überwiegend Forellen (*Brown Trout*), die aus Europa stammen und 1884 erstmalig in Michigan ausgesetzt wurden. Der Bachsaibling (*Brook Trout*) dagegen, der den umgekehrten Weg von Michigan nach Europa gegangen ist, interessanterweise auch im Jahr 1884, kam nur noch selten vor. Er benötigt kälteres Wasser. Da dies jetzt wieder durch den Fluss strömt, hat sich die Population beider Fischarten im Jahre 2017 bereits angeglichen. Das ist für die Biologen und Ökologen ein großer Erfolg. Mehr noch aber für die Ureinwohner. Hatten die doch das Dammabbau-Projekt als Heilungsprozess für den Fluss, für Mutter Erde und für ihre Gemeinschaft betrachtet.

Als ich einmal mit Hank über den Film sprach, äußerte ich auch, wie angenehm es sei, in ihm dokumentiert zu sehen, welche Verbindung die Ureinwohner mit dem Fluss haben. Auch dass man gezeigt bekommt, dass eine Menge von ihnen an dem Projekt beteiligt waren und die Anishinabeg einen wesentlichen Anteil an der Renaturierung des Flusses haben.

„Es ist gut," sage ich zu Hank, „dass so etwas auch einmal gewürdigt wir."

„Ja, das ist korrekt. Das hat mich auch sehr stolz gemacht. In den Vereinigten Staaten von Amerika gibt es so viele Dämme, die nicht mehr gebraucht werden. Und sie haben alle Einfluss auf die Ureinwohner, weil sie alle auf die Wassersysteme für ihre Sitten und Gebräuche und das tägliche Leben angewiesen sind. Und wir als Stamm haben heute, durch die Einnahmen mit unseren Casinos, die Möglichkeit eine Menge Geld für so ein Projekt auszugeben und das gibt uns einen großen Einfluss (*a lot of sway*)."

Aus einer Dokumentation weiß ich, dass dies Flussrenaturierungsprojekt nur möglich war, weil der Stamm der Anishinabeg seine politischen und gesellschaftlichen Rechte in 1980 zurückerhalten hatte und er von der Bundesregierung in Washington D.C. anerkannt wurde. Etwas, was ihm weit über 100 Jahre lang weder die US-Regierung noch der Staat Michigan zugestanden hatten. Davor lebten die Ottawa und Chippewa in der *Grand Traverse Bay* Gegend unter den ärmsten Lebensbedingungen im Staat Michigan. Sie verfügten über keine Sanitäranlagen in den Häusern, wenn sie überhaupt welche hatten. Viele lebten in provisorischen Unterkünften oder waren obdachlos.

Mit ihren neuen Rechten konnten sie Casinos betreiben und sich damit Einnahmen verschaffen, um ihre

Lebensbedingungen entscheidend zu verbessern. Mit der staatlichen Anerkennung konnte der Stamm aber auch auf Bundesmittel zugreifen und grundlegende Personaldienstleistungsprogramme einrichten sowie ein im ganzen Land hoch angesehenes Team für Naturressourcen- und Umweltmanagement aufbauen. Der entscheidende Faktor bei der Wiederherstellungsinitiative für den *Ottaway River* war die Eignung des Stammes und die Auswahl der Mitarbeiter für wettbewerbsfähige Bundeszuschüsse, die, sobald sie gesichert waren, die Machbarkeits- und Ingenieurstudien zur Beseitigung des Dammes finanzierten. Wäre der Stamm nicht vom Bund anerkannt worden, hätte er diese Mittel nicht beantragen, und ohne ihn als Partner das *Ottaway River Restaurierungskonsortium* vielleicht nie auf genügend Mittel zurückgreifen können, um die Initiative zu starten. Umso weniger verstehe ich die Handlungsweise einiger Partner an dem Konsortium, über die mich Hank auch noch informiert hat:

„Von einigen werden wir aber immer noch behandelt als wären wir nicht vorhanden. Wenn sie die Öffentlichkeit informierten und Stellungnahmen für die Medien aufbereiteten, wurden alle Organisationen aufgeführt, nur wir nicht. Nicht mal erwähnt wurden wir. Die haben uns die ganze Zeit im Hintergrund gehalten. Dann sagten wir denen: ‚Moment mal, Leute', und weißt du, wie sie reagierten?"

„Nee, wie?"

„Sie sagten: ‚Oh, sorry, aber wir waren das so gewohnt'."

Davon, dass die Natur sich schnell und in wundervoller Weise regeneriert, habe ich schon häufiger gehört. Aber wie im Yin und Yang Symbol ist das nur die eine Hälfte. Die andere ist die unheilvolle, die der unerwarteten Zerstörung, die auch Teil der Natur ist.

Es ist der 2. August 2015. Ein Sonntag. Glen Arbor ist voller Menschen. Viele sitzen am späten Nachmittag auf den Veranden der Cafés, Eisdielen und Restaurants oder sind entweder beim Fahrradfahren, Wandern, Schwimmen oder fahren mit Kanus und Kajaks. Alle erfreuen sich eines herrlichen Sommertags.

Plötzlich verdunkelt sich der Himmel. Innerhalb von Sekunden braust ein beispielloser Orkan vom *Lake Michigan* durch Glen Arbor und weiter durchs Leelanau County Richtung Leland. Auf seinem Weg entwurzelt der Sturm zehntausende alter Bäume, die auf Straßen, Stromleitungen, Wege und Einfahrten fallen, kippt an den Ufern der Seen Boote um und verstreut Docks. Das Wasser vom *Little Glen Lake* bläst er vorrübergehend fast 200 Meter weit vollständig nach Osten. Nach knapp 15 Minuten ist alles vorbei und Glen Arbor ist von Norden, Süden und Nordosten nicht mehr zu erreichen. Alle Straßen sind mit umgestürzten Bäumen versperrt. Eine Ausnahme bildet die Straße 109 und damit steht wenigstens eine Verbindung nach Westen. Der Verkehr ist für zwei, der Strom für fünf Tage unterbrochen.

Peter van Nort, der Supervisor von Glen Arbor erzählt mir später, dass allein innerhalb von 10 Metern um sein Haus herum 16 Bäume umgefallen sind und auf dem Dach eines seiner Autos, das außerhalb abgestellt war, drei lagen. Er sagt auch: „Weißt du, die Bäume fielen sehr langsam, weil sie alle mit ihren Wurzeln rausrissen wurden. Auf dem Dach meines Autos waren kaum Beschädigungen, weil sie sich sehr sanft (*gently*) draufgelegt haben müssen. An einer Stelle kannst du heute noch eine herausgerissen Wurzel sehen, mit zehn Bäumen dran."

Ich frage ihn: „Die Kosten für die Beseitigung müssen immens gewesen sein, oder?"

„Ja, nur zwei Beispiele: Freunde, die in der Nähe vom *Glen Lake* leben, mussten 60.000 Dollar bezahlen um die Bäume von ihrem Grundstück beseitigen zu lassen. In meiner Grundstücksgemeinschaft mit 96 Grundstücken mussten wir insgesamt 250.000 Dollar bezahlen."

„Warst du versichert," frage ich.

„Nein, ich kenne keinen, der versichert war."

„Und wie war das mit dem Township? Hat es Geld vom Staat gegeben oder so?"

„Nein, wir haben nichts von außerhalb bekommen Die Leute hier im Ort haben freiwillig Geld gespendet. Wir haben einiges bezahlen müssen, etwa 120.000 Dollar, um all die Straßen zu räumen."

„Das ist zwar viel Geld," sage ich, „aber die Summe hält sich meines Erachtens doch in Grenzen, oder?"

„Ja, für Glen Arbor war es eigentlich kein großer finanzieller Aufwand nach einem solchen Sturm, den man ruhig als einen Jahrhundertsturm bezeichnen kann."

Es gab im Jahre 1987 schon einmal einen verheerenden Sturm. Aber Leute, die sich noch daran erinnern, sagen, dieser sei viel schlimmer gewesen. Er war in der Tat stärker und zerstörerischer als jeder andere aufgezeichnete Sturm in Glen Arbor und der stärkste, der jemals in Leelanau gemessen wurde, seit die Aufzeichnungen im Jahre 1950 begonnen wurden. Die höchste Windstufe 12 wird bei 117 Stundenkilometern erreicht. Der Orkan vom 2. August 2015 hatte Spitzengeschwindigkeiten von bis zu 160 Stundenkilometern. Es grenzt an ein Wunder, dass niemand getötet oder schwer verletzt wurde.

Als ich ein halbes Jahr nach dem Sturm wieder nach Glen Arbor komme, hatte Hank den Baum, der auf sein Haus gefallen war, schon vom Dach heben lassen. Aber er lag, mitsamt seiner riesigen Wurzel noch im Garten. Hank und Amy waren an dem Nachmittag des Sturms im Haus. Als das Unheil begann, schauten sie aus dem Fenster. Sie sahen eine Regenwand und Hank sagt: „Der Regen fiel aber nicht von oben nach untern, sondern flitzte, vom Sturm getrieben von rechts nach links am Haus vorbei."

Hank weiß sofort, wie gefährlich es werden kann und geht mit Amy in die fensterlose Garage, die unter „meinem" Zimmer liegt und sich an Lee befindet, der, man kennt das vom Kreuzworträtsel, dem Wind abgewendeten Seite. Nach einer Weile hörten sie einen unbeschreiblichen Lärm im Haus und Hank ging nachsehen. Es war das Geräusch, das ein Baum verursacht, der ein Dach beschädigt.

Sonst gab es am Haus keine größeren Schäden. Das mit dem Dach reichte auch, wobei die meisten Kosten nicht die Dachreparatur verursachte, sondern der riesige Kran, der benötigt wurde, um den Baum vom Dach zu heben.

Ich konnte noch fast überall die Spuren der Verwüstung erkennen. Nur in den jeweiligen Ortschaften, war schon so gut wie nichts mehr zu sehen. Es erinnerte nichts mehr daran, dass hier vor gar nicht langer Zeit ein Orkan gewütet hat.

Zwischen Hank, Amy und mir war es aber immer noch ein großes Gesprächsthema. Nicht nur hatte einer der großen Bäume ihr Haus beschädigt. Rings umher lagen unzählige andere umgestürzte Bäume und so wie hier, sah es überall aus. Am Tag nach meiner Ankunft bitte ich Hank, mit mir herumzufahren, damit ich mir ein Bild machen kann. Wir fahren zuerst zum *Alligator Hill*, der Hügel, zu dem ich eine besondere Beziehung habe, nicht nur, weil ich mich beim ersten Wandern dort verlaufen hatte, sondern auch, weil ich seitdem mehrere Male „meiner alten Spur" gefolgt war. Ich liebte es dort zu wandern. Unterschiedliche Landschaften wechseln sich ab. Wölfe, Coyoten, Waschbären und Rehe leben hier. Vielleicht auch Cougars, was ich aber nicht im Ernst glaube. Aber Moskitos. Das weiß ich genau. Wenn es vorher geregnet hatte, sollte man lieber woanders wandern.

Schon als ich auf den Parkplatz fahre, sehe ich die Verwüstungen. Sie übertreffen alles für mich Vorstellbare. Um den Eingang des Parks herum stehen nur noch ein paar junge Bäume. Einige der großen, die umgefallen waren, hatte man zersägt und zur Seite geräumt.

Über den Hügel verstreut kann ich vereinzelte Stämme von Laubbäumen sehen, die noch stehen und wie knöcherne Finger in die Höhe ragen. Dazwischen auch noch etwas mehr Nadelbäume.

Von einem Wald kann aber keine Rede mehr sein. Man kann durch die wenigen Bäume hindurch den ganzen Hügel übersehen. Die entwurzelten Stämme liegen in- und übereinander dazwischen. Wandern ist auch nicht möglich, denn die Wege sind mit hunderten von umgestürzten Bäumen blockiert.

Ich bin erschüttert als ich das sehe. Wir steigen aus dem Auto. Ich drehe mich um zu Hank und sage: „Das ist ja furchtbar. Das sieht aus wie nach einem Bombenangriff."

Wir gehen zusammen zum früheren Waldrand und blicken auf die bizarrsten Skulpturen, die von den umgefallenen Bäumen gebildet wurden.

„Wie schade," sage ich, „dass man nun nicht mehr den herrlichen Blick von dem Aussichtspunkt da oben bewundern kann," und deute mit der Hand in die Richtung, wo sich der *Islands Lookout* befindet.

„Wieso nicht?", fragt Hank.

Ich schaue ihn ungläubig an und sage: „Siehst du denn nicht, dass alle Wege versperrt sind?"

„Sehe ich," sagt er, „aber wir können ja hochgehen, wie die Rehe das machen."

Mein Blick verstärkt sich noch in seiner Ungläubigkeit: „Wie die Rehe? Was meinst du damit?"

„Na ja," und er zeigt direkt nach oben, „hier rauf."

Ich schaue mir das an und sage: „Du meinst, direkt

durch die ganzen umgestürzten Bäume durch?"

„Ja, warum nicht?"

Ja, warum nicht? Probleme sagt man, gebe es nicht, nur Schwierigkeiten, und die könne man überwinden. Was wir im wahrsten Sinn des Wortes tun, indem wir über dicke Stämme klettern oder auf ihnen jonglieren, unter anderen durchkrabbeln und immer wieder anhalten, um den besten Weg auszukundschaften, manchmal auch umkehren, weil es nicht weitergeht, bis wir schließlich tatsächlich an dem Aussichtpunkt ankommen. Allerdings können wir nicht ganz zu ihm vordringen, da mehrere Bäume übereinander liege und den Weg vollständig versperren. Aber von der Höhe, auf der wir uns befinden, haben wir dennoch einen schönen Blick, denn es gibt ja kaum noch Bäume, die ihn verstellen.

Unterwegs schon hat Hank mich darauf aufmerksam gemacht, dass auf der abschüssigen Seite nach Glen Arbor hin, also unter uns mehr Bäume umgefallen waren, als etwas höher den Hügel hinauf. „Weißt Du warum das so ist?", fragt er mich. Ich weiß es natürlich nicht.

„Du weißt ja, dass der Sturm direkt vom *Lake Michigan* kam, also," und er zeigt mit der Hand in die Richtung, „von da oben. Auf der anderen Seite wurde er von der Erhebung des Hügels etwas abgebremst und als über die Kuppe kam, nahm er wieder Fahrt auf, gewann womöglich noch mehr Power und hat hier unten nichts stehenlassen."

Ich schaue mir das alles an und denke, so wird es gewesen sein und auch, dass ich an einem Sommertag wie dem 2. August gut und gern hier hätte wandern können. Wir stehen und schauen uns den See und die umgestürzten Bäume an.

„Was würdest du hier machen, wenn du etwas zu sagen hättest?," fragt er mich nach einer Weile.

„Nicht viel," sage ich, „nur die Wege freimachen. Alles andere würde ich so lassen."

„Ja, das würde ich auch tun und es wäre auch genau das Richtige."

Dann zeigt er zum Aussichtspunkt, der mit den umgestürzten Bäumen herum wie eine Festung wirkt, und sagt: „Weißt Du, das da ist jetzt ein richtig schöner Platz für Cougars."

Bis zu diesem Zeitpunkt fühlte ich mich sehr entspannt. Das ändert sich jetzt schlagartig. Ich will aber nicht ängstlich wirken und gehe nicht darauf ein. Ich warte ein wenig und nachdem ich denke, es käme ihm jetzt wie beiläufig vor, frage ich: „Wollen wir nicht langsam zurückgehen? Ich würde gern irgendwo einen Kaffee trinken."

Heutzutage kann man wieder schön wandern am *Alligator Hill*. Die Wege sind wieder frei. Rechts und links sieht man noch die umgestürzten Bäume und dass hier mal ein gewaltiger Sturm gewütet haben muss. Dazwischen aber ist neues grünes Buschwerk gewachsen und der Weg zum Aussichtpunkt ist frei und schön wie immer. Die Bank steht auch noch (oder schon wieder) und Cougars werden sich wahrscheinlich jetzt hier nicht mehr wohl fühlen. Sie haben also gemacht, von dem Hank und ich uns einig waren, dass es das Beste wäre.

Aber nicht nur der *Alligator Hill* ist ein besonderes Schauspiel umgestürzter Bäume. Überall kann man es sehen. Es gibt teilweise richtige „Sturzorgien", wie an einer Stelle, an der sich ein ganzes Weidenwäldchen solidarisch auf die Seite gelegt hat. Dazwischen scheint es als würde ein Künstler etwas gestaltet haben. Alle Bäume waren, von der Straße aus gesehen, nach hinten umgestürzt. In der Mitte vorne aber hatten sich vier quer über die anderen gelegt. Wie das technisch zugegangen sein soll, ist mir unbegreiflich. Es war allerdings ein sehr beeindruckender Anblick.

Insgesamt betrachtet war der Orkan ein schreckliches Geschehen für die vielen wunderbar großen und alten Bäume. Sie werden in ihrem jetzigen Zustand in der Natur weiterhin von Nutzen sein und neue, andere Lebensräume schaffen. Dennoch, der Verlust eines alten Baumes kann nur in einem sehr langen Zeitraum ersetzt werden.

In Michigan gibt es einen Mann, der sein Leben dem Ziel widmet, nicht nur gedankenlos abgeholzte Bäume zu ersetzen, sondern ihnen das Erbgut der alten mitzugeben. Der Champions wie er sie nennt. Es gibt glücklicherweise inzwischen viele Menschen auf der Welt, die sich beruflich oder privat zum Schutz der Wälder organisieren und Beachtliches leisten. Allerdings leider auch immer noch solche, die das Gegenteil tun und die sind in vielen Bereichen der Welt unglücklicherweise mit dem was sie tun, effektiver.

David Milarch aber, so heißt der Mann in Michigan, ist unter all den Baumfreunden der Bemerkenswerteste.

Seine Arbeit ist in vielen Artikeln, Reportagen, Filmen und Büchern dokumentiert.

Ich treffe ihn nachdem Hank mir eines Tages wieder einmal sagt, er wolle mir etwas zeigen. Wir fahren Richtung Süden nach Copemish, einem Ort ungefähr eine Autostunde entfernt, mitten im County, wo sonst keiner hinkommt.

Neben einem Schild mit der merkwürdigen Aufschrift Erzengel Antikes Baumarchiv (*Archangel Ancient Tree Archive*) halten wir an und steigen aus. Das Büro ist geschlossen. Vor uns warten schon Andere. Wir unterhalten uns mit ihnen und erfahren, sie seien aus Kentucky zu Besuch in Michigan und wollen bei der Gelegenheit David Milarch sehen. Genau wie wir.

Als David nach kurzer Zeit kommt, vertröstete er die Kentucky-Leute auf später und sagt ihnen, dass er mit Hank und mir verabredet sei. Das wusste ich gar nicht. Aber Hank hatte ihn in der Tat angerufen und ihm erzählt, dass ein Freund von ihm, ich, ihn, David, gern kennenlernen würde. Ich treffe mit ihm einen Mann, der viel, gut und interessante Dinge erzählt.

Beispielsweise von seinem Nahtod-Erlebnis, das er vor vielen Jahren hatte und das der Auslöser für das war, was er heute macht. Gleich am Anfang, als er davon spricht, sagt er: „Es hört sich für viele Menschen sehr merkwürdig an, was ich erlebt habe, aber ich kann nur sagen, es stimmt alles. Meine Leber und Nieren funktionierten nicht mehr. Im Krankenhaus versuchten sie alle möglichen Dinge aber nichts half und ich wollte nach Hause. Der Arzt sagte: ‚Du wirst sterben.' Aber ich erwiderte zum Abschied: ‚Ich werde nicht sterben.' Wir beide hatten Recht! In der darauffolgenden Nacht starb mein Körper, aber natürlich stirbt dein Geist überhaupt nicht."

Ich unterbrach ihn und sagte: „Gut, dass du das sagst. Ich sehe das ähnlich. Der Geist ist Energie und die kann nicht einfach verschwinden."

„Genau," sagt er, „Ich verließ diesen Körper und war in einer anderen Dimension, um es einmal so zu sagen und ich war überrascht, mein Sterben bewusst zu erleben. Ich war traurig und dachte an meine beiden kleinen Söhne und fing an, wirklich Angst zu bekommen. Aber dann befand ich mich plötzlich in einem Lichttunnel. Wie lange es dauerte weiß ich nicht. Es war wunderschön und ich war von Farben umgeben, die ich auf Erden nie gesehen habe. Ich empfand große Harmonie und war entzückt von meinen Gefühlen. Dann sah ich eine Menge Engel um mich herum und hatte überhaupt keine Angst mehr. Doch plötzlich war ich zurück."

„Einfach so," frage ich.

„Ja, einfach so. Aber auch wieder nicht, denn ich hatte das tiefe Gefühl, dass die Engel mir gesagt hatten: ‚Gehe zurück. Du hast noch etwas zu tun'. Und als ich zurück war, ging es mir ja nicht gleich richtig gut. Ich hatte über 40 Kilo an Gewicht verloren und sogar Schwierigkeiten beim Trinken. Erst nach etwa einem Monat konnte ich aus dem Bett steigen und ein paar Schritte machen. Und dann, eines Nachts ungefähr um zwei Uhr, leuchtete plötzlich ein Licht in meinem

Schlafzimmer und ich bekam Angst, wieder in den Tunnel des Lichts zu gehen. Aber dann passierte etwas, was für die Leute immer schwer zu glauben ist."

„Was?", fragte ich gespannt.

„Eine Stimme sagte zu mir: ‚Wir wollen, dass du ins Wohnzimmer gehst und dir Papier und einen Stift holst'. Und ich sagte: ‚Das mache ich, wenn ihr das Licht ausschaltet'. Nachdem das passiert war, muss ich wieder eingeschlafen sein. Aber als ich um sechs Uhr wach wurde, sah ich meinen gelben Schreibblock und, dass ich darauf etwas geschrieben hatte. Und weißt du, was das war?"

„Nee,", sage ich, „was?"

„Es war der Entwurf für dieses Projekt. Auf acht Seiten hatte ich einen perfekten Businessplan aufgestellt. Ich habe nie Englisch auf Universitätsniveau gelernt. So sagte meine Frau, die Englisch unterrichtete, als sie das gelesen hatte: ‚Das hast du nie geschrieben'. Aber es war meine Schrift. Sie wollte wissen, was passiert war und ich sagte ihr wahrheitsgemäß: ‚Ich weiß es nicht.' Das war vor 23 Jahren und damit hat das alles angefangen, was du hier siehst."

Mir ist nun auch der merkwürdige Name klar: Erzengel. Es waren Engel, die David den Auftrag gegeben haben, Bäume retten, genauer gesagt die größten Bäume zu klonen und wieder anzupflanzen.

Stimmt das oder nicht? Wenn ich David reden höre, kann ich mir vorstellen, dass er ein Mann mit großer Fantasie ist. Aber genauso vermittelt er mir das Gefühl, kein Spinner zu sein. Ich frage mich, was sollte er für einen Grund haben, sich so etwas auszudenken? Das ist doch für Leute, die er um Unterstützung für ein solches Projekt bitten muss, eher kontraproduktiv.

Wir erzählen Dinge, von denen wir sicher sind, dass sie so geschehen sind. Manches Mal stellt sich heraus, dass es nicht ganz so gewesen ist und unsere Wahrnehmung nicht der Realität entsprach. Und manches Mal stellen wir fest, dass es Dinge gibt, die wir nicht verstehen.

Wie also will ich Davids Erzählungen bewerten?

Er ist ein großer kräftiger Mann, mit einem runden Bauch. Seine grauen Haare lichten sich über einem Gesicht, das offen und freundlich ist. Ein Mann, den ich schnell ins Herz schließe und mit dem ich mir vorstellen kann, viel Zeit zu verbringen. Ein Mann, der mir gefällt. Ich kann nicht anders, als ihm zu glauben, dass er das, was er erzählt, erlebt hat.

Wir gehen in eines seiner drei Treibhäuser über dessen Eingangstür sich ein kleines spitzzulaufendes grünes Vordach befindet und auf dem das Wort Baumschule steht. In der ungefähr 1000 Quadratmeter großen Halle mit Sonnenkollektoren auf dem Dach präsentieren sich mir die Setzlinge und bei einigen müsste über der Eingangstür Baumwiege statt -schule stehen. Das sind die ganz kleinen und David nimmt einen davon und sagt dies ist ein *Giant Sequoia.*

„Ein was?," frage ich nach.

Ein *Giant Sequoia* ein Redwood Tree, eine Art von Konifere, und die alle hier," und er macht mit seinem Arm einen Halbkreis über die Setzlinge, „gehören zu den größten und ältesten Bäumen der Welt. Dies hier ist ein 4.000 Jahre alter Baum."

Dann zeigt er auf eine andere Gruppe von Setzlingen und sagt: „Die sind zwischen 2.000 und 2.500 Jahre alt."

Ich bin schon beeindruckt aber sollte es noch mehr werden, denn David zeigt auf den Boden und sagt: „Siehst du diesen grünen Strich hier?"

„Ja, sehe ich."

„Damit dokumentieren wir den Umfang des Stammes. Bleib mal hier. Ich gehe da rüber zu der anderen Seite und wenn ich da stehen bleibe, hast du in etwa einen Eindruck der Größe."

Er geht einige Schritte, bleibt stehen und ruft: „Hier. Das ist der Umfang. 10 Meter."

Dann kommt er zurück und sagt, immer noch den kleinen Setzling in der Hand: „Dies ist einer ersten Klons weltweit von diesem Champion. Von einem neuen Zweig (*new growth*). Alle sind von neuen Zweigen von ganz oben aus den Bäumen."

David hat in seiner Baumschule 130 verschiedene Baumarten, die meisten aus den USA. Viele sind aber auch aus anderen Ländern. Wenn er die notwendigen Genehmigungen bekommt, dort Zweige abzuschneiden, tut er das.

Beziehungsweise sein Team. Nachdem seine Leute in den Kronen der Bäume waren, die teilweise über 70 Meter hoch sind, wickeln sie die abgeschnittene Zweige in feuchte Papiertücher und packen sie in Kühlboxen mit etwas Eis. Die Kisten müssen dann innerhalb von

24 Stunden in Michigan sein. Das heißt, dass alle Papiere und Genehmigungen vorliegen und FedEX oder UPS, die den Transport übernehmen, vor Ort sein müssen.

Als er mir das erzählt, stelle ich mir vor, dass es ziemlich aufwendig und teuer ist, das alles zu arrangieren. Ich sage das und er bestätigt:

„Ja, das ist es. Ziemlich teuer und eine Menge Arbeit. Schon, bevor wir das Material haben. Du musst Dein Team dahin bringen, die Genehmigungen zum Abschneiden der Zweige haben und natürlich zuvor untersuchen, welches die besten Zweige sind, die den größten Erfolg versprechen. Wir finanzieren das alles mit Spendengeldern, denn wir sind ein gemeinnütziger Verein und wir geben die Bäume zum Anpflanzen unentgeltlich weiter. Bis auf die Transportkosten natürlich. Da ist es dann manches Mal so, dass, besonders in anderen Ländern, der Wunsch, unsere Bäume anzupflanzen nicht verwirklicht werden kann, weil es nicht genügend Mittel dafür gibt. Wir hatten das einmal mit einer Anfrage aus Deutschland. Die konnten den Transport nicht finanzieren.“

Zu dem Setzling in seiner Hand sagt er: „Wir schneiden von den neuen Zweigen winzige Stücke ab, setzen sie in kleine Schaumstoffbehälter, behandeln sie mit Hormonen, stecken sie hier rein und Voila!“

Dann zeigte er mir die kleinen Wurzeln und sagt: „Wenn sie Wurzeln geschlagen haben, tun wir sie mit dem Schaumstoff in einen größeren Topf, wie hier,“ und dabei zeigt er auf einen anderen Tisch, auf dem etwas größere Setzlinge zu sehen sind. Die Halle ist voll mit ihnen in unterschiedlichen Größen. In einer Ecke sogar welche, die ungefähr zwei Metern hoch sind.

Dahin gehen wir jetzt, die Bäume wirken wie ein Wald, und David sagt: „Geh da mal rein, tue mir den Gefallen und laufe darin umher. Ungefähr fünf Minuten.“

Das mache ich und berühre die Zweige und rieche an ihnen, wie David vorgeschlagen hat. Sie sind fest und liegen flach zwischen meine Händen. Merkwürdig samtig fühlt es sich an. Jeder Baum riecht anders. Weil ich um die Aerosole weiß, die Bäume versprühen, atme ich die Düfte tief ein. Als ich wieder herauskomme, sage ich: „Unglaublich was ich für eine Energie gespürt habe.“

„So ist das,“ sagt David, „dieses sind 2 bis 2.500 Jahre alte Bäume und wenn du da hinein gehst und sie berührst – und jeder einzelne ist individuell, mit eigener Energie – nimmst du deren Aura wahr und atmest sie ein. Diese Energie, es sind die Aerosole der Bäume, dringen in deine Lungen und deinen Blutkreislauf und du hast plötzlich die Moleküle von diesen jahrtausendealten Redwoods in deinem Körper. Die Leute gehen da rein und sagen: ‚Wow...‘.“

„Genau,“ sage ich, „ganz genau und ich bin fast süchtig danach geworden – *happy and high.*“

Auf der Rückfahrt spreche ich mit Hank natürlich nur über Bäume und lerne, dass auch sie von den Ureinwohnern als besondere Lebewesen ansehen werden und sie als unerlässlich für das Wohlbefinden von uns

Menschen betrachtet werden. Und natürlich als Lebensraum für andere Wesen.

Das Buch von Jim Robbins, *The Man Who Planted Trees*, über David und die Bäume faszinierte mich in vielen Teilen. Einer davon waren die Texte über die Aerosole. Wer eine Apfelsine schält kann kleine „neblige“ Schwaden beobachten, die aus ihrer Schale strömen. Das sind Aerosole. Chemische Ausdünstungen sozusagen. Bäume sind wahre chemische Fabrikationsstätten. Füchse, Rehe und andere Wildtiere reiben sich an ihnen, während Vögel, Fledermäuse und Honigbienen sich ernähren und zwischen den Blättern herumfliegen und alle „duschen“ in einer Reihe von pilzresistenten, antibakteriellen und antiviralen Verbindungen, die sie vor Krankheiten und Infektionen schützen.

Das gilt auch für Menschen. Es ist nicht verwunderlich, wenn Naturvölker, wie die Ureinwohner Amerikas, eine besondere Verbindung zu den Bäumen haben. Aus ihren Anschauungen hat sich der Segen, der von ihnen ausgeht offenbart. Ihre Bedeutung für die Anishinabeg haben sie deshalb auch heute noch nicht verloren.

Aber nicht nur Bäume und Wasser sind für Hank und seinen Stamm von Bedeutung, sondern auch, und vielleicht noch mehr, die Adler. Über allem, der Weißkopfadler, das Wappentier der USA. Sie waren schon fast ausgestorben in Michigan. Heute sind sie wieder in steigender Zahl anzutreffen. Ich habe in freier Wildbahn erst einen gesehen. Beim Tanken. Ich wollte gerade wieder in meine Auto einsteigen, als ein Mann auf mich zukommt, mich anstrahlt und sagt:

„Ich bin völlig begeistert. Weißt du, was mir eben passiert ist?"

Ich weiß es natürlich nicht, doch er lässt es mich gleich wissen: „Da oben im Garten," und er zeigt eine Nebenstraße hoch, „sehe ich eine Figur von der ich denke, es sei eine Garten-Deko, ein Weißkopfadler aus Holz oder so. Aber dann erhebt der sich plötzlich und steigt in die Luft. Wow, unglaublich wie groß der ist. Vielleicht sehen wir ihn ja hier noch mal," und damit blickt er zum Himmel und als ich hochschaue, sehe ich in der Tat einen Weißkopfadler. Leider verschwindet er sehr schnell hinter den Bäumen. Allerdings in die Richtung, in die ich fahren will. Ich hetze hinterher. Sehe ihn noch ein paarmal die Straße kreuzen, kann aber nirgends anhalten. Als das endlich möglich ist, steige ich aus und blicke längere Zeit nach oben. Der Vogel ist weg.

Meinen zweiten Weißkopfadler sehe ich sehr nahe. Er fliegt auch nicht weg. Er sitzt auf einer Stange in einem Gehege in einer Rettungsstation für Wildvögel. An einem Wochenende sagt Hank, dass er mit Amy zu einem „Tag der offenen Tür" in einer Rettungsstation für Wildvögel nach Empire eingeladen sei. Ob ich mitkommen möchte. Jeder von uns nimmt einen Klappstuhl, weil die Veranstaltung mitten im Wald sein wird. Wir packen sie in den Kofferraum und Hank packt noch ein paar, wie es aussieht, indianische Utensilien dazu. Ich frage: „Wofür ist das denn?"

„Ich soll einen neuen Vogel dort, eine Schneeeule, taufen und ich brauche das für mein kleines Ritual."

Auf dem Weg erzählen mir Hank und Amy von der Station und von Rebecca, der Frau, die sie leitet. Irgendwann sagt Hank: „Ich soll ja diese Schneeeule taufen, habe aber keine Idee für einen Namen. Kannst auch mal ein bisschen drüber nachdenken."

Ich weiß nicht wieso, aber mir fällt sofort einer ein. Ich nenne den Namen. Hank und Amy sagen: „Wunderbar."

Rebecca, von der die Rede war, ist Rebecca Lessard und sie kümmert sich um verletzte Raubvögel, die ihr von Förstern, Nationalpark-Aufsehern, Bewohnern aber auch Tierkliniken gebracht werden. Mit ihren Helfern versucht sie dann, sie zu heilen und, wenn sie genesen sind, wieder in die Wildnis zu entlassen. Sie ist seit 1990 als Wildtierpädagogin tätig und besitzt die notwendigen Genehmigungen verschiedener Institutionen zur Aufnahme und Pflege von Raubvögeln und den Besitz der nicht mehr freisetzbaren Tiere, die sie dann in Schulen, Feriencamps, Zoos, Bibliotheken, Gemeindeorganisationen, Kirchen und Clubs bei Bildungsveranstaltungen einsetzt.

Rebecca ist eine hochgewachsene schlanke und sehr agil wirkende Frau. Sie hat ihre blonden Haare zu zwei Zöpfen geflochten. Man fühlt die Energie, die sie in einem Leben in der Natur und ihrem Einsatz dafür, angesammelt hat.

Sie begrüßt mich mit einem freundlichen Lächeln auf dem Empfang, bei dem es darum geht, für *Wings of Wonder,* wie die gemeinnützige Organisation heißt, Spendengelder zu sammeln. Ich spüre sofort, wie sehr sie für die Tiere und ihre Aufgabe lebt, ihnen zu helfen.

Teil der Veranstaltung ist die von Hank erwähnte Taufe der Schneeeule *(Snowy Owl)*. Ein wunderschönes Tier. Leider sehr versteckt. Weil man ihm die Aufregung des Tages ersparen will, wurde vor eine Seite des Geheges eine Holzwand gestellt. Von der anderen ist kaum etwas zu sehen. Kleine Büsche verdecken die Sicht. Man sollte auch nach Möglichkeit fernbleiben.

Ich schleiche mich vorsichtig ran. Er (die Eule ist ein er) sitzt in der Ecke und wirkt ängstlich. Er blickt nach unten, als horche er in seinen verwundeten Flügel und mag es nicht wahrhaben. Am Gehege hängt ein Zettel der über ihn informiert:

Schneeeule, zurzeit noch ohne Namen (wir denken, er ist zwei Jahre alt). Er stammt aus Manistee County und wurde Mitte Mai zu uns gebracht. Es war ungewöhnlich spät für eine Schneeeule noch in Michigan zu sein. Die meisten verlassen unseren Staat im März und kehren zu ihren Brutplätzen im Norden Kanadas oder in Alaska zurück. Er war sehr dünn und abgemagert und mit MILLIARDEN von Läusen übersät. Die Eule wurde untersucht, bezüglich der Parasiten behandelt und bekam zuerst flüssige Diät. Als er von den blutsaugenden Parasiten befreit und vollständig rehydriert war, fügten wir einige Proteine zu seiner Diät. Bald darauf konnten wir ihm kleine Mahlzeiten mit Mäusefleisch geben und er begann an Gewicht und Kraft zuzunehmen. Nach einer Woche konnten wir ihn zu diesem ruhigen Außengehege bringen, in dem er sich weiterhin erholte. Zu dieser Zeit hatten wir ihn auch von einem unserer Tierärzte untersuchen lassen. Röntgenaufnahmen zeigten, dass seine rechte Schulter schon seit längerer Zeit ausgerenkt war, verursacht vermutlich durch einen Zusammenprall mit einem Auto. Die Verletzung ist nicht operabel. Er wird nie wieder gut genug fliegen können, um in freier Wildbahn zu überleben.

Wegen seiner ruhigen Art und friedlichen Natur haben wir uns entschlossen, ihn als einen unserer Botschafter zu behalten. Ihm schmecken die täglichen Mäuserationen und er wird wahrscheinlich jährlich 3.000 Mäuse verdrücken. Wir sammeln Spenden für ihn ein, um ihn weiter gut zu pflegen und ein Gehege für seine Bedürfnisse hier in Wings of Wonder zu errichten.

Alles ist sehr freundlich während des Empfangs in der beeindruckenden Hilfestation. Es gibt kleine Snacks und Getränke. Amy, Hank, und ich sitzen auf unseren Stühlen, essen und trinken etwas, genießen die Aussicht auf die Natur ringsumher und beobachten die anderen Besucher. Nach einer Weile kommt Rebecca und fragt Hank ob er einen Namen für die Schneeeule gefunden habe: „Nein," sagt er, „aber," und er zeigt auf mich, „Gino hier hat einen."

„Und," fragt Rebecca, „wie ist der?"

„Zenon," sage ich.

„Was ist das denn für ein Name?"

„So hieß ein griechische Philosoph. Er wird als der Begründer des Stoizismus angesehen."

Rebecca schaut mich grübelnd an, lächelt auch etwas, sagt dann aber:

„Warum soll ich eine Schneeeule nach einem griechischen Philosophen benennen?"

Bevor ich etwas erwidern kann, sagt eine neben ihr stehende Frau: „Völlig klar. Die Eulen gelten doch als die Vögel der Weisheit."

„Ach so, ja, richtig." Rebecca ist überzeugt.

Wir sprechen noch über die Schreibweise und fragen uns wie die richtige Aussprache ist. Die Gäste werden zusammengerufen, Rebecca hält eine kleine Rede und dann schreitet Hank zu Taufe und Tat.

Er hat nicht seine wundervolle indianische Tracht, in der ich ihn einst tanzen gesehen habe, an, sondern trägt Freizeitkleidung und einen schwarzen Hut mit einer Feder. In einer Hand hält er eine kleine Ton-Schale, in der er kleine Hölzer entzündet hat. In der anderen die Schwanzfeder eines Weißkopfadlers. Er erzählt, dass die Adler seine Verwandten seien, denn sie vermitteln die Botschaften zwischen den Ureinwohnern und ihrem Schöpfer. Dann wedelt er mit der Feder über den Rauch, der aus der Schale steigt, hebt den Kopf zum Himmel, dankt für den Tag, die Verbindung mit Rebecca und der Station, bittet um Hilfe, wendet sich den verschiedenen Himmelsrichtungen zu, die jede eine andere Bedeutung haben, und bittet zum Schluss um den Segen für alle Anwesenden. Dann erhält Zenon offiziell seinen Namen.

Vier Jahre später. Zenon habe ich inzwischen in einem Video auf Facebook gesehen. Man sieht ihn kleine Flugübungen von und zu seinem Pfleger Ken machen. Das hat mich beeindruckt und mein Herz erfreut. Als ich Zenon jetzt wiedersehe, in seinem neuen, größeren Gehege, mit seinem Namen über dem Eingang, fühle ich eine himmlische Freude in mir. Er ist kein Vergleich mehr mit meinem Eindruck von mir als ich ihn das erste Mal sah. Jetzt schaut er aus schneeweißem Federkleid mit seinen runden schwarzen Eulenaugen offen in die Welt. Seine ganze Erscheinung und Haltung wirkt sehr meditativ und macht seinem Namen alle Ehre. Sehr stoisch. Ich bin stolz auf meine „Pateneule".

Als ich dieses Mal hier bin, ist kein Empfang. Ich bin mit Hank, Rebecca und den Vögeln allein. Ich nehme noch einmal die Gelegenheit wahr, Rebecca mein Beileid zum Tod ihres Ehemanns auszusprechen. Er war kurz nachdem ich ihn bei dem Empfang kennengelernt hatte, verstorben. Rebecca lebt nun allein in dieser Station, die für viele Raubvögel zur Lebensrettungsinsel geworden ist.

Allein ist allerdings nicht das richtige Wort, denn die Vögel, die sogenannten Botschafter, die ständig dort leben, sind auch da. Sie und die in unterschiedlicher Zahl zu behandelnden Tiere benötigen an sieben Tagen in der Woche Hilfe und Pflege. Es gibt zwar drei freiwillige Helfer, die einmal in der Woche kommen, wobei dann die etwas schwereren Arbeiten verrichtet werden. Aber die Hauptarbeit bleibt bei Rebecca und, wenn sie, wie sie sagt, Patienten in kritischem Zustand hat, muss sie manchmal mehrmals zur Pflege mitten in der Nacht aufstehen. Ich sage zu ihr: „Das ist ja ganz schön aufwendig und anstrengend, was du hier machst."

„Ja," sagt sie, „aber ich empfinde es auch als ein Geschenk. Es ist wunderbar mit diesen herrlichen Vögeln zu arbeiten."

„Ja, das glaube ich, sonst würdest du das wohl kaum schon 29 Jahre machen. Eine ziemlich lange Zeit, finde ich."

„Oh ja, aber der Vorstand unserer Organisation arbeitet daran, langsam die Station für die Behandlung und Pflege von den Tieren woanders unterzubringen. Ich würde mich dann hier noch den Tieren widmen, mit denen ich meine Schulungen machen kann."

Die Station befindet sich mitten in der Natur. Sie ist nicht leicht zu finden. Vor dem Wohnhaus von Rebecca gibt es noch einen kleinen Teich. Ein besonderes Idyll in einer ruhigen Natur-Landschaft, die ohnehin als idyllisch bezeichnet werden muss.

Ich verbringe einen Nachmittag mit Hank und Rebecca und erfahre viel über die Arbeit der Station und die Vögel. Beispielsweise über die unglaubliche Sehkraft der Wanderfalken *(Peregrine Falcon)*, die in Michigan zu den gefährdeten Arten gehören.

Wir Menschen schaffen 18 Bilder in der Sekunde, ein Film benötigt 23 bis 25. Diese Vögel aber schaffen unglaubliche 50 bis 90 und Rebecca sagt, wir können uns gar nicht vorstellen, was die alles sehen.

Ich sehe an diesem Nachmittag meinen zweiten Weißkopfadler. Ihm fehlt das linke Auge und die dünne Haut an der Stelle verursacht, besonders im kalten Winter in Michigan, wiederholt Infektionen. Sein Schicksal ist ungewiss.

Es ist ein unglaublich großes Tier, was mir erst richtig bewusst wird, als es mir seinen Rücken zuwendet. Ich frage wie alt er ist und Rebecca sagt, er sei ungefähr zwei bis drei Jahre alt, was man an der Färbung der Federn sehen kann. Als sie das sagt, fällt mir ein, dass ich mir die Frage hätte sparen können, denn Hank hatte mir bereits einmal erzählt, woran man einen jungen von einem erwachsenen Weißkopfadler unterscheiden kann.

Es war an einem Morgen, nachdem wir gefrühstückt hatten. Ich wollte von ihm etwas im Zusammenhang mit dem Boardman River wissen. Er meinte, wir sollten uns auf die Terrasse setzen und als er rauskam, trug er eine Feder in der Hand.

„Weißt du," begann er, „lass mich erst einmal erklären, was ich hier in meiner Hand habe. Es ist eine Feder eines jungen *Bald Eagle,* die mir von einem Freund, der an dem Film über den Fluss mitgewirkt hat, gegeben wurde. Besser gesagt, er hat sie im Wald gefunden und es mir erzählt, wo sie war, denn er durfte sie nicht mitnehmen."

„Wieso das denn nicht?"

„Er ist kein Ureinwohner und es ist, in den ganzen USA, nur uns erlaubt, Federn von geschützten Raubvögeln zu sammeln und zu besitzen. Ich ging zu der Stelle, die mir der Freund genannt hatte und fand sie dort auch relativ schnell. Ich benutze sie als eine Gesprächsfeder (*talking feather*), wie wir es nennen.

„Eine Gesprächsfeder?"

„Ja, das geht zurück auf unsere Verbindung zu den Adlern. Wir sagen der Adler bringe unsere Botschaften zu unserem Schöpfer. Wenn wir eine solche Feder in unseren Händen halten und sprechen, heißt das, wir sprechen aus unserem Herzen und die Wahrheit von der wir glauben, sie zu kennen. Wenn ich also die Feder halte, werde ich dich nicht belügen. Ich habe meine Gesprächsfeder auch immer mit mir, wenn ich reise."

„Ein schöner Brauch, Hank. Ist es egal was für eine Art von Feder das ist oder muss es immer eine vom *Bald Eagle* sein?“

„Nein, es kommt darauf an. Es kann jede Art von Raubvogel sein. Doch der Adler ist das Höchste (*the top*). Das kommt daher, weil er am höchsten fliegt und von ganz oben alles sieht.“

Dann hält er mir die Feder hin und sagt:„Diese ist noch speziell. Siehst du diese kleine Einkerbung hier. Da fehlt ein Stück.“

„Ja, sehe ich.“

Die Feder ist ungefähr 50 Zentimeter lang und zehn breit und hat einen circa zwei Zentimeter breiten Einschnitt (*cut*).

„Man könnte meinen,“ fährt Hank fort, „irgendeiner hat das ausgeschnitten oder es ist irgendwie rausgebrochen. Aber der wahre Grund ist, der Adler hat das selbst verursacht. An der hellen Farbe der Feder kann man sehen, dass es ein Jungtier war (*immature eagle*). Wenn die endgültigen Federn (*mature feathers*) zu wachsen beginnen, juckt es den Adler (*it itches*) und dann geht er da mit seinem Schnabel hin und versucht, das Ganze in den Griff zu bekommen (*trying to grip a whole on that*) und zieht es raus.“

„Und dabei ist dann dieser Einschnitt entstanden?“

„Nein, der zeigt, dass der Adler das nur versucht hat, er aber statt die Feder herauszuziehen, sich ein Stück daraus herausgeschnitten hat.“

Ich schaue Hank bewundernd an und sage: „Unglaublich, was du aus solch einer Feder herauslesen kannst. Wie alt war denn Adler oder wie alt muss er sein, wenn seine Federn nachwachsen?“

„Das passiert immer im fünften Jahr. Dann bekommt er die schwarzen.“

Horton Bay

In Ludington, meiner ersten Station in Michigan, bin ich wegen der Dünen und erfahre dort von der Buchhändlerin, die mir das *Nick Adams*-Buch verkauft, dass Hemingway in seiner Kindheit und Jugend die Ferien in Michigan verbrachte. Das Buch erweitert meine Kenntnisse und die darauf anschließenden Recherchen über sein Leben in Michigan, verändern meine Einstellung zu ihm. Hemingway beklagte die Strenge in seinem puritanischen Elternhaus und auf die Frage, was das beste frühe Training für einen Schriftsteller sei, antwortete er: „Eine unglückliche Kindheit. “.

Als Siebzehnjähriger hatte Ernest sich im Ersten Weltkrieg freiwillig zum Dienst beim Roten Kreuz gemeldet und wurde als Second Lieutenant einer Sanitätsabteilung in Italien zugewiesen. Dort, zu Füßen der Dolomiten, wurde er als Fahrer eines Krankentransports eingesetzt. Schließlich meldete er sich freiwillig, um mit dem Fahrrad zweimal am Tag an die Front zu fahren, um den Soldaten Zigaretten und Schokolade zu bringen.

Bei einer dieser Gelegenheiten explodierte in seiner Nähe ein Granatwerfergeschoss, das einen Soldaten tötete und mehrere andere, darunter Hemingway, schwer verletzte. Im Anschluss an das Geschehen wurde er für sein Verhalten mit der silbernen Tapferkeitsmedaille der italienischen Regierung ausgezeichnet, denn er brachte, trotz eigener Verletzungen, andere Kameraden aufopferungsvoll ins Lazarett.

Ich sehe ihn im Rückblick als einen energiegeladenen jungen Mann, der bemüht war, zu schreiben und die Welt nicht so zu belassen wie sie ist. Das Zeitgeschehen und die unglückliche Kindheit mögen Hemingway geholfen haben, ein bedeutender Schriftsteller zu werden. Er beschreibt in seinen Werken die Sinnlosigkeit vieler Handlungen des Lebens und die Unbarmherzigkeit des Todes. In seinem tragischen Ende sehe ich, dass er schließlich die Diskrepanz zwischen dem, was er vom Leben angenommen hatte, und seinem wahren Charakter unerträglich fand.

Um auf Hemingways Spuren in Michigan zu bleiben, brauche ich nur die Orte aufzusuchen, die ich in dem Buch *The Nick Adams Stories* beschrieben finde. Mein Weg führt mich somit in die Gegend um Petoskey an der Westseite der *Lower Peninsula* und später auf die *Upper Peninsula* nach Seney.

Glen Arbor und Sleeping Bear liegen auf dem Weg. Im dortigen B&B treffen sich am Frühstückstisch die Gäste. Zweimal ist auch ein ziemlich dicker Mann anwesend, der aber kein Gast, sondern ein Freund des Hauses ist. Sein Name ist Pete. Er hat viel zu erzählen und gehört zu denen, die alles wissen und kennen. Positiv gemeint.

Es ist daher nicht verwunderlich, dass er mir am

Tage meiner Abreise einen wichtigen Tipp gibt. Ich spreche über meinen Plan, die Plätze aus den *Nick Adams Stories* aufzusuchen. Pete sagt: „Horton Bay. Ich glaube in Horton ist es. Da gibt es ein Hemingway-Museum.“

Das ist zwar nicht ganz korrekt, wie ich später erfahre, aber der Hinweis ist trotzdem Gold wert.

Horton Bay ist als Name nicht neu für mich. Hemingway erwähnt ihn oft. Ernest Eltern machten die erste Reise nach Michigan noch allein mit Marceline, der älteren Schwester. Sie verliebten sich in die Landschaft um den *Walloon Lake* und erwarben ein Stück Land.

Von nun an sollten sie in Chicago jedes Jahr Koffer, Kisten und Schachteln auf einen Dampfer verfrachten und über den *Lake Michigan* fahren, um auf *Windemere*, wie Ernests Mutter – in Anspielung auf einen See in England – das Cottage getauft hatte, die Ferien zu verbringen.

Petoskey, der Ort, den der Polizist David in Harbor Springs erwähnte, und der auch in den *Nick Adams Stories* auftaucht, ist die Hauptstadt des Bezirks Emmet County, der am nordwestlichen Teil der *Lower Peninsula* Michigans liegt und mit Cheboygan County den nördlichen Zipfel bildet. Quasi der Ringfinger, der an eine Hand erinnernde Teil der *Lower Peninsula.*

In Petoskey erinnert viel an Hemingway. Nicht nur das in einer alten Bahnstation seit den 1970er Jahren befindliche *Little Traverse History Museum.* Ich brauche zwei Anläufe, um es zu besuchen. Zuerst bin ich an einem 1. Oktober dort, und das ist genau einen Tag zu spät. Die Saison ist vorüber. Als ich das zweite Mal dorthin fahre, will ich aber nicht nur das Museum sehen, sondern ich weiß inzwischen, dass der Direktor des Museums Michael Federspiel ist. Er ist mir als Autor eines Buches über Hemingway bekannt. Elizabeth Edwards, die Redakteurin des *Traverse Magazins*, die auch Artikel über Hemingway geschrieben hat, und die ich in Glen Arbor kennenlernte, kennt ihn und arrangiert ein Treffen für mich. Federspiel unterrichtet Geschichte an der *Central Michigan University* in Mount Pleasant.

In dem Museum gibt es drei Sektionen. Gleich wenn man reinkommt, im Mittelteil des Gebäudes, ist die Sektion über Hemingway und seine Zeit in Michigan. In einem der Seitenflügel sind Relikte der Ureinwohner, der Holzfäller-Ära und des Verkehrs ausgestellt, und im anderen befindet sich eine Sammlung von Gegenständen aus der Geschichte der Stadt. Der Bahnhof wurde als solcher bis in die 1960er Jahre genutzt und dann von einem Tag auf den anderen geschlossen. Danach verfiel das Gebäude zunächst.

„Es ist heute kaum vorstellbar“, erinnert sich Michael Federspiel, „aber diese ganze Gegend hier war nicht für Touristen angelegt, wie sie es heute ist. Das war altes Industriegelände. Eine ziemlich heruntergekommene Gegend. Aber die Stadt kümmerte sich darum, kaufte das Gebäude und 1971 wurde das Museum eröffnet. Wir erhalten allerdings keine Unterstützung für den Betrieb und sind auf Eintrittsgelder und Spenden angewiesen.“

Michael erzählt, dass die Leute in und um Petoskey

nicht sehr an Hemingway interessiert seien. Nur Leute wie ich, die mit Literatur zu tun oder auch nur viel von Hemingway gelesen haben und sich für seine Biografie interessieren, täten das. Diese Leute kämen aus aller Welt. Am Tag zuvor sei gerade jemand aus Argentinien dort gewesen.

Es ist ein angenehmes Gespräch in dem fabelhaft restaurierten Gebäude, auf dessen Seeseite Reste von Eisenbahnschienen von der alten Funktion als Bahnhof künden.

Im Jahr zuvor, als ich vor verschlossener Tür stehe, fahre ich weiter zum „Perry Hotel", das 1899 erbaut wurde und das letzte der originalen Resort-Hotels in Petoskey ist. Hemingway hat hier 1916 gewohnt, nachdem er mit einem Freund einen Trip durch den nördlichen Teil der *Lower Peninsula* gemacht hatte. Heute finden im Hotel Hemingway-Wochenenden statt, die von der *Michigan Hemingway Society* gesponsert werden, deren Präsident Michael Federspiel ist. Gegenüber des Perry Hotels befindet sich die alte *Grand Rapids and Indiana Railroad Station*, die nun als eine kleine Mall genutzt wird. Sie ist nicht nur eine Station, in der die Hemingways umgestiegen sind, wenn sie in ihr Cottage fuhren, sondern ist auch in Hemingways Roman *The Torrents of Springs* erwähnt.

Das Boarding House, in dem Hemingway 1919 gelebt hat, das „Potter House", wird gerade renoviert als ich davor stehe. Es befindet sich in Privatbesitz und wäre sowieso nicht zugänglich gewesen. Das in den Stories beschriebene Restaurant *Beanery* zu finden, ist schwierig. Es mögen eher zwei oder gar drei verschiedene Lokale gewesen sein, die Hemingway in seinen Texten erwähnte.

In Petoskey gibt es neuerdings Schilder vor allen Gebäuden mit Hemingway-Bezug. Die *Michigan Hemingway Society* hat sie aufstellen lassen. Die gab es, als ich vier Jahre vorher dort war, noch nicht. Es ist nun einfacher, Hemingways Spuren durch Petoskey zu folgen.

Ich stelle mir bei meinem Spaziergang durch den Ort den jungen Ernest vor, wie er das *Potters House* an der State Street verlässt und zur Öffentlichen Bibliothek geht. Er liest dort Zeitungen und Magazine. Oder er geht zum Bahnhof, in diesem Fall dem, in dem sich heute das Museum befindet, um auf dem Fahrplan nachzuschauen, wann die besten Abfahrtszeiten für zukünftige Angelausflüge sind. Oder zur Schule, um seine Freundin Marjorie abzuholen. Ich kann mir vorstellen, wie er in eine Straße einbiegt und im *Beanery* sein Mittagessen einnimmt. Ich denke, vielleicht hat er genau wie ich von der *Bear River Bridge* in den Fluss geschaut. In meiner Vorstellung sehe ich einen jungen Mann, der sich erfolglos die Finger wundschreibt und diese Zeit so empfand: „Ich schuftete den ganzen Herbst und den halben Winter in Petoskey, Michigan ... Ich arbeitete und schrieb und konnte nichts verkaufen."

In der Tat hat Hemingway seine erste Publikation, das kleine Büchlein *Three Stories and Ten Poems*, im Jahre 1923 selbst finanziert. Es erschien in einer Auflage von 300 Stück.

Noch weniger, nämlich nur 174 Stück, wurden im

darauffolgenden Jahr vom Kurzgeschichtenband *In our time* gedruckt.

Auf meinem Weg durch Petoskey entdecke ich einen Buchladen, der mit gebrauchten Büchern handelt, besser gesagt, gehandelt haben wird, denn es heißt, das Geschäft werde aufgegeben. Es wurde 1974 in einer Busstation gegründet, daher der Name, von dem ich zuerst, wenngleich auch nur kurz, annahm, es würde sich um einen Schreibfehler handeln: *Book Stopp.*

Grund für die Geschäftsaufgabe ist, dass sich die Eigentümerin zur Ruhe setzen möchte. Ich spreche mit Jason, der wie ein Nerd wirkt und seit 20 Jahren in dem Shop arbeitet. Die Kommunikation ist nicht einfach. Er spricht leise und bedächtig. Bevor er etwas sagt, überlegt er lange.

Die Eigentümerin, erfahre ich von ihm, ist jetzt fast 80 Jahre alt. Sie hat einstmals mit wenigen Büchern in der Busstation angefangen. Im Laufe der Zeit haben sich immer mehr Leute eingefunden, die ihre Bücher verkaufen wollten. Sie erhalten meist kein Geld dafür, sondern einen Gutschein für andere Bücher. Beispielsweise zwei Bücher für eines.

In einem Artikel aus der lokalen Zeitung aus dem November 2010, die Jason mir zeigt, heißt es über das Geschäft:

Kontrolliertes Chaos ist eine ziemlich genaue Beschreibung des Book Stopps in Petoskey. An einem Sonnabendnachmittag herrscht ein ständiger Strom von Stammkunden, die Tausende Bücher, die sich auf Hunderten von Regalen stapeln, sowie CDs und DVDs überfliegen. Aber die Besitzerin, Diane Haltford, sagt, es sei nicht immer so gewesen. Früher wäre es noch chaotischer zugegangen.

Früher, das mag gewesen sein, bevor Jason eingestellt wurde. Er wird in dem Artikel auch erwähnt. Seine Mutter, so ist zu lesen, nahm ihn schon mit sieben Jahren mit in den Laden. Als Diane sah, dass er die Bücher immer wieder richtig ausrichtete und sortierte, wusste sie, dass sie ihn später, wenn er alt genug wäre, einstellen müsse. Ich frage Jason, ob er traurig darüber wäre, dass der Laden aufgegeben wird. Er überlegt lange und sagt dann: „Ja."

Wenn die Hemingway-Familie in *Windemere* ankam, tauchte sie in eine Welt der Natur in ihrer ursprünglichen Form, die weit entfernt war von den Zwängen der Zivilisation. Ich bin inzwischen mehrfach in der Gegend gewesen, habe in Horton Bay auch übernachtet, und für mich ist dort immer noch die Szenerie aus den Nick Adams Stories erkennbar.

Als ich zum ersten Mal in den Ort fahre, komme ich aus Glen Arbor und habe kurz zuvor Charlevoix durchquert. Der französisch klingende Name des Ortes geht auf den Siedler zurück, der als erster seinen Fuß in diese Gegend setzte. Charlevoix ist eine typische kleine Stadt, wie sie im Norden Michigans überall zu finden ist. Im Sommer voller Touristen.

Man sollte dann vermeiden, durch den Ort zu fahren, denn auf der einzigen Straße, die hindurch führt, befindet sich eine Klappbrücke. Im Sommer sind viele Schiffe unterwegs und der Verkehr staut sich beachtlich wenn sie die Straße kreuzen.

Für mich ist beeindruckend, wie unterschiedlich die Atmosphäre in den kleinen Orten ist. Während ich in Glen Arbor, trotz des großen Besucherandrangs, das Gefühl habe, dort ginge alles entspannt zu, empfinde ich es in Charlevoix eher hektisch. Das mag daran liegen, dass in Glen Arbor alles weit auseinandergezogen ist. In Charlevoix, wie auch in Petoskey, sind die Geschäfte nicht in Einzelhäusern untergebracht, sondern blockweise miteinander verbunden. Hier ballt sich alles städtischer. Dazu noch die Brückensituation. Im Frühling und Herbst ist es erträglicher.

Samuel Horton heißt der Mann, dem Horton Bay seinen Namen verdankt. Mitte des 19. Jahrhunderts gab es so gut wie keine Weißen im Nordosten Michigans. Vorher hatte es einige in der Gegend um *Mackinac Island*, etwas weiter nördlich, gegeben. Sie hatten Pelztierhandel mit den Einheimischen betrieben, der aber zum Erliegen kam. Die Weißen verließen die Gegend wieder.

Einen von ihnen kennt die Welt: Johann Jakob Astor. Er stammte aus Deutschland, und wurde in Amerika zum reichsten Mann der Welt und, wie es heißt, der erste Multimillionär. Er hatte, wenn man es umrechnet, mehr Geld als Bill Gates heutzutage, wie man in einem Artikel der *Frankfurter Allgemeinen Zeitung* anlässlich des 250. Geburtstags Astors im Juli 2013 lesen konnte. Er hatte *Mackinac Island* zum Mittelpunkt des Pelztierhandels gemacht. Dann zog er sich, als größere Gewinne ausblieben, nach New York zurück und wurde mit Grundstücksspekulationen steinreich.

Danach gehörte, jedenfalls für eine kurze Zeit, die

Gegend im Norden wieder allein den vierbeinigen Waldbewohnern und einigen Einheimischen, von denen sich ebenfalls viele abgesetzt hatten. Richtung Kanada. Keiner wollte in diese verlassene Gegend.

Auch Samuel Horton nicht. Warum sollte er, wenn es das bessere Farmland und längere Erntezeiten weiter im Süden gab? Er machte sich 1856 mit seiner Frau und sieben Töchtern auf nach Grand Rapids, wo bereits zwei Söhne von ihm lebten. Unterwegs mussten sie in Charlevoix vor Stürmen Zuflucht suchen. Die Wetterkonstellation der frühen Herbststürme ist immer noch als „Drei-Tages-Sturm" berüchtigt.

Horton und die übrigen Reisenden mussten warten. Doch das Wetter besserte sich nicht. Er sah es als ein Zeichen, dort bleiben zu sollen, und zog mit seiner Familie in eine leerstehende Hütte. Sie waren für ungefähr zwei Jahrzehnte nicht nur die ersten, sondern auch die einzigen Einwohner. Das änderte sich, seit Ende 1873 die Eisenbahn nach Petoskey fuhr. Drei Jahre später wurde die erste Sägemühle in Horton Bay eröffnet.

Ein junger Mann, Alonzo Strout, aus der Nähe von Cleveland, Ohio, hatte sie dorthin bringen lassen. In seinem Gefolge kam sein Schwager Bill Ohle. Als kurze Zeit später ein neuer Schmied gesucht wurde, erschien James Dilworth. Mit diesen vier Namen, Horton, Strout, Ohle und Dilworth, ist das Establishment von Horton Bay beschrieben. Wer sich mit dem Ort beschäftigt, stößt heute noch, früher oder später, auf einen dieser Namen: *Horton Bay, die Stadt, nur fünf Häuser auf der Hauptstraße zwischen Boyne City und Charlevoix. Da war der*

General Store mit der Post, ... Smiths Haus, das Haus von Stroud, Dillworths Haus, Hortons Haus und Ohles Haus. Um die Häuser befand sich ein großer Ulmenhain und der Weg war sehr sandig ... Die Schmiede war rot lackiert und stand gegenüber der Schule.

So beschreibt Hemingway den Ort am Anfang des 20. Jahrhunderts, mit nicht ganz korrekter Namensnennung. Die Häuser wurden von Bill Ohle gebaut, der Zimmermann war.

Horton Bay ist heute ein Teil von Bay Township. Kurz vor dem Ort überquere ich den Horton Creek, halte an, steige aus und schaue von der kleinen Brücke in dieses Flüsschen, das ich aus den *Nick Adams Stories* kenne. Es ist bezaubernd. Natur pur. Über Erhebungen von Sand, bemoosten Steinen und vermoderten Baumresten, die kleine Stromschnellen bilden, fließt es plätschernd durch wiesengesäumte Ufer und kleine Wäldchen. Hier erlebe ich die Natur, wie Hemingway sie in seinen Kurzgeschichten beschrieben hat. Der Creek entspricht meinem Bild der kleinen Flüsse, von denen bei ihm immer wieder die Rede ist.

Nach meinem kurzen Aufenthalt auf der Brücke fahre ich weiter, bis ich einige Häuser sehe. Den General Store und das *Red Fox Inn.* Hier ist Gelegenheit, nach dem von Pete erwähnten Museum zu fragen. Als ich in den nächstgelegenen General Store gehen will, erregt eine unübersichtliche Anzahl von Schildern am *Red Fox Inn* meine Aufmerksamkeit. Ich trete näher. Bevor ich die Aufschriften studieren kann, wird mein Blick von einem Schaukasten abgelenkt. Es liegen verschiedenen

Utensilien aus, die alle mit Hemingway zu tun haben: Bilder, Kleidungsstücke, Accessoires, Bücher und Baseballkappen mit den Aufschriften Horton Bay und Hemingway. Von den drei Büchern waren allerdings nur zwei von Hemingway, darunter auch die *Nick Adams Stories*.

Hemingway slept here! Unter diesem Schild befindet sich ein anderes: *Antiquitäten*, und darüber hängt eine Tafel, die darauf hinweist, dass es sich beim *Red Fox Inn* um eine ehemalige Pension für Holzfäller handelt, die ein James Wixham Fox im Jahre 1910 erworben hat. Dann heißt es über Hemingway, er habe dem Hotel einen Helm aus dem Ersten Weltkrieg geschenkt, und dass er dies in einem 1923 in Paris erschienenen Buch und, was nicht stimmt, in der Geschichte *Up in Michigan* erwähnt hätte.

Ich gehe die fünf Stufen zu der Veranda des *Red Fox Inn* hinauf. Der Raum, den ich betrete, ist, wie der einsehbare Nebenraum rechts davon, voller Regale, Kartenständer, Vitrinen und Stühle. Überall liegen Bücher.

Mitten im Raum ein Holztisch, auf dem sich ebenfalls Bücher stapeln. Links von mir steht, ebenfalls vollgepackt, etwas, das früher einmal das Empfangspult gewesen sein muss. Alles trägt nur einen Namen: Hemingway. Ansonsten, kein Mensch zu sehen.

Im Stockwerk über mir höre ich Stimmen. Ich rufe zwei-, dreimal: „Hello“, aber erhalte keine Antwort. Das Gespräch oben geht unvermindert weiter. Zu verstehen ist nichts, ich kann nur eine Männerstimme ausmachen, die anscheinend die Unterhaltung weitestgehend allein bestreitet. Kurz nach mir betreten ein Mann und eine Frau, ungefähr mein Alter, den Raum und sehen sich, genau wie ich, in dem Chaos um. Dann gehen sie wieder. Ich warte.

Nach einer gefühlten Stunde erscheint James Vol Hartwell. Ihm gehört die männliche Stimme. Er ist ein großer kräftiger Mann mit Bauchansatz und schaut skeptisch in die Welt. Als ich von meinem Interesse an Hemingway erzähle, sagt er mir als Erstes, dass sein Großvater, Vollie Fox, dem kleinen Ernest das Angeln beigebracht habe. Das stimmt allerdings nicht, denn Hemingway selbst hat seinen Vater dafür gerühmt. Aber *so what*, wie man hier sagt

James ist in seinem wortreichen Bericht nicht zu stoppen. Er schmückt ihn aus mit Kartenmaterial, das er mir zeigt, mit Broschüren, Bildern und Büchern. Ich erhalte eine Privatführung durch sein Hemingway-Museum, und vielleicht ist es das, was Pete am Frühstückstisch in Glen Arbor gemeint hat. Ich erfahre viel über die Plätze von Horton Bay, die Hemingway in den *Nick Adams Stories* erwähnt und will alles aufschreiben. Aber James zieht eine kleine selbst angefertigte Karte hervor, in die er alles eingezeichnet hat. Die muss ich haben. Das sei kein Problem: Er habe eine kleine Broschüre verfasst, in der die Karte enthalten ist. Die könne ich kaufen, was ich sofort tue.

Beim Blick in die Broschüre stelle ich allerdings fest, dass die Karte zwar, wie versprochen, darin ist, aber ohne seine später hinzugefügten Markierungen. Ich bin enttäuscht und sage ihm, dass nur seine Karte einen

Wert für mich hat. Nach längerem Hin und Her gibt er sie mir. Aus Dankbarkeit kaufe ich noch ein Buch – und eine Postkarte mit dem jungen Ernest, wie er drei geangelte Forellen in die Kamera hält. Das Buch ist auch von Hemingway. Es geht darin ums Schreiben.

Mit der Karte halte ich ein Juwel in Händen. Ich habe Gewissensbisse, dass ich dem Mann das Dokument mit den Eintragungen abgeschnackt habe, wie wir in Hamburg sagen. Aber, als ich James vier Jahre später wieder aufsuche, hat er seine Markierungen in eine neue Karte übertragen. Er hat das anscheinend im Griff.

Vieles, was ich mir aufgrund der Aufzeichnungen von James anschaue, ist zwangsläufig nicht mehr in dem Zustand, in dem es sich befand, als Hemingway es beschrieben hat. Aber das alte Bootshaus auf der anderen Seite der Bucht steht noch. Es gibt ein Foto davon, auf dem Hemingway mit drei geangelten Forellen davor steht. Es wurde 1919 aufgenommen, kurz nachdem er aus dem Ersten Weltkrieg zurückgekehrt war. Ich blicke über die Bucht und lasse eine Rudertour aus der Vergangenheit Revue passieren. Ich schaue mir das Foto, dass ich bei James gekauft habe, noch einmal genau an. Es ist in dem Jahr der Rudertour aufgenommen worden und zeigt einen gut aussehenden jungen Mann mit einem offenen und fröhlichen Gesicht. Während der Tour wird er allerdings nicht so guter Stimmung gewesen sein, denn er und seine Freundin Marjorie waren angeln und gehen in der Höhe des Bootshauses an Land zu einem Picknick.

Nick ist mürrisch. Als Marjorie ihn fragt, was los sei,

sagt er ihr schließlich die Wahrheit: Es mache ihm keinen Spaß mehr mit ihr. Marjorie, eine reale Person, traf Ernest erstmals im Jahre 1915 und beschreibt dieses Treffen so:

„Das erste Mal, als ich Ernest Hemingway sah, war ich auf dem Heimweg vom Horton Creek, wo ich meinen ersten Fisch gefangen hatte. Ich war damals noch keine 14. Ich trug meinen Fisch und war so aufgeregt, dass ich vergaß ängstlich zu sein, um mit einem Jungen zu reden.“

Seit diesem Zeitpunkt trafen sich Marjorie und Ernest regelmäßig. Dass beide, zumindest 1919, mehr als Freundschaft verband, und dass Hemingway sie im Herbst des Jahres in Petoskey von der Schule abgeholt hat, kann man seinen Aufzeichnungen entnehmen, in denen er ausdrücklich den Sommer und Herbst 1919 als idyllisch bezeichnet. Marjorie, die Marge aus den *Nick Adams Stories*, war Teil des Idylls.

Hemingway hat diesem Idyll oder zumindest dem der ursprünglichen Wälder und unberührten Flüsse später nachgetrauert:

Michigan habe ich, wenn ich dort war, sehr geliebt, aber auch, wenn ich fort war. Aber als ich aufwuchs, jedes Mal, wenn ich zurückkam, hatte es sich verändert ... Sie haben die Wälder abgeholzt, die Flüsse verloren ihr Wasser, der Wasserstand der Seen sank oder stieg abhängig vom Einleiten der Abwässer aus Chicago in den Vorflutkanal, sie bauten Asphaltstraßen im ganzen Land und rund um die Seen. Die Automobilisten fingen alle Fische aus den Flüssen und die jungen Leute gingen nach Flint oder Detroit und verließen ihre Farmen, weil sie dort unmöglich noch leben konnten. Nun kommt der Aufwuchs dort, wo sie die Wälder geschlagen haben ... und die Leute sehen den Aufwuchs und denken, dass sie wissen, wie ein Wald aussieht. Aber so sah er nicht aus und du wirst niemals wissen, wie es einmal war, wenn du es nicht gesehen hast. Noch wirst du das Herz des Landes kennen, nachdem es verschwand.

Hemingway scheint mit dem vorstehenden Text hinsichtlich des Selbsterlebten übertrieben zu haben, was bei Schriftstellern nicht überraschend sein dürfte. Aber seine Betroffenheit über den Wandel Michigans ist echt, und noch 1947 schreibt er an den William Faulkner:

Mein eigenes Land weg. Bäume abgeholzt. Nichts übrig außer Tankstellen, Parzellierungen, wo wir in der Prärie Schnepfen gejagt haben usw. ...

Für mich ist sehr interessant die Passage über die Veränderung der Wälder und dass Hemingway explizit darauf hinweist, dass der Wald, wie er sich den Menschen zu jener Zeit präsentierte, nichts mehre zu tun hatte mit dem ursprünglichen, dem seit hunderten von Jahren gewachsenen Wäldern.

In der Geschichte, in der sich Nick Adams in die Wälder flüchten muss und seine jüngere Schwester ihn begleitet, verfluchen beide die abgeholzten Gegenden, weil unter dem neuen Aufwuchs, die alten Baumstümpfe nicht zu sehen sind und das Wandern sehr mühsam ist. Nick kennt sich aber aus und wählt den Weg, weil er dahin will, wo noch alter Wald stehengeblieben ist. Als sie den erreichen, heißt es in der Geschichte: Sie gehen nun auf braunem Waldboden, unter dem Schatten der großen Bäume, der federnd und kühl unter ihren Füssen war. Die Sonne würde fast bis zum Mittag brauchen, um durch die hohen Zweige, die erst in einer Höhe von fast zwanzig Metern beginnen, durchscheinen zu können. Nach einer Weile sagt seine Schwester, dass sie keine Angst habe, aber irgendwie ein fremdartiges Gefühl, das ähnlich dem sei, das sie in der Kirche habe.

„Ich war noch nie in einem Wald wie diesem, Nick," sagte sie und er antwortete: „Ja, das hier ist alles alter Baumbestand. Das ist so, wie früher alle Wälder waren. *Das Letzte Gute Land* (*The Last Good Country*)."

„Glaubst du an Gott, Nicki?"

Als ihr Bruder nicht reagiert, sagt sie: „Du musst nicht antworten, wenn du nicht willst, aber mir verursacht dieser Wald ein unglaubliches Gottesgefühl (*makes me awfully religious*)."

Was Hemingway hier beschreibt ist unglaublich in seiner Tiefe. Es beinhaltet alles, was ich von David Milarch gehört, was ich über die Energie der alten Bäume gelesen und was ich selbst empfunden habe.

Am 3. September 1921 feierte Hemingway in Horton Bay seine erste Hochzeit. Die Dorfkirche gibt es nicht mehr. Aber einer anderen Spur kann ich folgen. Das Hochzeitsmahl hatte bei den Dilworths stattgefunden. Einer der Namen, die für den Ort stehen. Zu Liz und Jim Dilworth hatte Hemingway seit Kindertagen ein gutes Verhältnis. Sie waren ihm gute Freunde geworden. Das Haus, es sind eigentlich zwei Häuser, liegt auf dem Weg hinunter zur Horton Bay. Als ich bei meinem zweiten Besuch dort wieder einmal vom *Red Fox Inn* die Lake Street zur Anlegestelle hinuntergehen will, treffe ich einen Mann, der zwei große Hunde ausführt. Wir sagen Hallo zueinander und dann erzählt er mir, dass er in dem Haus der Dilworths lebt. Sein Name sei Robert, genannt Bob. Nachname Metzger, und das sei, wie er sagt, ein guter deutscher Name. Stimmt, sage ich, und erfahre, dass seine Mutter aus Stuttgart und sein Vater aus Freiburg stammen. Ich möchte wissen, seit wann er hier lebt.

„Oh", beginnt er, „ich habe mich vor sechs oder sieben Jahren zur Ruhe gesetzt. Aber das Haus ist in unserer Familie seit Hemingways Zeiten, eigentlich seit den 1870ern. Ich habe in die Familie eingeheiratet."

Ich kann mein Glück nicht fassen, jemanden aus der Dilworth-Familie getroffen zu haben, und hake nach:

„Das ist immer noch im Eigentum derselben Familie?"

„Ja", fährt Bob fort, „der Urgroßvater war James Dilworth. Meine erste Frau, Sue, war die Tochter von Maxine Dilworth, der Enkelin des Schmieds.

Ich sage: „Es freut mich, gerade dich hier zu treffen, denn ich war eben im *Red Fox Inn* und habe James mein Buch über die Kindheit und Jugend Hemingways gegeben. Darin kommt deine Familie auch vor. Die Dilworths betrieben ja hier ein Boarding House."

Bob lacht: „Das machen wir auch heute noch. Normalerweise nur im Sommer, aber zurzeit ist da auch Betrieb, weil hier ein Film gedreht wird und einige der Filmleute bei uns wohnen."

Es befinden sich zwei Häuser hier am Anfang der Lake Street, und ich möchte wissen, ob beide noch im

Besitz der Familie sind. Bob bestätigt dies: „Ja, das dort“, und er zeigt auf das erste Haus links, „ist ‚Pinehurst‘, die Originalresidenz der Dilworths. Sie wurde 1910 erbaut, zusammen mit der Schmiede. Als das mit den Holzfällern hier in Horton Bay endete, eröffneten sie zuerst ein Restaurant. Für die Sommermonate. Es kamen dann viele Leute aus Chicago, St. Louis und anderen Städten, um der Hitze dort zu entgehen. Daraufhin bauten sie dann das Gebäude daneben als Boarding House. Ja, auch das ist immer noch in der Familie.“

Ich sage: „Du hast eben die Schmiede erwähnt.“

„Ja, James Dilworth war ein Schmied“, antwortet Bob, „und die Schmiede befand sich oben, direkt an der Ecke.“

„Aber ist jetzt nicht mehr da.“

„Nee“, Bob schüttelt den Kopf. „Als sie den Highway ausgebaut haben, war sie im Weg, und musste abgerissen werden. Daher haben wir einen Nachbau erstellt, hier oben in unserem Garten. Wir brauchten sowieso einen Lagerraum, und dann haben wir uns bemüht, das Gebäude so zu bauen, wie die ursprüngliche Schmiede aussah.“

Von Denkmalschutz haben die in Horton Bay anscheinend noch nichts gehört. Ganz abgesehen davon, dass die Schmiede eine literarische Rolle gespielt hat, kann man ein solches Gebäude doch nicht wegen einer Straßenerweiterung abreißen. Denkmalschutz ist eine kulturelle Notwendigkeit, die viel zu wenig beachtet wird. Nicht nur in Horton Bay. Denn selbst wenn es entsprechende Gesetze gibt, um die alten Gebäude in ihrem ursprünglichen Zustand zu erhalten, nutzt das nicht allzu viel. Immer dann nämlich nicht, wenn wirtschaftliche Interessen betroffen sind. Es ist einfach, sie durchzusetzen, weil die meisten Volksvertreter, die darüber bestimmen, sich mit von Denkmalschutz nicht auskennen.

In der Freien und Hansestadt Hamburg gibt es natürlich ein Gesetz zum Denkmalschutz. Dennoch hat sich diese Stadt den Spitznamen „Freie und Abrissstadt“ redlich verdient. Auch wenn sie an der folgenden Geschichte nicht hauptbeteiligt war, aber sie wirft ein beredtes Bild auf die Situation:

Es war einmal eine mächtige Gesellschaft in München, die den Eigentümern einer kleineren Gesellschaft in Hamburg viel Geld dafür bot, ihre Anteile zu verkaufen. Nicht nur solide Bilanzen waren es, die zum Deal führten, sondern auch das wertvolle Bürogebäude, direkt an der Außenalster, was sogleich geräumt wurde, denn mit einer Einkaufspassage lässt sich größerer Gewinn erzielen – und je größer umso besser. Es wurde ein Moloch geplant. Dass der Entwurf der Fassade zur Alster hin nicht den planerischen Vorschriften entsprach, aber trotzdem genehmigt wurde – geschenkt. Nicht geschenkt, aber dennoch genehmigt, wurde an der Rückseite ein Übergang über eine Straße, die eigentlich als städtebauliche Sichtachse galt. Bereits bis hierher ist es eine traurige Geschichte. Aber sie ist noch nicht zu Ende: Wo die Straße überbaut werden sollte, standen zwei denkmalgeschützte Fassaden im Weg. Die mussten weg. Denkmalschutz hin oder her.

Was sich die Township-Leute dabei dachten, die Schmiede abzureißen, weiß ich nicht. Die Straße war vorher breit genug. Man hätte sie bloß einmal neu asphaltieren müssen. Wie auch immer. Die Schmiede ist weg.

Aber Bob hat für Ersatz gesorgt. Wir gehen ein paar Schritte auf sein Grundstück. Was ich zu sehen bekomme lässt mich sofort an eine Nick Adams Geschichte denken, in der es heißt: „*Die Schmiede war rot lackiert ...*". Ich stehe jetzt davor: Rotes Holzhaus, weiß abgesetzte Giebel, Fenster- und Torrahmen, mit einem Spitzdach in der Mitte, das zu beiden Seiten weit ausläuft. Über den geschlossenen Toren hängt ein weißes Schild: „Blacksmithing & Horse Shoeing".

Ich bin beeindruckt und genieße diesen Moment inmitten eines Ensembles von Häusern, die in Hemingways Leben eine Rolle gespielt und ihn zu Geschichten inspiriert haben: Die Dilworth Residenz, die Schmiede, das *Red Fox Inn* und der General Store. Alles direkt um mich herum. Ich gehe mit Bob zum Boarding House. Bob sagt: „Das ist ‚Shangri-La'."

„Ja", erinnere ich mich. „Und das vermietet ihr im Sommer?"

„Im Winter auch, aber da haben wir nicht so viele Touristen hier."

„Klar. Was kann man im Winter hier auch tun?"

„Na, Skifahren", erklärt Bob. „Die Hügel rauf und runter. Wir haben drei Skigebiete hier in der Gegend. Snowmobile fahren kann man hier auch, auf dem See hauptsächlich."

Dann zeigt er auf das Schild über der Tür: „Das hier ist das Originalschild: ‚*Shangra-La*'."

Wir wundern uns. Bob weiß genauso wenig wie ich warum es nicht „Shangri-La" heißt und sagt: „Vielleicht haben die sich damals einfach verschrieben. Aber das glaube ich auch wieder nicht. Keine Ahnung wieso. Das Schild ist 1911 direkt beim Neubau angebracht worden", und er fügt hinzu: „schon ziemlich alt. Wie alles hier. Auch die Treppenstufen knarren schon ganz schön. Aber das kenne ich von meinen Knochen."

Inzwischen weiß ich, dass die sich damals nicht verschrieben haben. Auch ich dachte, es müsse „Shangri-La" heißen. Aber im Punjab, in Lahore, habe ich einen berühmten Garten aufgesucht. Der heißt *Shangra-La* Garten. Das ist Urdu, die Sprache im pakistanischen Teil des indischen Subkontinents. Shangri La ist indisch.

Nach dem Gespräch mit Bob gehe ich weiter hinunter zur Bay. Am Steg mache ich einige Fotos. Als ich langsam die Straße wieder hinaufsteige, kommt mir James mit dem Auto entgegen. Ich hatte ihm erzählt, ich ginge zum „Point", wie der Anlegeplatz auch genannt wird. Jetzt will er mich abholen. Das finde ich nett. Außerdem, sagt er, wolle er mir noch etwas zeigen.

James bringt mich noch einmal in seinen Laden und fängt gleich wieder an, zu erzählen. Unter anderem geht es um ein Foto, das er gefunden haben will. Man gibt ihm allerdings nicht die „*credits*" dafür, was in diesem Zusammenhang wohl soviel heißt, dass man ihm nicht glaubt.

Mit „man" meint er die „neuen Leute". Federspiel

und seine Hemingway-Gesellschaft: „Die sind seit einiger Zeit verstärkt tätig“, sagt er, „und haben überall Schilder aufgestellt. Nur hier vorm ‚Red Fox Inn‘ nicht, aber nebenan, vor dem General Store schon.“

Man muss James nicht mögen. Es ist vorstellbar, dass er nervt. Aber selbst wenn er und die „neuen Leute“ keine großen Freunde sind – sein Haus ist Teil von Hemingways Geschichte in Horton Bay. James sagt, und das ist wohl der Grund für das Versäumnis, sie würden ihn nicht als Hemingway-Experten akzeptieren, nähmen das aber für sich selbst in Anspruch. Nun, mit diesem Gedanken hält er sich nicht lange auf, sondern kramt in einer Tasche: „Guck mal hier, das habe ich auch noch gefunden.“

Er zeigt mir eine Postkarte, die Hemingway aus dem Krankenhaus in Mailand geschrieben hätte. Dann sagt er, dass er mir etwas geben wolle. Letztlich aber zeigt er es mir bloß, weil er nur dieses eine Exemplar besitzt: Hemingways Heiratsurkunde. Bemerkenswert an dem Dokument soll sein, dass Hemingway sein Geburtsjahr gefälscht habe, wie James sagt, als er auf das Jahr weist. Hemingway wollte anscheinend vor seiner um acht Jahre älteren Braut nicht so jung wirken. Aber ich misstraue dem Dokument. Das Geburtsjahr sieht so etwas von übermalt aus, dass ich mir kaum vorstellen kann, dass es sich um ein Original handelt. Ich denke, hier hat jemand eine Reliquie gebastelt.

Zwei Kunden betreten den Laden. Ich verabschiede mich und James dreht mir noch für 89 Cent einen Artikel vom 2. Juli 1979 aus einer Zeitung aus Petoskey an, den er fotokopiert hat: *They remembered Hemingway.*

Aber ich bin ihn noch nicht ganz los. Ich gehe von ihm aus in den General Store nebenan, was James beobachtet haben muss, denn als ich den wieder verlasse, wartet er draußen vor der Tür. Mit einem weiteren Zeitungsausschnitt. Er liest mir den Artikel vor. Ihm geht das Herz über, wenn er über Hemingway in Horton Bay, die damalige Zeit und dessen Familie sprechen kann. James' Lebensinhalt ist, Erbe eines Zeitzeugen zu sein. Ich mag ihn, höre ihm gern zu und als ich ihm hinterher schaue, wie er in seinen Shop zurückgeht, langsam die fünf Stufen emporsteigt, fühle mich fast ein wenig schuldig, ihn jetzt wieder mit Hemingway allein zu lassen.

Im General Store frage ich nach dem Inhaber. Der steht hinter einem der Tresen, lächelt freundlich und sagt auf meine Frage, ob er der Boss sei: „Yep, ich heiße John."

Später erfahre ich, dass er Chip heißt. Als ich wissen möchte, warum er mir bei unserem ersten Treffen gesagt habe, er hieße John, meint er: „Nur so."

Als ich ihn das erste Mal treffe, interessiert mich, wie lange er den Laden schon betreibt.

„Ich mache das jetzt hier seit dem Jahr 2000", gibt er Auskunft und fügt, auf den ersten Blick völlig zusammenhanglos, hinzu: „Wir haben nur eine kurze Geschichte, verglichen mit euch in Europa."

„Ja", ich nicke, „lässt sich aber nicht ändern."

Er schaut mich schief an: „Aber hast du von der *Little Big Horn* Schlacht gehört? Und General Custer?"

„Klar", antworte ich, „aber ich weiß nicht genau, wann das war."

John erwidert: „Sehr berühmt in der amerikanischen Geschichte. 1876. Und das Gebäude hier ist zur selben Zeit gebaut worden."

Ich denke, vielleicht ist er auch, wie Bob, mit den früheren Eigentümern verwandt. Aber nein. Er hat den General Store gekauft und komplett renoviert.

„Es ist ein komfortables altes Gebäude. Wirklich einmalig. Es sind nicht viele übrig, aus den alten Zeiten. Ein General Store war das wichtigste Geschäft für die Gemeinde. Menschen aus dem Ort und den umliegenden ländlichen Gebieten gingen dorthin, um einzukaufen. Du konntest dort Grundnahrungsmittel wie Milch und Brot, aber auch Haushaltswaren bekommen. Heute braucht man solche Geschäfte nicht mehr, obwohl einige noch existieren, aber viel weniger, als es einmal waren."

Der Laden ist überfüllt mit Krimskrams zur Dekoration. Es gibt auch einige Waren zu kaufen. Ein großer Kühlschrank mit Glastüren verfügt über alle gängigen Getränke.

Kaffee gibt es umsonst, Spenden dafür sind allerdings willkommen. Das Hinterzimmer ist ein gemütlicher Kaminraum. Ansonsten aber fallen hauptsächlich ins Auge: Blechspielzeuge, ein paar Skier – ebenso wie Schaukelstühle, Schlitten und Spaten von der Decke hängend – alles alt.

Im Raum gibt es auch einiges von Hemingway, Broschüren über ihn, Postkarten, Bücher.

Man kann hier wohnen, im ersten Stock wird ein B&B betrieben. Bei meinem nächsten Besuch in Horton Bay übernachte ich dort. Es ist Sommer, eine ruhige Nacht, vereinzelt Mücken. Am Abend sitze ich draußen, esse Tapas, trinke Wein, und Chip leistet mir Gesellschaft. Die Tapas sind die Spezialität des Hauses. Sie werden zwischen Mitte Mai und Oktober von donnerstags bis sonntags serviert. Sie haben sehr gut geschmeckt, sind nur keine Tapas. Jedes Gericht entspricht einem vollständigen Mahl. Aber was ich esse, ist köstlich.

Als ich Horton Bay verlasse, fahre ich noch ein wenig durch die Gegend. Um den Ort herum befinden sich einige Naturschutzgebiete. Eines davon ist nach Nick Adams benannt. Meine Straße, die ich zu fahren habe, um Horton Bay zu verlassen ist die Nummer 31. Die neue, die etwas weiter hin zum *Lake Michigan* verlegt wurde. Ich nehme aber die alte, die als kleine Nebenstraße bestehen geblieben ist. Denn dort soll ich finden, was ich schon lange suche: Die von den Ureinwohnern als Landmarkierung zurechtgestutzten Bäume, die *crooked trees.*

Chip, der sich auskennt, hat mir nicht zu viel versprochen. Ich finde sie tatsächlich. Einige sind von Büschen überwuchert, aber andere stehen in ihrer ganzen Pracht direkt an der Straße. An einem meine ich den Faustabdruck Nanabojos zu erkennen.

Was ich noch erkenne, sind an einigen Bäumen kleine Holzschildchen, rot beschriftet, mit den Informationen, dass es sich bei diesen Bäumen um *crooked trees* handele und Hemingway sie in den *Nick Adams Stories* erwähnt habe.

Das sieht mir sehr nach James Vol Hartwell aus. Und in der Tat, er war es, der sie dort angebracht hat. Er hat sein Leben damit verbracht, alles über Hemingway zu sammeln und ständig auf dessen Spuren zu sein. Wenn ich mit ihm in Horton Bay zusammen war, spürte ich dies und es hat mich mit ihm verbunden.

Im März 2017 als ich einmal von Glen Arbor nach Petoskey fahre, habe ich deshalb auch einen Abstecher nach Horton Bay gemacht, um ihn zu besuchen. Es war außerhalb der Saison. Aber er wohnt über dem Shop. Der Ort wirkte nicht nur so: er war verlassen. Hier ist auch im Sommer nicht viel Betrieb. Doch die Häuser sind wenigstens bewohnt.

Als ich mein Auto vor dem *Red Fox Inn* parke und ein Blick auf das Haus werfe, ahne ich, ihn nicht anzutreffen. Die am Haus vorher überall angebrachten Schilder sind verschwunden. Nur noch eines mit dem Namen befindet sich neben dem Eingang. Der Schaukasten, rechts davon ist leer. Keine guten Zeichen.

Ich bin beunruhigt. Die Jalousien am Laden sind heruntergelassen und ich kann nur durch einen Spalt in den Raum blicken. Was ich sehe bestätigt meine Befürchtungen. Der in der Mitte des Raumes befindliche Tisch ist mit einer Plane abgedeckt, die Regale dahinter, sind leer. Ich würde James, das wird mir klar, hier nicht mehr treffen. Da muss ich mich gar nicht erst versuchen, bemerkbar zu machen.

Ich gehe hinüber zum General Store, weil ich hoffe,

dass Chip vielleicht da wäre. Ist er aber nicht, genauso wenig wie jemand bei den Dillworth. Alle Häuser scheinen verlassen zu sein. Ich wandere ein wenig umher und entdecke doch noch eines, vor dem ein Auto steht. Nach meinem Klopfen erscheint ein Junge von ungefähr 16 Jahren und ich frage, ob er mir etwas über Jim (James) sagen könne. Kann er nicht, bittet mich aber hinein und sagt, sein Vater könne mir bestimmt helfen, der dusche aber gerade und ob ich nicht solange Platz nehmen möchte.

Dann erscheint Tom Harris. Im Verlauf des Gesprächs erzählt er mir, dass sein Vater ein Freund von Ernest Hemingway gewesen sei. Viel wichtiger aber ist, dass er meine Fragen zu Jim beantworten kann.

Es überrascht mich, nachdem ich das Rex Fox Inn so verlassen gesehen habe, nicht mehr, als er mir erzählt, Jim sei im April des letzten Jahres, verstorben. Ein Herzinfarkt oder so, sagt er, sei die Todesursache gewesen. Genau wisse er es nicht. Ich erfahre später von Jims Schwester, die den Buchladen im Sommer weiterführt, es sei ein Schlaganfall gewesen. Aber letztlich ist mir das auch egal. Er ist tot und das ist alles, was zählt.

Ich werde wohl, wenn ich wieder einmal von Glen Arbor nach Petoskey fahre, keinen Abstecher mehr nach Horton Bay machen. Aber von der Road 31 werde ich, wenn ich in der Höhe des Ortes bin, an ihn denken und besonders daran, wie ich ihn das letzte Mal die Stufen zu seinem Laden hinaufgehen sah. Ich hatte ja damals schon ein ungutes Gefühl.

Big Two Hearted River

Was in den Träumen geschieht. Dem Körper entflohen, wandert der Geist umher. So stellen sich die Anishinabeg das vor. Einem Traum gleich muss es gewesen sein, als sie den ersten Europäern begegneten.

Stell dir vor: Auf der Jagd schleichst du durch das Schilf am Ufer eines Flusses, den Speer in deiner Hand, da hörst du einen Knall. Ein Geräusch, das du nie zuvor gehört hast. Du weißt es nicht, aber es ist der Schuss aus einem Gewehr. Du verständigst dich mit deinen Kameraden. Geduckt kriechst du in Richtung des Geräusches. Wegen der Enten, die du jagen wolltest, brauchst du nicht mehr leise zu sein. Die sind aufgeflogen, wurden vom Knall vertrieben. Aber du bist vorsichtig und bald hörst du es wieder: das Geräusch, scharf wie ein plötzlicher Schlag. Dann siehst du, nachdem du vorsichtig einige Zweige zur Seite biegst, fremde Wesen. Du bist dir nicht sicher – doch, es sind Menschen. Aber sie sind nicht wie du und deine Stammesbrüder. Sie sind größer, blasser, mit langen Nasen und hellem Haar, das nicht nur auf dem Kopf, sondern auch in ihren Gesichtern wächst. Sie sind auch anders gekleidet, haben Geräte dabei, die du noch nie gesehen hast, und es sieht aus, als wollten sie ein Lager aufschlagen.

Was sind das für Leute? Du wirst es bald erfahren.

Später wirst du wünschen, ihnen nie begegnet zu sein. Wirst wünschen, sie wären dort geblieben, wo sie herkamen oder würden zumindest wieder verschwinden. Aber das tun sie nicht. Sie überrollen dich und deinen Stamm, die Gegend in der du lebst, zerstören deine Kultur und machen sich alles untertan. Anfangs sind es Franzosen, mit denen kannst du noch einigermaßen unbeschwert Handel betreiben. Dann vertreiben die Engländer die Franzosen oder versuchen es – und dann kommen die Siedler, die Amerikaner, und mit ihnen beginnt dein endgültiger Untergang.

Ich treffe auf Empfehlung von Hank seinen Cousin John Bailey. Er hat einige Zeit als Geschäftsführer der Regierungskommission für indianische Angelegenheiten gearbeitet. Von ihm erfahre ich, was 90 Jahre nach dem Eintreffen der ersten Europäer in Michigan geschah:

„Wir verfolgten damals aufmerksam, was drüben an der Ostküste mit den Eindringlingen passierte. Die glaubten zwar von uns, wir seien zurückgebliebene Waldbewohner, Wilde oder was auch immer. Aber von Geschichtswissenschaftlern weiß ich, dass wir eingebunden waren in die internationale Politik. Wir verstanden, worum sich das alles drehte. Unser damaliger Führer, Pontiac, hat dann die gesamte Grenze geschlossen. Am 10. Oktober 1763 löste er eine Revolution aus, um die weitere Expansion der Engländer zu verhindern. 1768 wurde mit der Vereinbarung von Fort Stanwix zwischen dem Land der Ureinwohner und den Briten eine für beide Seiten annehmbare Grenzziehung vereinbart.

Die Anishinabeg zogen daraufhin ihre Krieger zurück. In dem Moment, in dem das geschah, schlichen sich jedoch schon all die großen amerikanischen Namen – Washington, Jefferson, all die Geldleute – herein, und besetzten die Ländereien für sich.“

Ich habe das und die Erzählungen von Eric Hemenway im Kopf, als ich auf dem Weg zur *Upper Peninsula* bin. Bevor ich die Straße von Mackinac, wie der Zusammenfluss von *Lake Huron* und *Lake Michigan* heißt, überquere, mache ich Station in Mackinac City, dem nördlichsten Ort der *Lower Peninsula*. Von dort bestehen Fährverbindungen nach Mackinac Island. Diese Insel ist eine geschichtliche Miniaturwelt, eine Art Disney World der Besiedlung Michigans. Scharen von Amerikanern und ausländischen Besuchern pilgern jedes Jahr auf diese autofreie Insel und verbringen dort ihren Sommerurlaub. Insbesondere Familien mit Kindern nutzen das touristische Megaangebot.

Mackinac City besitzt zwei schöne Leuchttürme, wobei der eine etwas außerhalb, der andere inmitten der Stadt liegt, und verfügt über eine bemerkenswerte Geschichte.

Anfang des 18. Jahrhunderts errichteten die Franzosen *Fort Michilimackinac*. Die Ureinwohner hatten aufgegeben, nur für den eigenen Bedarf zu jagen, denn die Europäer waren an Pelzen interessiert. Dafür kamen aus Europa Tuch, Wolle, Werkzeuge, Perlen und anderer Schmuck. Die Handelsbeziehungen waren geprägt von respektvoller Zusammenarbeit und gegenseitigem Nutzen. Viele Franzosen heirateten einheimische Frauen.

Aus dem sogenannten Französisch-Indianischen Krieg, bei dem die Einheimischen auf Seiten der Franzosen kämpften, gingen die Engländer als Sieger hervor und übernahmen das Fort. Sie waren anders als die Franzosen. Die Einheimischen verstanden sie nicht.

Im Rahmen von Pontiacs Feldzug gegen die Engländer überrannten die Ureinwohner 1763 *Fort Michilimackinac*. Als die Engländer das Fort später wieder übernahmen, änderten sie ihr Verhalten gegenüber den Einheimischen, sodass der Handel wieder blühte. Bis zur amerikanischen Revolution, die 1775 begann und mit der sich die 13 englischen Kolonien von der Herrschaft Großbritanniens befreiten.

In Mackinac City erinnert ein kleines (Freiluft-Museum) mit an diese Zeit. Die Frau an der Rezeption des Museums erläutert mir: „Die Engländer hielten das Fort für ungefähr 20 Jahre. Aber nach der amerikanischen Revolution meinten sie, es sei nicht länger verteidigungsbereit. Das kann man, wenn man rausgeht, auch sehen. Das Gelände liegt ziemlich offen. Beispielsweise für Kanonenfeuer. So entschieden die Engländer, ihre Basis auf die Insel zu verlagern. Sie nahmen alles, was sie konnten, einschließlich einiger Gebäude, und schafften es – im Sommer mit Schiffen und im Winter über das Eis – auf die Insel. Was sie nicht herüberbringen konnten, brannten sie nieder. Wie das Munitionsdepot. Das befand sich teilweise unter der Erde. Beim Abbrennen stürzte das Dach ein und löschte das Feuer."

Die Frau schaut mich an und ergänzt lächelnd: „Das war ein ziemliches Durcheinander (*clusterfuck*)."

Somit ist im Museum wenig zu sehen. Beeindruckend ist die breite Einfahrt, überspannt von einem riesigen Schild mit protziger Schrift. Darunter befindet sich, von gepflegten Hecken umrahmt, eine Skulptur: Eine Kanone hinter der ein Soldat in prächtiger Uniform steht und mit seinem Schwert über sie hinweg nach vorn zeigt. Er drückt Entschlossenheit aus.

Auf *Mackinac Island*, wohin das Fort versetzt wurde, ist alles prachtvoll zur Unterhaltung hergerichtet. Es gibt Vergnügungsparkattraktionen, Kutschfahrten, Fahrradverleih, historische Gebäude und Parks, Veranstaltungen, Golfclubs, Wellnessbereiche und natürlich jede Menge Einkaufsmöglichkeiten. Ich kann mir nicht vorstellen, wie jemand, bei der wundervollen Natur, die es überall in Michigan gibt und den Freizeitmöglichkeiten dort, seinen Urlaub auf dieser Insel verbringen kann. Aber ich bin ziemlich allein mit meiner Meinung. Spricht man vom Tourismus in Michigan, ist die Insel das Erste, auf das die Leute zu sprechen kommen.

Mackinac City ist ein Abzocker-Vorgeschmack für das was der Insel kommt. Downtown ist noch hübsch anzusehen, aber auf der Hauptstraße, die zum Pier führt, von wo aus die Fähren ablegen, gibt es nur Restaurants oder Geschäfte mit Touristentrödel sowie *Fudge*. Das ist eine cremige, karamellartige Süßigkeit. Sie wird mit Unmengen von Zucker, Puderzucker oder Sirup sowie Butter oder Sahne hergestellt. Häufig aromatisiert mit Vanille, Honig oder von Schokolade umgeben. Zum Verzehr wird sie in kleine Stückchen geschnitten. Sie ist ungenießbar.

Aber erneut stehe ich einsam da mit meiner Meinung. Sonst würde es nicht so viele Geschäfte geben. Sogar eine meiner liebsten Freundinnen, die früher als Erste Tänzerin des Hamburger Balletts nicht nur mein Herz erfreute, bat mich, ihr unbedingt etwas Fudge mitzubringen. Sie verbrachte als Kind ihre Ferien auf *Mackinac Island.* Deshalb gehe ich also in einen der Läden. Dachte ich vorher noch, mir vielleicht auch etwas zu gönnen, kommen mir beim Anblick einer gewaltigen Schokoladenmasse, die auf einem Tisch ausgebreitet verarbeitet wird, bereits erste Zweifel. Man kann die verschiedenen Fudge-Sorten probieren. Ich versuche eine. Viel zu süß.

Um auf die *Upper Peninsula* Michigans zu kommen, überquere ich die 1957 eröffnete *Mackinac Bridge.* Sie gilt als drittlängste Hängebrücke der Welt. In Mackinac City gibt es ein Restaurant, das auf einem der Neonschilder in den Fenstern anpreist: *Mamamia's Restaurant – Home of the original Mackinaw Bridge Museum.* Ich will mir das anschauen, muss dazu aber quer durch das ziemlich große, für mich wenig einladende aber sehr gut besuchte Restaurant gehen, um dann über eine Treppe zum ersten Stock ins Museum zu gelangen. Ein Museum allerdings, das so gut wie keine Ausstellungsgegenstände besitzt. Bemerkenswert ist nur ein mannshohes Originalrad, mit dem die Streben der Brücke gezogen wurden. Ansonsten sehe ich einige Brückenmodelle und Fotografien, die gerahmt an den Wänden hängen. Die Fotografien sind interessant. Sie zeigen die unterschiedlichen Fertigungszustände der Brücke.

Aber ansonsten Fehlanzeige mit musealem Angebot. In einer Ecke des „Museums“ gibt es eine schön eingerichtet Sitzecke, über der ein großes Häuptlingsbild hängt. Auf der anderen Seite, mit dem größten Raumverbrauch, stehen ungefähr zehn Glücksspielgeräte.

Die *Upper Peninsula* ist erheblich dünner besiedelt als der untere Teil des Staates. Auf den Straßen ist kaum Verkehr. Wenn ich die beeindruckende Landschaft fotografieren möchte, kann ich überall halten, bedenkenlos die Fahrbahn überqueren oder gar, wenn der Winkel es erfordert, von ihrer Mitte aus Fotos machen. Mit etwas Glück läuft einem ein Elch über den Weg. Es ist demzufolge, trotz des geringen Verkehrsaufkommens, ratsam, vorsichtig und aufmerksam zu fahren, zumal neben Elchen auch noch andere Wildtiere die Straßen überqueren. Es liegt in deren Natur, dass sie dabei nicht ordentlich auf den Verkehr achten. Auch Bären gehen einfach los, ohne nach rechts oder links zu schauen.

So kommt es nicht selten vor, dass kleine Bären ihre Mutter verlieren, ohne die sie hilflose sind und nicht überleben würden. Aber zum Glück gibt es Dean Oswald. So heißt der Mann, der dafür sorgt, dass die Bärenkinder überleben. *Oswald's Bear Ranch*, die von ihm und seiner Frau Jewel gegründet wurde, befindet sich mitten im Lebensraum der Schwarzbären auf der Upper Peninsula. In der Nähe der *Tahquamenon* Wasserfälle.

Als ich das erste Mal dort bin, besucht Dean gerade Deutschland. Es ist an einem 29. September. Ich habe Glück, denn einen Tag später ist die Saison vorüber und die Ranch für Besucher geschlossen. Statt Dean lerne ich seinen Sohn Carl kennen. Von ihm erfahre ich, dass es die Farm seit 1984 gibt, sie aber erst seit 1997 für das Publikum geöffnet ist. Alles begann mit zwei kleinen Bären. Dann aber kamen immer mehr Anfragen, noch weitere aufzunehmen. Aus einem Hobby wurde eine ganze Ranch.

Carl lädt mich ein, mit einer Art Trecker eine Runde durch die Farm zu drehen. Ein idyllisch gelegenes Gelände mit viel Wald darum herum. In der Mitte liegt ein See, aus dem das Wasser in die einzelnen Bärengehege geleitet wird.

Etwas gewöhnungsbedürftig sind die beiden Maschendrahtzäune, die rings herum laufen. Der eine mannshoch auf der Innenseite und der andere hüfthoch auf der Außenseite. Der Abstand ist so, dass keiner der Besucher mit dem Arm hinübergreifen kann.

Die jungen Bären kommen in das kleinste von insgesamt vier Gehegen. Es ist allein ihnen, den *cubs*, vorbehalten. Dort bleiben sie bis zum Alter von ungefähr zwei Jahren. Danach ziehen sie in das Gehege für die heranwachsenden Bären um. Wiederum zwei Jahre später geht es zu den Erwachsenen. Die Weibchen allerdings benötigen ein eigenes Gehege. Sie sind für die nachkommenden weiblichen Bären zu gefährlich.

In der Vergangenheit hat *Oswald's Bear Ranch* auch ältere verletzte Bären aufgenommen. Manchmal ging es gut, aber oft hatten die Bären „andere Auffassungen von ihrem Leben", wie Carl sich ausdrückt. Sie waren zu aggressiv und stellten eine Gefahr für die übrigen Bären und die Pfleger dar. Jetzt werden nur noch junge aufgenommen. Auch eine spätere Auswilderung der aufgezogenen Tiere ist gescheitert. Die Bären bleiben ihr weiteres Leben hier.

Wenn die Oswalds und ihre Mitarbeiter den Park für den Winter schließen, werden die Bären noch bis Ende November oder Anfang Dezember verpflegt. Danach werden sie sich selbst und ihrem Winterschlaf überlassen. Der dauert, abhängig vom Wetter, drei bis vier Monate.

Es gibt eine Menge Zoos und Tiergehege auf der Welt. Ich mag sie alle nicht. Auch wenn man mir tausend Gründe nennen würde, die für ihre Existenz sprächen. Einer wäre sicher, es sei eine Art Bildungsangebot für Menschen, insbesondere Kinder, denen die ausgestellten Tiere sonst niemals begegnen würden.

Ich unterhalte mich darüber mit einem Waldkauz, der im Möllner Wildpark, in der Nähe von Hamburg, die Kinder erfreut und das anders sieht. Er sitzt allein in einem ungefähr 50 Quadratmeter großen Gehege. Während der Unterhaltung fällt mir ein Schild ins Auge, auf dem es heißt: „Erfolgreich durch Anpassung".

Ich zeige darauf und sage: „Danach siehst du mir aber nicht aus, wenn ich dich so ansehe."

Er sagt nichts, bleibt mit seinem hübschen bräunlich-weißen Gefieder still sitzen und beobachtet mich traurig aus seinem Eulengesicht. Ich fühle mich unbehaglich, sehe mir die Umgebung und das Gehege an und sage: „Das sieht doch ganz hübsch aus hier, genau wie der Wald rings herum – und, offen gesagt, meine Wohnung ist auch nicht viel größer ..."

„Mag sein“, unterbricht er mich, „aber du kannst ja auch nicht fliegen.“

Wir brauchen das nicht weiter zu erörtern. Ich weiß auch nicht, ob ihm die Unterhaltung mit mir gefällt. Ich verabschiede mich schnell, nicht ohne ihm zu wünschen, es möge ihm eines Tages wieder vergönnt sein, zu fliegen.

Ich sehe nicht ein, warum man Tiere einsperren muss und vermeide es, Zoos und Tierparks zu besuchen. In den Wildpark mit dem Kauz bin ich geraten, weil er mitten im Wald auf dem Weg meiner Wanderung lag. *Oswald's Bear Ranch* aber ist weder ein Zoo noch ein Tierpark, sondern eine Überlebensgarantie. Deshalb freue ich mich über und für die Bären, und die Ranch macht mich glücklich. Mein Glück dauert aber nicht lange. Während meines Besuchs wird Carl zu einem Schuppen gerufen. Dort ist ein kleiner Truck mit einem toten Bären eingetroffen. Aus den schmalen Seitenfenstern des Laderaums schauen zwei Hundeschnauzen heraus.

Der Bär wurde vom Fahrer des Trucks erlegt. Es ist Jagdsaison. Carl erklärt mir, sie hätten das einzige Kühlhaus weit und breit. Mir ist unbehaglich zumute, als ich sehe, wie der Bär mit blutiger offener Bauchdecke vom Wagen gehoben und über den Boden zum Kühlraum geschleift wird. Aber, was soll ich sagen? Die Population ist anscheinend so groß, dass es ohne Jagd zu viele Tiere geben würde.

Ich frage den Jäger, Troy, was die Hunde hinten im Auto machen und erfahre, dass er mit ihnen durch die

Wälder fährt, um Bären aufzuspüren. Die Hunde stecken die ganze Zeit ihre Schnauzen heraus. Wenn ein Bär die Straße gekreuzt hat, riechen sie das und schlagen an. Es sind *Plott Hounds*. Nachkommen von deutschen Jagdhunden, benannt nach einem Mann namens Plott, der im 18. Jahrhundert nach Amerika ausgewandert ist. Troy erklärt mir weiter: „Sie sind eine Kreuzung zwischen *Mountain Cur*, von dem die Intelligenz kommt, vom *Bloodhound*, der den Geruchssinn beisteuert und die Kämpfernatur stammt vom *Pit bull*."

Ich frage: „Und die können die Bären so ohne weiteres riechen, von hinten, vom Wagen aus?"

„Ja", sagt Troy, „wenn ein Bär eine halbe Stunde oder eine, manchmal sogar zwei Stunden vorher da langgelaufen ist, kann der Hund das riechen. Du stoppst den Wagen und suchst nach der Fährte. Der Leithund folgt dann dieser Spur. Wenn der Bär den Hund hört, wird er aufgescheucht."

Ich denke, dass darf nicht wahr sein. Das hört sich harmlos an. Aber mir ist gleich klar, was das für die Bären bedeutet: eine qualvolle Erfahrung. Sie werden gejagt, bis sie nicht mehr fliehen können, und erschöpft auf Bäume klettern, sich dort verzweifelt an einen Ast klammern und nur noch darauf warten können, von einem Jäger, der irgendwann, lange nach seinen Kötern, dort erscheint, um die Jagd mit einem Schuss zu beenden.

Ich finde Troys Art zu jagen gemein. Ist das Tier erst einmal auf dem Baum gefangen, ist es keine große Kunst, es dort abzuschießen. Wie auf der Kirmes. Merkt

Troy nicht, dass er kein Jäger ist? Die Hunde sind es, die jagen. Troy kommt nur hinzu und knallt die Beute vom Baum. Ich frage ihn, wie viele Bären er schon erschossen hat. Stolz sagt er:

„Das ist mein Erster."

„Und", frage ich weiter, „gefällt dir das Jagen?"

„Oh, ja, es ist ein riesiger Spaß."

Ich glaube, nicht richtig zu hören. Troy fügt hinzu: „Es ist auch notwendig, eine Jagdsaison zu haben. Wenn nicht, werden es zu viele. Denn sie haben hier keine natürlichen Feinde. Würde man sie hingegen das ganze Jahr jagen dürfen, würden sie bald aussterben."

Dagegen kann ich nichts sagen. Vielleicht stimmt es. Vielleicht auch nicht. Ich will ihm das abnehmen. „Was machst du denn mit dem Bären?", will ich wissen.

Er sagt: „Das Fleisch werden wir essen ..."

„... und aus dem Fell", unterbreche ich ihn, „lässt du für deine Frau einen Mantel machen."

Troy lacht: „Nee, das nicht. Meine Mutter macht mir einen Teppich draus."

Einen Teppich für den Jäger. Na gut, der Bär ist nun mal tot. Als Troy mit seinen Hunden weg ist, frage ich Carl noch nach den Grundlagen für seine Farm, den Genehmigungen, die er braucht und Ähnliches. Er sagt dazu:

„Wir bekamen immer am 15. Juni eines Jahres unsere Lizenz von der ‚FDA' (*U. S. Food and Drug Administration*). Wir machten das ungefähr 15 Jahren so. Dann kamen 2013 plötzlich andere Bundesagenturen. Alle behaupteten, ebenfalls Zuständigkeiten zu haben. Schon die Auflagen für die ‚FDA' zu erfüllen, war immer kompliziert. Nun das Ganze noch für drei weitere Organisationen. Das hätte bedeutet, wir müssten von vier verschiedenen Agenturen Genehmigungen einholen. Wie sollten wir das schaffen? Das ist fast unmöglich. Wir haben uns deshalb der ‚ZAA' angeschlossen (*Zoological Association of America*). Mit deren Genehmigung brauchen wir keine mehr von anderen Bundesagenturen."

Wie gesagt, über die Bear Ranch habe ich mich sehr gefreut. Besser wäre natürlich, es bestünde kein Bedarf, sich um verlassene junge Bären kümmern zu müssen. Aber das ist naiv gedacht. Die Anlage ist sehr groß, man muss manchmal lange laufen, um Bären zu finden. Trotzdem kann ich mir vorstellen, dass es für sie ziemlich eintönig ist, weil sie nur auf relativ kleinem Raum leben. Andererseits ist es ihre natürliche Umgebung. Sie dort zu sehen, war für mich ein bewegendes Erlebnis. Sie wirken so kuschelig.

Teile von Michigan sind so, wie ich mir landschaftlich das Paradies vorstelle. Es verblüfft mich deshalb nicht, als ich auf der Landkarte einen Ort mit diesem Namen finde: Paradise. Direkt am Lake Superior. Wenn ich zum *Whitefish Bay Point Lighthouse* möchte, was mir unbedingt angeraten wurde, muss ich diesen Ort passieren.

Aber zuvor fahre ich nach Sault Ste. Marie. Mit dieser Stadt geht es mir wie mit Detroit. Was ich darüber gehört habe, war so, dass ich mich nicht dort hingezogen fühlte. Aber dann dachte ich, sie ist, wie Detroit, eine Grenzstadt zu Kanada. Ich sollte sie mir wenigstens einmal ansehen. Eine weitere Parallele zu Detroit ist, dass auch Sault Ste. Marie eine Stadt mit absteigender Tendenz ist. Sie liegt isoliert am nördlichen Ende von Michigans Upper Peninsula, am Zusammenfluss von *Lake Superior* und *Lake Huron.*

Der merkwürdige Name ist auf Stromschnellen zurückzuführen: *Les Saults des Sainte Marie.* Saults ist der französische Begriff für Stromschnellen. Der Name des Flusses ist Saint Mary im Englischen. Sault Ste. Marie – oder Soo Ste. Mary, wie der Ort auch heißt. Es gibt ihn zweifach. Auf der anderen Seite der Grenze, in Kanada, heißt er genauso. Wie in Detroit führt auch hier eine Brücke nach Kanada, und wie dort ist auch hier die Stadt auf der kanadischen Seite lebendiger.

Der Eindruck des Niedergangs mag bei mir deswegen stark sein, weil ich an einem Sonntag dort bin. Die Museen haben geschlossen. Ich kann mich nicht erinnern, das an einem Sonntag woanders schon einmal erlebt zu haben. Aus der Stadt ragt ein Turm hervor: *Tower of History.* Ich würde ihn bei einem Schönheitswettbewerb von Türmen auf den letzten Platz setzen, bevor ich wüsste, welche noch zur Wahl stehen. Aber er ist wenigstens geöffnet.

Die Geschichte, die in dem Turm gezeigt wird, besteht aus einigen Exponaten, die von den Chippewa ausgeliehen wurden, einer Fotostrecke, die zeigt, wie der Turm entstanden ist, Fotos und Schneeschuhen eines Bischofs, der hier früher mit ihnen herumstapfte, weshalb man ihn den Schneeschuh-Bischof nannte. Das alles befindet sich im Erdgeschoss. Außerdem gibt es ein Dachgeschoss, von dem aus man einen schönen Blick hat. Es gibt einen Fahrstuhl, aber ich gehe zu Fuß – damit sich mein Besuch hier wenigstens etwas lohnt. 292 Stufen. Von oben habe ich einen schönen Blick vom unschönen Turm auf die *Locks*, die Schleusen des St. Mary Rivers, der ursprünglich ein Gefälle von sieben Metern hatte und die beiden Seen miteinander verbindet.

Als ich die Stadt besuche, findet an dem Wochenende ein Treffen der *Chippewa County Historical Society* statt. Die Gesellschaft fühlt sich der Geschichte des Countys verpflichtet. Die Veranstaltung ist eine Reminiszenz an alte Bräuche. Für das Treffen hat man auf einer großen Wiese und einigen historischen Plätzen Zelte aufgebaut. Die Mitglieder der Organisation sind altertümlich gekleidet und stellen historische Situationen nach, beispielsweise das Weben von Stoffen.

Die Präsidentin hieß damals Mary. Eine Frau mit langen grauen Haaren, was bei ihr sehr attraktiv wirkt. Sie sitzt, wegen der kühlen Temperaturen, mit einer lilafarbenen Fleece-Jacke bekleidet, entspannt auf ihrem Stuhl und unterhält sich freundlich mit mir. Vor ihr auf dem Tisch liegen historische Bücher. Ich interessiere mich dafür. Sie empfiehlt mir eines und ich kaufe es. Ich sage zu Mary: „Die Stadt macht auf mich, nicht nur wegen des Sonntags, keinen besonders glücklichen Eindruck, wenn ich das einmal so ausdrücken darf."

Daraufhin erwidert Mary abwehrend: „Ja, es ist Sonntag, da ist es ein bisschen ruhiger, und vielleicht hat das Wetter auch einen negativen Einfluss. Wir sind eine kleine Stadt, aber wir haben eine Menge Touristen hier im Sommer."

Dann aber wirkt sie ein wenig traurig, als sie fortfährt: „Aber vor 1950 war unsere Stadt größer als die drüben in Ontario, wie ich gehört habe. Bis das Stahlwerk *Algoma* dort expandierte. Wir dagegen verloren in den folgenden Jahren viele unserer Industrien. In den 1960er Jahren wurde die Air Force hier stationiert, und es ging ein wenig besser. Aber in den 1970ern sind die schon wieder weggegangen."

Mein Eindruck mit dem kleineren Detroit ist nicht falsch. Ich hoffe, dass die rührige Gesellschaft, die mit viel Engagement an die Geschichte des Countys erinnert, Erfolg hat.

Ich fahre weiter zu, wie mir gesagt wurde, einem der schönsten Leuchttürme Michigans, was allerdings nicht meiner eigenen Rangliste entspricht, wie sich herausstellt. Auf meinem Weg zum *Whitefish Bay Lighthouse* erlebe ich erneut diese Einsamkeit auf den Straßen, die ich bereits zuvor beschreiben habe. Ich fahre durch meist bewaldetes Gebiet, mit kleineren Häusern rechts und links der Straße, und frage mich, wie die Leute hier leben. Ich denke daran, dass die Wälder bestimmt voller wilder Tiere sind. Kaum gedacht, sehe ich am Eingang des Orts Strongs ein Schild: *Strongs – Welthauptstadt der Schwarzbären.*

Die Welthauptstadt besteht nur aus dem Restaurant *Smokehouse*, in das ich zu einer Kaffeepause einkehre, und wenigen anderen Gebäuden. Ich frage Roxanne, die

Besitzerin des Restaurants, das vollgestellt ist mit Trödel von Coca-Cola, ob das richtig wäre, das mit den Bären: „Ja, das stimmt“, bestätigt sie, „Bären zu sehen, ist hier keine Seltenheit.“

Dann möchte ich wissen, ob sie dafür, dass sie den ganzen Coca-Cola-Tand ausstellt, Geld von der Firma bekommt. Sie schüttelt den Kopf und ergänzt: „Auch nicht von Barbie.“

Wäre ich Barbie, hätte ich auch nicht gezahlt, denn der Zusammenhang mit der Puppe und der Farbe pink, in der alles im Raum, außer dem Zeug von Coca-Cola, gestrichen ist, fällt mir nicht gleich auf. Aber Coca-Cola sollte sich schämen, diese Ausstellung nicht zu finanzieren. Ich habe dort Dinge gesehen, von denen ich nicht glaubte, dass es sie gäbe. Beispielsweise ein kleines achtspänniges Pferdefuhrwerk mit der Aufschrift der Brausefirma. Außerdem Teile, die ich lange nicht mehr gesehen habe, darunter ein kleines Coca-Cola-Six-Pack in einem Pappbehälter mit Tragegriff, wie ich ihn ich als Kind in meinem kleinen Kaufmannsladen im Angebot hatte. Alles, was man in einem Restaurant sonst so findet, enthält Emblem und Schriftzug von Coca-Cola. Ein besseres Museum kann sich die Gesellschaft nicht wünschen. Aber wer fährt schon nach Strongs?

In Paradise bekomme ich wieder dieses Detroit-Gefühl. Mir wird klar, dass ich vor lauter Begeisterung für die wunderschöne Landschaft, die Seen und Leuchttürme sowie die teilweise fein herausgeputzten kleinen und mittelgroßen Orte meinen Blick für die Realität verstellt habe. Für die andere Seite der Medaille. Auf meinen Fahrten bin ich häufig durch Gebiete gekommen, die so zersiedelt sind, dass man kaum Menschen sieht. Nancy, Inn-Keeper in dem Motel in Paradise, in dem ich eine Nacht verbringe, hatte mir den Eindruck des Untergangs ihres Paradieses bestätigt.

Ich habe auf dem Weg nach *Whitefish Bay Point* gesehen, dass viele der Cottages zu verkaufen sind. Je näher ich zum Leuchtturm komme, umso mehr. Als ich Nancy, die das Motel in Paradise seit 1981 betreibt, bitte, mir die Situation des Ortes zu beschreiben, sackt sie fast in sich zusammen. Dann erzählt sie mir mit trauriger Stimme, dass es schwierig ist, hier zurechtzukommen. Sie glaubt, das liege an der allgemeinen ökonomischen Krise. Ich sage: „Also seit ungefähr 2008."

Sie überlegt und korrigiert dann: „Nee, doch schon länger. Es begann damals, als das mit der Bombe passierte."

„Gab es hier etwas mit einer Bombe?"

„Nein, nicht hier. In New York."

„Du meinst 9/11?"

„Ja". Sie nickt. „Da riefen die Leute hier an, um ihre Buchungen zu stornieren, und danach ist es nie mehr so wie vorher geworden. Es kommen kaum noch Leute zum Übernachten. Deswegen will auch keiner mehr hier leben. Das Restaurant drüben findet keine Bedienung. Da gibt es deswegen kein Frühstück mehr. Die machen erst am Mittag auf. So sieht das hier aus."

Ich berichte ihr, dass der Tourismus ein paar Kilometer weiter in Grand Marais und Munising, auch am *Lake Superior* gelegen, jährlich ansteigt.

„Das mag sein“ sagt Nancy, „dort wird auch mehr geboten. Hier gibt es zwei Plätze, den *Tahquamenon* Wasserfall und den Leuchtturm. Beides kann man an einem Tag besichtigen. Die Leute brauchen nicht hierzubleiben.“

„Das heißt“, frage ich, „hier gibt es nicht das, was die Leute länger an einem Ort hält, wie Boot- oder Fahrradfahren oder Waldwanderungen?“

Nancy gibt zu: „Genau das fehlt hier. Aber in diesem Jahr ist es doch ein bisschen besser geworden“, fügt sie hoffnungsfroh hinzu.

Fünf Jahre später bin ich erneut in Paradise. Nancys B&B ist nicht besser geworden seitdem ich zuerst hier gewesen bin. Das Schild am Eingang, das besagt, dass es nur eingeschränkten Internetanschluss gebe, hilft auch nicht und entsprechend ist Nancy auch nicht besonders optimistisch. Aber Chad mit dem hübschen Nachnamen De Ruischer ist es. Er sagt, es gebe auch andere Unterkünfte, eine davon würde von seiner Frau gemanagt, direkt neben Nancys Motel gelegen, und sei gut besucht. Er äußert sich nicht überschwänglich positiv, denn es ist nach wie vor so, dass die meisten Besucher nur Leuchtturm und Wasserfall besuchen und wieder verschwinden. Aber er sagt auch, auf meine Frage, wie die Entwicklung wäre: „Es wird besser, langsam zwar aber jedes Jahr ein bisschen besser.“

Chad ist ein schlanker, gut aussehender Mann, ein Bildhauer, aber er „haut“ nicht auf das Holz, das sein Material ist, schnitzt auch nicht mit einem Messer, sondern sägt. Ich habe als Kind auch mit Säge und Holz gearbeitet. Es nannte sich Laubsägearbeit. Aber Chad benutzt keine Laub- sondern Kettensägen. Vor seiner Werkstatt stehen mehrere Figuren, meistens Vögel, Eulen, Papageien und so etwas in der Art. Ich bewundere sie und Chad sagt: „Komm mal in meine Werkstatt, ich will was zeigen."

Was er mir zeigt, beeindruckt mich. Es ist eine Engelskulptur, die er gerade fertiggestellt hat. Ich sage: „Und das alles, die Haare hier und die Flügel hast du mit Kettensägen gemacht?"

„Ja," sagt er und er zeigt mir eine. „Das ist die kleine, die ich für die Feinarbeiten (*for details*) benutze."

Die Kleine hat ein Sägeblatt von ungefähr 30 Zentimetern. Ich sage: „Chad, du bist nicht nur ein Künstler, du musst auch sehr kräftig sein."

Er lacht. Im Verlauf des Gesprächs erfahre ich, dass es eine Vorrichtung gibt, in denen man die Sägen befestigen kann und Chad dann das Holz an die Sägen führt. Dann frage ich: „Wie ist das mit den Farben?"

„Airbrush," sagt er.

Chad erzählt mir noch, dass er die Figuren nicht nur an der Straße hier in Paradise verkauft, sondern auch, insbesondere die größeren, wie den Engel, der als Wandbild gut 1,20 Meter mal 1,20 misst, bei EBay anbietet. Zum Abschied sage ich ihm: „Chad, ich bin sehr beeindruckt von Dir."

Die beide Plätze um Paradise herum, Leuchtturm und Wasserfall, sind kommerziell außergewöhnlich stark ausgebaut. Dort werden die Umsätze gemacht. Beim Leuchtturm gibt es sogar Übernachtungsmöglichkeiten sowie Restaurants und Souvenirläden. Da hält man unterwegs womöglich nur noch für einen Gang zur Toilette, den man vielleicht mit einer Kaffeepause verbindet. Aber das reicht nicht zu dem, was ein Ort braucht, um zu prosperieren: Arbeitsplätze.

Auf meinem Weg zum *Tahquamenon* Wasserfall, besser gesagt zu den Fällen, denn es gibt zwei davon, fahre ich durch eine Landschaft, in der ich mir ein Leben vorstelle, das mir verborgen bleiben wird.

Hier kann man das Haus nicht mal eben verlassen, um ein Restaurant zu besuchen, ins Theater oder Kino zu gehen oder schnell noch einzukaufen, was vergessen wurde. Hier bleibt man, wo man ist. Wenn Besorgungen zu machen sind, wird das geplant und nichts vergessen. Die nächstgrößeren Orte sind 50 oder 100 Kilometer entfernt. Davor gibt es nur einige Tankstellen. Zwei davon tauchen plötzlich vor mir auf.

Vor einer halte ich an. Benzin, Lebensmittel, Wein, Bier, Jagd- und Angelzubehör. Was braucht es mehr? Ich bin auf der Suche nach einer Landkarte der Gegend, denn ich möchte zum *Big Two-Hearted River*. Die Karten im Internet zeigen nur die Mündung. Als ich in das Gebäude gehe, verstummt das Geräusch einer Motorsäge. Die Frau, die damit beschäftigt ist, stellt aber keine Skulpturen her, sondern zersägt Holz. Es ist Diane, eine zierliche attraktive Frau. Die Motorsäge bedient sie professionell. Sie hat eine schöne Stimme. Die fällt mir auf, als sie mir sagt, es mache überhaupt nichts, dass ich sie bei der Arbeit gestört habe. Sie sei für jede Unterbrechung dankbar. Sie habe viel Arbeit mit dem Holz, das verkauft werden soll. Kein großer Spaß. Eine Karte gebe es nicht. Aber Diane rät mir, hinter den Wasserfällen die unbefestigte County Road 500 nach Norden zu nehmen. Sie macht mit dem Arm einige Schlangenbewegungen, was heißen soll, weiter und weiter auf der engen Straße. Irgendwann käme der Fluss. Dort gab es vor gut einem Jahr einen Waldbrand, erzählt sie weiter. Ich werde viel verbranntes Land sehen. Ich denke an die Geschichte von Hemingway, *The Big Two-Hearted River*. Es wird mir wie Nick Adams ergehen, der in Seney vom Zug in eine Landschaft springt, die durch einen Waldbrand zerstört wurde. Die Gegend hier um Dianes Tankstelle, die kurz vor dem Eingang zum kleineren der beiden Wasserfälle liegt und in dem Geländefahrzeuge gemietet werden können, hat das übliche Muster: Im Sommer viele Touristen und im Winter einige.

„In dieser Gegend“, sagt Diane „brauchst du ein Auto, und zwar mit Vierrad-Antrieb.“

Ich sorge mich: „Was ist, wenn du krank wirst?“

„Oh, wir haben hier Krankenwagen. Es kann aber eine Weile dauern. Paradise hat eine kleine Station, und eine etwas größere gibt es in Newberry.“

„Habt ihr überhaupt Ärzte hier?“

„Oh, ja.“

„Hier?“

„Nein, nicht direkt. Aber in Newberry. Da ist ein Krankenhaus“

„Das heißt, wenn was ist, müsst ihr nach Newberry.“

„Ja, du musst reisen.“

Das hört sich für mich ziemlich kompliziert an. Jedes Mal 30 Minuten Fahrt. Dann wird mir klar, das ist nicht nur hier so. Auch in Deutschland. Sogar in Gegenden, die lange nicht so abseits liegen wie diese hier. Selbst in Hamburg. Wenn ich zu einem bestimmten Arzt will, bin ich auch schon einmal eine halbe Stunde unterwegs. Alles eine Frage der Perspektive.

Bären gibt es hier auch. Um die Zeit, als ich Diane kennenlerne, hauptsächlich Blaubeeren. Dies kleine Wortspiel muss jetzt sein, denn was ich sonst noch vom Gespräch mit Diane erinnere ist: Bären mögen Beeren.

Das letzte Mal habe ich vor einigen Jahren in Litauen Blaubeeren gepflückt. Das war so mühsam, wie es nun einmal ist. Ich frage mich, wie die Bären das mit ihren dicken Tatzen machen. Wie auch immer, Diane meint: „Wenn du raus gehst, um Blaubeeren zu pflücken, musst du immer aufpassen und dich umsehen, ob du keine Bären störst, die gerade eine Blaubeermahlzeit zu sich nehmen. Wenn ich welche sehe, dann gehe ich einfach und suche mir einen anderen Platz."

Gute Idee, Diane. Ich verabschiede mich von einer sympathischen Frau, die mir bestätigt hat, was ich ihr ansehe: Sie fühlt sich dort, wo sie lebt und arbeitet, sehr wohl. Wenn nur das Holz nicht zu sägen wäre.

Kurz nachdem ich weitergefahren bin, kommt schon die Einfahrt zum Parkplatz des kleineren Wasserfalls in Sicht. Das Ticket, das ich am Kassenhäuschen löse, gilt auch für den größeren. Ich gehe über den Weg, der zum Wasserfall führt, hinaus und entdecke einen kleinen Pfad, der in einen Rundkurs durch den Wald führt. Ich brauche ungefähr eine Stunde. Eine schöne Wanderung. Ich bin, was ich nicht erwartet habe, die ganze Zeit allein. Der Parkplatz ist voller Autos. Der Park voller Besucher. Die bleiben aber auf den Holzstegen, gehen von dem einen zum anderen Aussichtspunkt, in den Andenkenladen und vielleicht mal zur Toilette.

Die Aussichtplattformen erlauben allerdings einen wundervollen Blick auf die Wasserfälle. Es sind nämlich zwei. Der Fluss teilt sich vor einer kleinen ovalen Insel und fließt über die beiden Fälle, die sich über fünf Stufen ergießen. Dann vereinigt er sich wieder. Fast wie eine kleine Flussmündung, die in einen See fließt, sieht es aus, wenn sich das Wasser aus den Fällen in einem kleinen Bassin wieder zusammenfindet. Einige kleine Boote schippern umher. Man kann sie mieten. Zauberhafte kleine, grün bewachsene Inseln liegen wie hingemalt vor dem Zusammenlauf der beiden Wasserfälle.

Der Fluss ist der *Tahquamenon River*, der irgendwo in den Weiten der Natur entspringt, sich dann Richtung Norden bewegt und hier einen großen Bogen nach Süden macht, bevor er sich das noch einmal anders überlegt und in Richtung Westen, etwas unterhalb von Paradise, in den *Lake Superior* fließt. Es ist unklar, woher genau der Name von Fluss, Wasserfällen und der Bucht stammt.

Für mich am eindrucksvollsten ist dort meine Wanderung auf dem Rundweg. Hinter einer kleinen Brücke, die über einen Bach in den Wald führt, steht eine Tafel mit dem *Gebet des Waldes*. Ich überquere die Brücke, folge eine Weile dem kleinen Bach, über dem umgestürzte Birkenstämme liegen, und gehe – es ist ein kühler Tag – auf feuchtem Boden. Nach einer Strecke durch dichten Nadelwald ändert sich die Szenerie erneut. Ich schaue auf hoch aufragende Stämme, ohne Unterholz und mit Zweigen, die erst in großer Höhe zu sehen sind. Es sind Red Pines, auch *Telefonmasten* (*telephone pole*). Die Bäume haben das Problem den Vorgaben der Masten für Elektro- oder Telefonleitungen, die von staatlichen Institutionen gefordert werden, besser zu entsprechen als alle anderen Bäume. Auf meinem Weg liegen viele umgestürzten Stämme und abgebrochenen Zweige, unter denen hindurch und über die hinweg ich meinen Weg finden muss.

Ich sehe auch eine vermoderte Birke und finde bestätigt, was Hank mir mal erklärt hat: Dass nämlich die Stämme der Birke zuerst im Inneren verrotten, was die Rinde für die Ureinwohner Amerikas so wertvoll machte. Birkenrinde war das begehrteste Rohmaterial. Auch heute noch verstehen sie, damit zu arbeiten und stellen Werkzeuge, Gebrauchsgegenstände und Schmuck daraus her. Von einem Anishinabe, von John Bailey, bekomme ich ein kleines Gefäß aus Birkenrinde geschenkt, das ich glücklich unversehrt nach Hause bringe.

Auf meiner Wanderung bin ich durchdrungen von den Worten des *Gebets des Waldes*. Es zeigt, wie wichtig der Wald für uns Menschen ist. Er, so heißt es, wärmt unser Herz und spendet Schatten im heißen Sommer. Seine Balken geben uns Obdach, aus seinen Brettern bauen wir Tische, Boote und Betten. Sein Holz ist der Stiel unseres Besens, die Tür unseres Heims, sind die Kufen unserer Wiege und ist schließlich der Deckel unseres Sargs. Der Schluss lautet:

Ich bin das Brot der Güte
Die Blume der Schönheit
Du, der du vorübergehst
Höre mein Gebet.
„Tu mir nicht weh".

Am größeren Wasserfall hält das zuvor erworbene Ticket, was es versprochen hat: Ich darf passieren. Der erste Eindruck: Parkplatz und Besucherzentrum sind gewaltiger. Es gibt ein riesiges Restaurant mit eigener Brauerei. Das aber lasse ich erst einmal links liegen und mache mich auf den Weg zum Wasserfall.

Zu Beginn liegt rechts ein kleiner Pavillon, der auf Schaubildern Auskunft gibt. Auf einer handgeschriebenen Tafel steht *Fact Shack*. Ein kleines Wortspiel. Man kennt den Begriff *Fact Check*, der für die inhaltliche Überprüfung von Texten steht. Das englische Wort *Shack* kann mit Hütte übersetzt werden – also eine *Faktenhütte.*

Die touristischen Anlagen sind sowohl am *Whitefish Bay Point-Lighthouse* als auch an den Wasserfällen, an denen es sogar leihweise Rollstühle gibt, kommerziell geschickt gestaltet. Hätte ich mich anfangs näher mit den Informationen beschäftigt, wäre mir eine Frage, die mich, nachdem ich den Wasserfall gesehen hatte, begleitete, erspart geblieben: Warum ist das Wasser so bräunlich-rot?

Die Antwort finde ich in der *Faktenhütte* auf meinem Rückweg: Wegen des Vorkommens von Tanninsäure. Sie wird auch Gerbsäure genannt, weil damit Leder gegerbt wurde. Es ist ein Produkt des Zersetzungsprozesses in der Vegetation, unter anderem der hier wachsenden *Hemlocks* oder, wie sie übersetzt heißen, Schierlingstannen. Sie heißen so, weil ihr Geruch an Schierling erinnert.

Der Wasserfall ist beeindruckend. Bevor das Wasser in die Tiefe rauscht, ist es von einem dunklen Blau. Kleine Wellenkronen wirken wie ein Gespinst aus Diamanten auf einem riesigen Lapislazuli. Dann aber, wenn es über die Klippe stürzt, changiert es in allen Gelb-, Rot- und Brauntönen. Auch dies wie mit Diamanten geschmückt. Der Fall ist 15 Meter hoch und 60 Meter breit und damit der drittgrößte östlich des Mississippis, nach den *Niagara Falls* an der kanadischen Grenze und *Cohoes Falls* im *Mohawk River* in Waterford, New York.

Das alles erfahre ich, wie gesagt, erst hinterher. Erst den Wasserfall sehen, dann die Infos lesen. Das entspricht meinem Charakter. Ich glaube, bei anderen ist es umgekehrt. Erst informieren, dann schauen. Aber ich finde es beeindruckender, erst meine Empfindungen und Eindrücke aus dem zu gewinnen, was ich selbst sehe. Diese wirken in meinem Gehirn und meinen Gefühlen nur aus sich heraus oder, je nach Standpunkt, aus mir heraus, aus meiner eigenen Wahrnehmung. Das schöne Farbenspiel des Wassers, als es in die Tiefe rauscht, erzeugt in mir die beschriebenen Bilder. Wer weiß, ob ich sie gehabt hätte, wenn ich mich vorher informiert hätte. Vielleicht hätte ich dann gedacht: „Ah, Tanninsäure!". Das hätte womöglich die Edelsteine verscheucht.

Auf dem Weg zum Wasserfall geht es vorbei an der Skulptur eines hölzernen Elchkopfes und dem lebenden Exemplar einer Schildkröte. Ich schiebe meinen Wasserfallbesuch ein wenig hinaus, gehe in die Hocke, um mir das Tier genau anzusehen, und mache Fotos. Auch andere Besucher werden aufmerksam. Eine Frau ruft: „Ich glaube, das ist eine *Snapper*!"

Sie hat recht. Es ist eine *Common Snapping Turtle*. Auf Deutsch Schnappschildkröte, was, wenn man es zu schnell liest, der Schildkröte andichten könnte, irgendetwas mit Schnaps zu tun zu haben. Hat sie aber nicht. Der Name geht auf ihr Verhalten zurück, dem Schnappen. Das tut sie, um sich zu wehren, denn sie kann sich nicht gänzlich in ihren Panzer zurückziehen. Dafür ist sie zu groß beziehungsweise der Panzer zu klein. Meine Schildkröte ist ungefähr 30 Zentimeter lang. Weil sie mein Fotografieren nicht als Angriff wertet, schnappt sie nicht nach mir. Zum Glück.

Das Restaurant mit der eigenen Bierbrauerei am Eingang zum Park vor dem Wasserfall, ist proppenvoll. Man kann es nur mit dem Auto erreichen. Wer kann mir erklären, wieso jemand auf die Idee kommt, an so einer Stelle einen Bierausschank mit eigener Brauerei zu betreiben?

Die County Road 500, auf die ich Richtung Norden abbiege, ist ein Sandweg, wie Diane mir versprochen hat. Nach einer halben Stunde Fahrtzeit geht es auf einer normalen Straße weiter. Dann wieder, wie aus dem Nichts, rechts und links ein paar Gebäude. Auch wieder eine Tankstelle. Ein niedliches Exemplar. Rotbraun gestrichen der Shop, mit ähnlich farbigen Dachschindeln. Auf dem Dach eine Satellitenantenne. Vor dem Shop ein riesiger Schrank, aus dem man sich mit Eiswürfeln bedienen kann.

Ein Phänomen hier in den USA, das mit dem Eis. Ich habe kaum ein Hotel oder Motel erlebt, in dem es nicht auf den Fluren Eisautomaten gegeben hätte. Ich mag das sehr. Mir können Getränke nicht kalt genug sein. Also auch hier. Aber wohl nur wichtig für Leute, die hier campen oder einfach nur durch die Gegend fahren, um ihre Eisbehälter zu füllen. Gegenüber ist Platz für die Angebotsschilder: Imbiss, Getränke, Videos, Gas, Werkzeuge. Ferienhäuser kann man auch mieten sowie Geländefahrzeuge. Wie bei Diane.

Ich gehe in den kleinen Shop des *North Store Outfitters*, und als ich den Laden betrete, kommt kurz nach mir ein junger Mann durch eine Seitentür herein. Die haben das hier im Griff mit den Kunden und müssen nicht den ganzen Tag unnütz herumstehen und warten. Der junge Mann heißt Larry. Er geht mit mir hinaus und erklärt mir die Funktionsweise der Zapfsäule. Ein altes Exemplar, wie es scheint. Ich kann es nicht bedienen, was aber dieses Mal nicht an mir liegt. Man muss nicht nur den Zapfhahn aus der Säule nehmen, ihn in den Tank stecken und den Griff bedienen, sondern zuvor einen Schalter umlegen. Das hätte ich nie allein rausgefunden.

Als ich in den Shop zurückkomme, ist auch Tara, Larrys Frau, dort. Sie sagen, sie seien glücklich in der Einsamkeit. Ich glaube es ihnen. Sie sind jung, wirken lebendig und stark aneinander interessiert. Außerdem ist auch immer etwas los. Touristen kommen, um Geländefahrzeuge zu mieten. Die beiden Glücklichen erzählen mir, dass sie außerdem zwei Cottages anbieten. Mit allem Drum und Dran: voll eingerichteter Küche, Internetzugang, Flachbildfernseher. Sie vermieten auch Kanus, mit denen man auf dem bei mir berühmten *Big Two-Hearted River* fahren kann, bieten geführte Angeltrips und Jagdtouren mit Pfeil und Bogen an. Außerdem sind sie auf Facebook zu finden. Ich frage nach dem Weg und erfahre, dass ich falsch bin. Ich hätte oben an der Straße rechts statt links abbiegen müssen. Macht aber nichts. Ich bin noch nicht so weit gefahren.

Also umkehren, es würde sonst eine Stunde länger dauern nach Grand Marais, wohin ich will. Allerdings würde die Straße später, wenn ich zum *Lake Superior* komme, wieder eine Sandpiste. Aber wenn ich die 500 gekommen sei, würde ich das ja kennen.

Ich erkundige mich, wie der Ort hier heißt. Larry sagt: „Das ist Windy Corners."

Das hört sich ja fast an wie *Windy City* Chicago, denke ich.

Larry erzählt: „Ich bin hier aufgewachsen. Mein Daddy wohnt zwei Häuser weiter. Meine Großeltern haben auf der anderen Seite der Straße eine Bar und ein Grillrestaurant geführt. Ich bin dann eine Zeitlang weg gewesen, aber jetzt mit Tara zurückgekommen."

„Und was macht ihr dienstags und mittwochs? Auf dem Schild an der Straße steht, dass hier von Donnerstag bis Montag geöffnet ist."

„Ich bin ein Bauhandwerker", sagt Larry, „und an den Tagen arbeite ich in diesem Beruf. Dieses Haus habe ich als Teenager mit aufgebaut", und Tara fügt hinzu: „Wir mögen das hier in UP und sind froh, den ganzen Trubel (*hustle and bustle*) der Stadt nicht mehr haben zu müssen."

Was ich zum ersten Mal in Michigan höre, ist, dass hier im Winter mehr los ist, als im Sommer. Das liege an den vielen Snowmobile-Pisten, erklärt mir Larry.

„Auch Ski-Langlauf?", möchte ich wissen.

„Ja, das ist auch möglich. Oder Schneeschuhwandern. Aber", er lacht ein bisschen, „die Amerikaner lieben es, auf einen Knopf zu drücken, damit ein Motor anspringt und sie losfahren können."

Ich lache auch und frage ihn, wie er zu seinen Kunden kommt.

„Och, die kommen von überall her. Es gab hier vor einem Jahr ein großes Feuer und ein Kanuverleih hier in der Nähe ist dabei abgebrannt. Wir haben einige von dessen Kunden übernommen."

In Hamburg heißt das: „Wat den een sien Uhl, is den annern sien Nachtigall".

Ich bin mehrfach mit dem Auto auf die *Upper Peninsula* Michigans gefahren. Die Interstate 75, die Hauptschlagader des Autoverkehrs von Süden nach Norden, die man fahren muss, wenn man über die *Mackinac Bridge* will, führt direkt weiter nach Sault Ste. Marie im

Norden. Wer dort nicht hin möchte, fährt Richtung Westen, entweder kurz hinter der Brücke auf die Straße mit der Nummer 2, die unten am *Lake Michigan* verläuft, oder biegt etwas weiter nördlich auf die 123 und folgt ihr Richtung Norden, um dann auf die 28 Richtung Westen zu gelangen.

Bei meiner ersten Reise will ich zum Nationalpark *Pictured Rocks* und in den Ort Seney, durch den die 28 führt. Der Ort ist mir wichtig, wegen Hemingways Erzählung *The Two Big Hearted River.* Beim zweiten Mal habe ich mich entschieden, Sault und die Whitefish Bay, wenn überhaupt, von Grand Marais aus anzufahren, dem Ort, den ich von allen in Michigan, neben Glen Arbor, am meisten liebe. Deshalb fahre ich im Süden am *Lake Michigan* entlang.

Ich schaffe es von Grand Marais aber nur zu *Oswald's Bear Ranch* und entdecke dabei das Holzfällermuseum in Newberry. Es liegt auf einem ausgedehnten Areal, mit einem kleinen Andenkenshop, in dem man auch das Ticket erwerben kann. Gleich neben dem Parkplatz steht eine alte Dampfzugmaschine, die wie eine kleine Lokomotive aussieht, und auf der anderen Seite ein Stück eines 245 Jahre alten Baumstamms. Beide Exponate sind überdacht. Bei einem ebenfalls unter einer Überdachung stehenden Truck wundere ich mich, wie klein der ist. Aber hübsch: Führerhaus und Motorhaube sind blau lackiert, die Schutzbleche über den Vorderrädern und die Trittbretter schwarz. Auf den Türen steht: *J. F. Goldthorpe – Logging – Helmer – Mich.* Darunter *1930 – 1960.* Auf dem kleinen Anhänger sind

15 unterschiedlich dicke Baumstämme geladen, die mit Ketten fest verschnürt sind.

Was im Museum aber am meisten erstaunt, ist ein kleines rotes Gebäude, von der Größe eines Fahrradschuppens, für vielleicht vier Räder. Das Gebäude hat ein Türmchen, in dem sich eine Glocke befindet. Es soll sich um eine Schule gehandelt haben. Jedenfalls steht das über dem Eingang.

Im 19. Jahrhundert war die Holzindustrie der gewaltigste Wirtschaftszweig in den Wäldern des Nordens Michigans. Ein Jahrhundert später waren, wie gesagt, die Wälder abgeholzt. Der Treck zog weiter. Bevor die Holzbarone sich die Kiefern Michigans vornahmen, hatten sie zuvor schon Maine und New York von den Wäldern befreit. Dann war Michigan holzfrei und die Maschinen und Mühlen konnten weiter transportiert werden. Hemingways beschreibt das so:

Holztransportschiffe kamen in die Bucht, und wurden mit den Resten der Mühle beladen. Die ganzen Haufen wurden weggebracht. Alle transportablen Maschinen wurden von den Männern, die in der Mühle arbeiteten, an Bord eines der Schiffe verfrachtet. Dieser Schoner legte ab, beladen mit den großen Sägen, dem Transporter, der die großen Stämme gegen die Rotation wirft, mit den Kreissägen und all den Walzen, Rädern, Riemen und Eisen, die aufgetürmt auf einer tief liegenden Lage Bauholzes lagen. Nach oben war alles mit Planen zugedeckt und fest verzurrt. Die Segel des Schoners blähten sich und er gewann den offenen See, beladen mit allem, was eine Mühle zu einer Mühle macht.

Es gibt auch heute noch eine Holzindustrie in Michigan – aber die Zeiten, in denen Scharen von jungen

Männern den Winter in den weiten Wäldern Michigans verbrachten, um von morgens bis abends, sechs Tage die Woche, für 12 bis 15 Dollar im Monat, Bäume zu schlagen, Äste zu zersägen, die Stämme zu den Transportplätzen zu ziehen und dort zu stapeln, waren Anfang des 20. Jahrhunderts vorbei.

Auf dem weiten Wiesengelände des Museums stehen allerlei Gerätschaften, Kutschen und Schneeräumwalzen aus Holz um viele restaurierte Gebäude herum. In ihnen sieht man Sägen, Äxte, Schleifsteine, riesige Schraubenschlüssel und was sonst in den Holzfällercamps benötigt wurde.

Das Küchengebäude besitzt einen großen Speisesaal mit einem gewaltigen Eisenofen und angeschlossenem Grill und Backofen. In der Saison kann man hier heutzutage ein original Holzfällerfrühstück zu sich nehmen. An den Wänden hängen Töpfe und Pfannen. Ich stelle mir vor, wie die Arbeiter hier hineingestiefelt sind und ein hastiges, aber reichhaltiges Essen bekommen haben. In einem anderen Gebäude bestaune ich in einer Vitrine das Model eines Holzfällerlagers. Ich sehe, dass es neben dem Blockhaus mit Küche und Speisesaal weitere Gebäude gab. Schlafsäle und Pferdeställe. Umgeben waren sie von Schlitten, Pferdefuhrwerken und Stapelplätzen für Holz. Die Schlafräume müssen eine Zumutung gewesen sein: Man schlief in doppelstöckigen langen Kojen quer nebeneinander. Dazu fällt mir nur ein: wie die Ölsardinen. Aus der Arbeit der Holzfäller sind lebendige Geschichten und Lieder entstanden, die heute Teil der Folklore des Staates Michigan sind.

Es ist mein dritter Besuch auf der UP als ich auch nach Sault und in die Whitefish Bay fahre. Ich begreife, was mir alles entgangen wäre, hätte ich die 123 wieder nur kurz gestreift, wie beim ersten Mal: *Tahquamenon* Falls, *Whitefish Bay Lighthouse*, Paradise, Diane und Larry – und vor allem den *Big Two-Hearted River.*

Vom Holzfällermuseum sind es 30 Minuten bis nach Seney, dem Ort, den Hemingway in der Geschichte, die den Namen des Flusses als Titel trägt, beschreibt. Nick Adams, Hemingways Alter Ego, erreichte den Ort damals mit dem Zug. Als er vom ihm herabsprang, erwartete er eine intakte Stadt. Was er fand, war eine von einer Feuerbrunst zerstörte Gegend. Als er die Zerstörungen sah, wandte er sich auf der Stelle um und ging, noch ohne Gepäck, zur Brücke: *The river was there.* Natürlich war der Fluss noch da.

Der Fluss ist auch noch da, als ich nach Seney komme. Wie damals Nick gehe auch ich sofort zur Brücke. Es ist noch alles da. Aber die Brücke ist in einem miserablen Zustand. Vom Geländer sind große Brocken Gestein herausgebrochen, sodass die Stahlstreben teilweise offen liegen. Ein sonst hübsches Geländer, aber ich würde nicht empfehlen, sich dagegen zu lehnen. Als sie später repariert wurde hat man das Geländer nicht restauriert sondern, Stahlstreben, ähnlich unserer Autobahnleitplanken davor gesetzt. Wie gedankenlos.

Nicht weit von der Brücke befindet sich die alte Bahnstation, die heute ein Museum ist. An der Fassade prangt ein altes Schild: *Railway Express Agency*, und im Fenster wirbt die Western Union für Telegramme. Ich bin inzwischen mehrfach daran vorbeigefahren. Das Museum sah ich nie geöffnet.

Ansonsten ist Seney eine Stadt, durch die man hindurchfährt. Sie liegt ziemlich in der Mitte zwischen dem *Lake Superior* und dem *Lake Michigan*. Der Ort ist, wie die meisten in den USA, auch in Michigan, total zersiedelt. Das heißt, er zieht sich mehrere Kilometer an der Hauptstraße entlang. Aber trotzdem esse ich in einem Diner einen sehr guten selbstgebackenen Blueberry Pie. An dem ungepflegten Eindruck des Ortes sollte man sich nicht stören, denn er liegt inmitten eines Naturparks, dem *Seney National Wildlife Refuge*. Wer hier ein paar Tage bleibt, wird einen Park genießen können, der mit ungefähr 40.000 Hektar erheblich größer ist als der fast 30.000 Hektar große *Sleeping Bear*.

Auch ist er erheblich älter. Er wurde bereits 1935 gegründet. Weites Sumpfland bedeckt ihn. Wasserflächen und Feuchtgebiete machen zwei Drittel seiner Fläche aus. Seinerzeit als Vogelschutzgebiet gedacht, dient er heute nicht nur Vögeln, sondern vielen Wildtieren und Pflanzen als Lebensraum. Seit kurzer Zeit gibt es auch wieder Wölfe im Revier. Der Park dehnt sich weit über das Stadtgebiet von Seney Richtung Westen aus.

Zum *Two-Hearted River* will ich unbedingt. Sein Name ist in West-Virginia der erste Hinweis auf Hemingways Verbindung zu Michigan und hat mein schriftstellerisches Leben verändert. Meine Hemingway-Biografie und auch dieses Buch legen davon Zeugnis ab.

In Grand Marais, 30 Kilometer nördlich von Seney,

erkundige ich mich nach dem besten Weg zu diesem Fluss. Das Ehepaar an der Rezeption eines Motels weiß, dass ich Sandwege nehmen muss, ist sich aber nicht einig darüber, ob ich „oben an der Straße" lieber rechts oder geradeaus fahren sollte.

Zu meinem Glück kommt gerade ein Besucher zur Tür herein, der sich anscheinend besser auskennt. Er fragt mich, wo genau am Fluss ich denn hin will. Das weiß ich aber selbst nicht. Ich will mir den Fluss anschauen, sage ich, um einen Eindruck von der Gegend zu bekommen, die Hemingway in seiner Geschichte beschrieben hat. Wenn ich das wolle, bräuchte ich da nicht hinzufahren, ist seine überraschende Antwort. Die Geschichte spiele nämlich nicht am *Big Two-Hearted River*, sondern am *Fox-River*, unten in Seney. Der Mann hatte mit beidem recht. Hemingway selbst schreibt darüber:

„Der Fluss war der Fox River in Seney, Michigan, nicht der Big Two-Hearted. Die Namensverwechslung war beabsichtigt, nicht aus Unwissenheit oder Unachtsamkeit, sondern weil Big Two-Hearted River Poesie ist, und weil es eine Menge Indianer in der Story gibt, die genauso wenig auftauchen wie der Krieg. Wie man sehen kann, ist es sehr einfach, und leicht zu erklären."

An dieser Aussage ist noch etwas anderes bemerkenswert: Die *Iceberg Theory*. Eine von Hemingway propagierte Form des Schreibens, die Theorie des Auslassens. Er vergleicht das Schreiben mit einem Eisberg, von dem nur ein kleiner Teil sichtbar ist. Hemingway vertrat die Auffassung, alles könne weggelassen werden, sogar ein Schluss. Die Geschichte würde stärker dadurch. So gesehen mag mich seine Erzählung *The Last Good Country* (eigentlich ein unvollendeter Roman) deshalb so beeindruckt haben, weil soviel fehlt.

Meine eigene Erfahrung zeigt, dass Geschichten stärker werden, wenn sie gekürzt wurden. Als ich Texte aus Platzgründen oder sonstigen Vorgaben kürzen musste, hatte ich anfangs damit Probleme. Ich meinte, von meinem Text (mein Text!) könne nichts weggelassen werden. Damit war allerdings nur meine Vorstellung verbunden, er wäre dann unverständlich. Ich glaubte, alles erklären zu müssen. Auch das *Warum*. Als ich mich aber auf das *Was* beschränkte, auf das, was in der Handlung passiert, trat genau das Gegenteil ein. Der Text wurde verständlicher. Das *Warum* weiß ich als Urheber der Geschichte. Es ist Teil der Exposition. Das reicht. Der Leser macht sowieso seine eigene Geschichte daraus, basierend auf seiner Vorstellung. Seiner eigenen kann er viel tiefer folgen als meiner.

In *Big Two Hearted River* wird ein Angelausflug beschrieben. Hemingway sagt, es gebe eine Menge Indianer, die aber nicht auftauchen, und dass es um den Krieg gehe, der auch nicht vorkommt. Beides stimmt. Er beschreibt Nick Adams, den Heimkehrer. Zurück aus dem großen Krieg in Europa. Verwundet erreicht er die Stadt Seney, die, wie der Wald darum herum, niedergebrannt ist. Wie den Krieg lässt er auch die Stadt zurück.

Zurück, zurück zur Natur. Diesen Wunsch hemmt nicht einmal die verbrannte Landschaft, die ihm gleicht. Zerstört. Eine vom Feuer zerstörte Natur, eine vom

Krieg zerstörte Seele. Der vom Feuer schwarze Grashüpfer, den Nick in seiner Hand hält, symbolisiert sein verwundetes Gemüt, und als er das Insekt mit den Worten: Komm, flieg, Hüpfer (*Go on hopper*), freilässt, verbindet er damit seinen eigenen Wunsch, der Zerstörung zu entgehen.

Ein Waldbrand, der ganz Seney verwüstete, ist für das Jahr 1891 belegt, und ein weiterer für 1895, der die wieder aufgebaute Stadt teilweise traf. Deshalb spricht viel dafür, dass Hemingway eine zerstörte Stadt und eine verkohlte Landschaft nicht selbst erlebt hat.

Dass die Geschichte am *Fox River* spielt, ist völlig klar. Es ist der Fluss, in den Nick und ich von der Brücke aus hineingeschaut und festgestellt haben, dass er noch da ist.

Als Larry mir bei meinem Tankstopp sagt, gleich hier, hinter der nächsten Brücke, würde ich am Ufer des *Big Two Hearted* stehen, weiß ich: Endlich wird sich der Kreis schließen. Der Fluss führt mich zurück, zu vor Jahrzehnten gelesenen Büchern, die ich liebte. Er verbindet mich mit einem Schriftsteller, zu dem ich durch meine Recherchen eine Zuneigung empfinde, die ich zuvor – obwohl ich sein Werk immer schätzte – nicht hatte. Ich habe über den Fluss gelesen, geschrieben und gesprochen. Aber gesehen hatte ich ihn noch nicht. Selbst als ich damals auf der UP war, wäre er mir entgangen, wäre Larry nicht gewesen.

Ich weiß nicht, über wie viele Brücken in Michigan ich schon gefahren bin. Vor allen, selbst, wenn sie kaum als solche zu erkennen sind, stehen kleine Schilder, auf denen der Name des Flusses vermerkt ist, den sie überspannen. Vor jener über den *Big Two Hearted River* befindet sich keines. Aber Larry hat mir erklärt wo er ist: „Wenn du von hier Richtung Grand Marais fährst, dann kommst du nach kurzer Zeit über eine Brücke. Hinter der Brücke gibt es eine Abzweigung, die zu einem Campingplatz führt. Da kannst du abbiegen und dann gleich wieder rechts herunter, dann stehst du direkt an seinem Ufer."

So ist es. Ich folge seinen Anweisungen. Endlich weiß ich, dass nicht nur der Name poetisch ist, sondern auch die Wirklichkeit. Von meinem Standort aus sehe ich auf einen kleinen Fluss, der auf beiden Seiten von dichtem Wald umgeben ist. Die tiefen Zweige der Nadelbäume ragen über das rasch dahinfließende Wasser. Früher gab es – nicht hier, wo ich stehe, sondern irgendwo anders – ein großes Schild, auf dem stand: *Unsterblich durch Ernest Hemingway – The Big Two Hearted River.* Aber das gibt es nicht mehr.

Auf mich machen der Fluss und die Gegend darum herum einen guten Eindruck. Ich denke erst, das liege daran, dass man sich rührend um ihn kümmert. Denn auf einem Schild lese ich, dass sich *The Nature Conservancy*, eine gemeinnützige Umweltorganisation, des Flusses angenommen hat. Ich erfahre, dass durch den jahrzehntelangen industriellen Holzeinschlag die meisten Bäume, die typischerweise in unberührten älteren Wäldern vorgefunden werden, fehlen. Mit dieser Erkenntnis, schlussfolgert die Organisation, dem Wald fehle wichtiger Lebensraum für vielfältige Pflanzen- und Tierarten.

Das Ziel des Programms ist es daher, einige der Eigenschaften des ursprünglichen Walds wiederherzustellen. Aber wie soll das erreicht werden? Kann ein alter Wald wieder hergestellt werden? Natürlich nicht. Aber das Wachstum des neuen kann beschleunigt werden. Das legt jedenfalls die Organisation nahe. Sie weiß, der Wald würde auch von allein alt werden. Aber wenn man in ausdünnte, müsste das schneller gehen. Ausdünnen heißt Bäume fällen. Was daran positiv sein soll, weiß ich nicht. Aber ich bin Laie, und deswegen lasse ich es mir erläutern: In der Region werden Arbeitsplätze geschaffen. Und das Einkommen aus dem Verkauf der gefällten Bäume kann für andere Naturschutzprojekte verwendet werden. Ich kann das nicht richtig einordnen. Für mich sind Bäume Lebewesen. Einige von ihnen zu fällen, um für andere mehr Lebensraum zu schaffen...?

Die Organisation, die hier Bäume fällt, hat – jedenfalls lassen die Informationen es vermuten – keine geschäftlichen Interessen. Ich sollte meine Bedenken vergessen. Die paar Bäume, die jetzt dran glauben müssen, haben zwar Pech, aber dafür wird es den anderen besser gehen.

Auch den Tieren im Wald. Obwohl es auf der Tafel heißt: „Die Vielfalt der Tierwelt in diesem Revier ist wirklich erstaunlich."

Aber anscheinend nicht optimal erstaunlich, denn weiter heißt es: „Viele dieser Geschöpfe brauchen einen ausgedünnten Wald als Lebensraum."

Schön, dass der Mensch das weiß. So betrachtet, ist alles richtig. Ich fahre weiter.

Grand Marais

Der Fluss war noch da. In Seney. Nick Adams und ich haben ihn gesehen. Aber ein Weg, auf den ich genauso gespannt bin, ist es nicht mehr. Verschwunden unter breit ausgelegtem Asphalt. Auf dem rolle ich nun bequem dahin, statt auf einem Sandweg mit Spurrillen, weit über den Weg hängenden Zweigen, Ästen auf dem Boden und tiefen Pfützen die vorsichtig umfahren werden wollten. Ihre Tiefe war unübersichtlich. Aber der Weg und besonders die Nähe zu Wald und Feld hatten mich vier Jahre zuvor begeistert. Jetzt war Herbst und ich hoffte auf atemberaubende Laubfärbungen während der mindestens zwei Stunden, die ich sicherlich benötigen würde, auf meiner Tour von Munising nach Grand Marais.

Doch die Straße ist erstklassig ausgebaut, mit kleinen Seitenstreifen rechts und links. Die Landschaft, mit den Laubfärbungen um diese Zeit, ist noch da, bis auf das, was man für die Straße zerstört hat. Aber das Ursprüngliche fehlt. Die Bewohner von Grand Marais sagen alle: „Och, das ist doch wundervoll, dass sie den Weg ausgebaut haben. Wir sind so viel schneller in Munising. Außer im Winter, da müssen wir immer noch

‚unten herum' fahren, weil die neue Straße nicht geräumt wird."

Na gut, denke ich, wenn ich hier wohnte, wer weiß, vielleicht würde es mir auch gefallen. Aber ich wohne hier nicht.

Grand Marais ist eine typische kleine Stadt an einem der Großen Seen. Sie hat eine bewegte Vergangenheit und eine eindimensionale Gegenwart. Die Dimension ist der Tourismus. Gelegen am östlichen Ende des Naturparks *Pictured Rocks*, erreicht man das Städtchen üblicherweise von Süden über Seney, den Ort, den man durchqueren muss, wenn man im Winter „unten herum" fährt, oder über die H 58, eine unbefestigte Straße, von Westen oder Osten kommend.

Jetzt ist sie nur noch von Osten her unbefestigt, vom *Big Two-Hearted River*. Ich hatte befürchtet, auch der Teil würde wohl bald asphaltiert werden. Aber das hat sich bisher glücklicherweise noch nicht ergeben.

Üblicherweise wird aber derjenige, der zu den *Pictured Rocks* möchte, nicht nach Grand Marais fahren, sondern durch Seney nach Munising, wo die Fährschiffe zu den Felsen ablegen. Von Munising kommt man dann, nach ungefähr einer Stunde Fahrt, in den größten Ort auf der Upper Peninsula, Marquette. Von dort geht es weiter nach Copper Harbor, dem nördlichsten Teil der Halbinsel, ebenfalls ein Touristenmagnet. Allerdings hätte man weitere zwei Stunden zu fahren.

Wer also biegt in Seney ab, um einen Schlenker von immerhin 21 Meilen nach Grand Marais zu machen? Die Antwort ist: Leute, die Bescheid wissen. So typisch, wie ich eben geschrieben habe, ist der Ort nämlich bei näherem Kennenlernen nicht. Von den 50 Häusern in seiner Mitte ist fast die Hälfte historisch belegt. Ihre Fassaden sind geglättet, ihre Funktion hat sich teilweise verändert, aber sie sind 100 oder mehr Jahre alt und auf vergilbten Fotos gut zu erkennen.

Grand Marais hat seinen Namen nicht, wie ich erst dachte, einem französischen Siedler namens Marais zu verdanken. Am Strand der West Bay des *Lake Superior* lese ich aber auf einem der grünen Schilder, die überall in Michigan an historischen Orten stehen, dass der Name *Großer Hafen* bedeutet. Das entspricht zwar nicht der korrekten Übersetzung *Große Marsch* – aber gut, *Großer Hafen.* Was ich sehe, ist eine kleine Marina.

Auf diesem Schild, wie auf allen anderen, beginnt die Vergangenheit erst nach der Entdeckung Amerikas. Eine Zeit davor scheint es nicht gegeben zu haben. Es ist, als sei Amerika nicht entdeckt, sondern 1492 erschaffen worden. Das Schild vernachlässigt im Falle von Grand Marais, dass hier bereits die Ojibwa lebten, bevor die Siedler aus Europa erschienen. Die historischen Quellen nennen die späten 1860er Jahre als Gründungszeit von Grand Marais.

Die erste Sägemühle wurde 1879 errichtet. Kurze Zeit später wurden Schienen verlegt. Sechs Meilen nach Osten, um die Holzstämme zum Hafen und auf die Segelschiffe zu transportieren. Die Stadt hatte 1884 über 300 Einwohner. Als Ende der 1880er Jahre die Bäume abgeholzt waren, musste die Mühle schließen, und die Bevölkerung schrumpfte auf ungefähr 100 Personen.

Aber dann gab es 1893 einen Glücksfall für Grand Marais, der gleichzeitig für Seney den Abstieg bedeutete. Dort gab es seinerzeit mehr als 3.000 Einwohner, über ein Dutzend Holzfällercamps und der Ort galt nach Tombstone in Arizona als der gefährlichste in den Vereinigten Staaten. Die Holzfäller flößten ihre Baumstämme nach Manistique am *Lake Michigan*, von wo aus sie in die großen Städte geschickt wurde. Aber auf diesen Touren kam ein Teil des Holzes abhanden, und das sollte die Stadt teuer zu stehen kommen.

Karen Bryzst, die in Grand Marais das *Gitche Gumee Museum* führt, eine eindrucksvolle und imponierende Frau, hat mir das erzählt. Ihre Vorfahren stammen aus Finnland und ihren Nachnamen verdankt sie einem polnisch-stämmigen Ehemann. Der Name des Museums geht auf die Sprache der Ureinwohner zurück und bedeutet *Großes Leuchtendes Wasser.* Das kleine Haus, in dem sich das Museum befindet, wurde um 1893 von Seney hierher in das fast 40 Kilometer entfernte Grand Marais transportiert. Ich frage nach:

„Ganz von Seney?", und sie bestätigt: „Ja. Was damals passierte war nämlich folgendes. Die *Alger Smith Company* betrieb in Seney eine Sägemühle. Die wurde ebenfalls hierher geschafft."

Sie zeigt auf ein altes Schwarzweißfoto, das die Mühle auf der West Bay von Grand Marais zeigt. „Ich weiß nicht, ob es Mr. Smith selbst war", fährt sie fort, „oder ein anderer Holzbaron, der meinte, dass es irgendwelche Leute geben müsse, die Holz klauten. Jedenfalls hatten sie einen begründeten Verdacht. Damals hatte man auf die Stämme das Logo der Gesellschaften graviert, ähnlich den Brandmalen bei Rindern." Sie unterbricht sich, steht auf und sagt: „Komm, ich zeige es dir."

Wir gehen in einen anderen Raum und dort liegt eine Scheibe, die von einem dicken Baumstamm abgesägt wurde. Karen weist mich auf eine Einkerbung hin: „Das hier ist eines der Zeichen, die die Besitzer damals in die Stämme schnitzten. Weil aber weniger ankamen, als abgeschickt wurden, fragten sich die Holzbarone, wo der Rest geblieben war. Eines Nachts legten sie sich im Wald auf die Lauer. Sie trauten ihren Augen nicht, was sie sahen. Arbeiter einer anderen Gesellschaft angelten sich die Stämme aus dem Fox River. Dann sägten sie die Scheibe mit der rechtmäßigen Markierungen ab."

Sie legt eine Hand auf das Beweisstück und fügt hinzu: „Wie diese hier. Danach gravierten sie ihr eigenes Logo ein."

„Sehr clever", sage ich.

„Ja", bestätigt Karen, „aber als das aufflog, waren die Alger-Smith-Leute ziemlich sauer. Sie kauften die alte Sägemühle in Grand Marais, die zu der Zeit bereits aufgegeben war, bauten ihre in Seney ab, transportierten sie hierher und erweiterten hier die alte, sodass ein ziemlich großes und leistungsfähiges Sägewerk entstand. Dann bauten sie eine Schienenverbindung von Seney nach Grand Marais. Damit war der Ort an die bestehende Eisenbahnlinie angeschlossen, die quer durch die *Upper Peninsula* führte. Nun konnten die Baumstämme von weit entfernten Wäldern gebracht werden. Die

Alger-Smith-Leute sagten: ‚Vergesst Manistique, wir machen jetzt alles über Grand Marais'."

„Gut für Grand Marais." Karen nickt. „Ja. Danach gab es fünf Sägemühlen hier in Grand Maris und Dutzende von Holzfällerlagern in der Gegend."

In einer Broschüre habe ich gelesen, dass es zu jener Zeit 29 Saloons gab, ein Dutzend Hotels, ein Krankenhaus, Zahnärzte, Rechtsanwälte, Fotografen, Schlachthäuser, Schneider, Anstreicher, Banken, Tabakfabriken und – aber das steht nicht in der Broschüre, sondern ich erfahre es von Karen – zehn Bordelle.

Ein altes Bild aus der Mitte der 1880er Jahre zeigt drei Häuser an der Hauptstraße. Nur wenige Gebäude waren bis zu dieser Zeit errichtet worden. Ich schmunzle, als ich die Bildunterschrift lese: „Von links nach rechts: ein Saloon, ein zweiter Saloon mit Hotel und ein dritter Saloon mit einer Wäscherei".

Das Leben der Holzfäller war hart und einsam. Meistens nur für den Winter engagiert, blieben im Sommer nur wenige, um Farmarbeiten oder Reparaturen zu verrichten.

Der Winter war die beste Zeit zum Arbeiten in den Wäldern, weil die Hölzer dann am besten über den gefrorenen Boden transportiert werden konnten. Die Wege wurden dazu unter Wasser gesetzt, um sie in Eisbahnen zu verwandeln. Auf ihnen zogen Pferde, wie auf Fotos zu sehen ist, gewaltige Bündel von Holzstämmen aus dem Wald zu den Schienen.

Die Bahnstation in Grand Marais hatte zwei Bereiche. Einen für Fracht und einen für Passagiere. Auf einer historischen Fotografie sehe ich eine Kaianlage, die auf den *Lake Superior* hinausführt, und unzählige Schiffsmasten, die auf geschäftiges Treiben deuten. Also doch: *Großer Hafen*. Im Vordergrund, wo heutzutage die Kinder im Sand spielen, stapelt sich auf dem Foto Holz, das auf seine Verschiffung wartet.

Das heute beschauliche Grand Marais muss eine lärmende Stadt gewesen sein, erfüllt von den alles überlagernden Geräuschen der Mühlen, den Rufen der Arbeiter und den Signalen der Segelschiffe. Holz, hauptsächlich das der White Pines, kam von überall her. Diese im Nordosten der USA sehr verbreitete Kiefernart verdankt den Namen ihrem weißen Stamm.

Bald war aber auch hier der Wald abgeholzt. Wie in fast allen Städten zu jener Zeit wurde ein Sägewerk nach dem anderen aufgegeben. Der letzte Zug verließ Grand Marais 1910. Ein Jahr später wurden die Schienen entfernt. Ich sehe ein altes Foto, das die Umgebung von Grand Marais danach zeigt. Eine wüste und trostlose Landschaft. Könnte auch die Mondoberfläche sein, wäre nicht die alte Sägemühle im Hintergrund zu sehen. Nichts, so kann ich mir vorstellen, grünte mehr im Frühling. Während ich die Aufnahme betrachte, bin ich einmal mehr erschüttert über das, was den Wäldern angetan wurde. Wie konnte es passieren, dass die weißen Einwanderer in einem Zeitraum von ungefähr 300 Jahren eine Natur zerstören konnten, die sich seit Jahrtausenden entwickelt hatte? Wieso wurde das erlaubt?

In den überlieferten Geschichten wird das Auftreten der Europäer romantisiert. Ihr rücksichtsloses Verhalten wird als notwendig betrachtet, um Land zu kultivieren und Menschen zu missionieren. Die Eindringlinge fühlten sich überlegen. Erhoben sich über alles, was sie vorfanden, nannten es wild.

Sich selbst betrachteten sie als zivilisiert. Sie nahmen den Ureinwohnern Land und Kultur. Land das sie brauchten, und Kultur, die sie nicht verstanden. Ihnen fehlte jeder Respekt.

Die Ureinwohner kannten kein Eigentum. Sie fühlten sich als Kinder von Mutter Erde. Weil das Land niemandem gehörte, glaubten die Siedler, es sich einfach nehmen zu können.

Durch eine Rede von *Tacumseh*, einem Häuptling der Shawnee-Ureinwohner, die, nach der erzwungenen Umsiedlung im Jahre 1830, in Oklahoma leben, kann das sehr anschaulich nachvollzogen werden. Er sprach zu seinen Brüdern, die Land an Europäer verkaufen wollten, und sagte:

„Kein Stamm hat das Recht, etwas zu verkaufen, nicht einmal untereinander, schon gar nicht an die Weißen. Verkaufe ein Land! Warum nicht die Luft verkaufen? Die Seen? Hat der Große Geist nicht das alles zum Nutzen seiner Kinder geschaffen?"

Die Eindringlinge hatten leichtes Spiel. Diese Kultur war wie geschaffen für Eroberungen. Sie eigneten sich das Land an, um es zu besitzen. Mit seinem Besitz aber kann jeder machen, was er will. Sogar zerstören.

Obwohl heutzutage weltweit Institutionen einen respektvollen Umgang mit der Natur fordern, nützt das nicht viel. Für wirtschaftliche Interessen werden nicht nur Baudenkmäler abgerissen, sondern auch immer noch Wälder abgeholzt, wird immer noch die Erde umgegraben und immer noch Leben zerstört. An den Großen Seen sind glücklicherweise riesige Naturparks entstanden. Aber auch das hilft der Natur nicht immer, denn es wird auch dort, zumindest in der Nähe, mittels Fracking Gas gefördert.

Ich versuche die Gedanken daran zu verscheuchen und mich stattdessen am Blick über den *Lake Superior* zu erfreuen. Aber dazu fällt mir in dem Moment auch nichts Positives ein, denn so idyllisch wie alles scheint, ist es nicht: Der wunderbar frische Whitefish, den ich in Grand Marais esse, wird nicht mehr vor Ort gefangen. Er kommt aus Marquette. Der letzte Fischer in Grand Marais hat 2003 aus Altersgründen aufgegeben. Die Fischbestände sind, wie Karen mir erzählt, stark zurückgegangen. Neben ihrem Museum befand sich früher ein altes Fischerboot, das sie leider entfernen musste, weil sie nicht das Geld hatte, zu gewährleisten, dass es nicht eines Tages umfallen und Besucher unter sich begraben könnte. Über den Rückgang der Fischbestände erzählt sie mir: „Die Wassertemperatur betrug in den 1970er Jahren im Durchschnitt viereinhalb Grad. Heute sind es etwas über sieben. Was passiert, wenn sich das Wasser erwärmt, ist folgendes: Die Fische lieben kälteres Wasser und gehen deshalb tiefer. Der Temperaturanstieg“, erläutert sie weiter, „ist hauptsächlich auf die geringere Eisdecke zurückzuführen, die den See im Winter bedeckt. Ihre Stärke ist in den letzten Jahren um 70 Prozent zurückgegangen.“

Das mag nicht einmal Jamey gut finden, mein Freund, der Inn-Keeper vom *Agate Cross Bed & Breakfast.* Er hat mir erzählt, wie gern er fischen geht. Aber das Eisfischen mag er nicht. Da kann ich ihm, nach den Informationen von Karen, sagen: „Jamey, das erledigt sich bald sowieso von selbst.“

Ich sitze auf der Veranda vom *Agate Cross*, denke an Erderwärmung und Umweltsünden. Dabei empfinde ich die Gedanken daran, gerade jetzt, selbst als eine Sünde. Denn ich blicke auf das stille Wasser der Bucht, die in der Ruhe eines Sommerabends vor mir liegt. Von der nahen Kirche ertönt ein Glockenspiel. Es setzt jeweils zur vollen Stunde ein. Jetzt schwebt die Melodie des *Ave Maria* durch die Welt, nur kurz von dem Geräusch eines einzelnen Autos gestört. Dann begleiten Vögel mit ihrem Gezwitscher die Musik. Ich nutze den Augenblick und lasse die unangenehmen Gedanken, begleitet vom Ave Maria, über den See hinwegtragen.

Das *Agate Cross* B&B, das es bei meiner ersten Reise nach Grand Marais noch nicht gab, ist eines der schönsten überhaupt. Es gibt nur drei Zimmer, aber die sind sehr behaglich. Ich fühle mich dort ausgesprochen wohl. Das liegt vielleicht hauptsächlich an Jamey und Lois Fite, die das kleine Quartier betreiben.

Seinen Namen hat das B&B von einem Holzkreuz, das Jamey von seinem Großvater bekommen hat, und in dem kleine Agate (*Achate*) eingearbeitet sind.

Diese Steine sind der Hit der Gegend. Sie sind deshalb so einzigartig, weil in ihnen durch Einlagerungen von Mineralien unterschiedliche Farbstreifen entstanden sind. Die Agate können am Strand in Grand Marais gefunden werden. Ich habe aber keine gesucht. Ich nehme an, es verhält sich mit ihnen wie mit den Bernsteinen, die manche Leute am Ostseestrand finden. Ich habe in meiner Kindheit und Jugend fast alle Ferien dort verbracht, ohne auch nur den kleinsten Schimmer eines Bernsteins zu sehen. Schade, denn ich liebe diesen warmen gelben Glanz, der von ihm ausgeht. Hätte ich am Strand von Grand Marais einen Agate gefunden, hätte ich ihn sogar mitnehmen dürfen. Ein paar Schritte weiter, im Naturpark *Pictured Rock*, ist das verboten.

Aus den Naturparks in den USA dürfen Steine oder irgendetwas anderes grundsätzlich nicht mitgenommen werden. Karen, die in ihrem *Gitche Gumee Museum* inmitten enormer Mengen dieser herrlichen Steine sitzt, hat mir das erklärt: „In einem Naturschutzgebiet in Arizona gab es einen versteinerten Wald. Die Besucher des Parks haben geklaut wie die Raben. Im Laufe der Zeit haben sie über 70 Prozent der Steine mitgehen lassen."

Karen verkauft auch Agate. In einer Ecke ihres kleinen aber feinen Steinmuseums befindet sich ein Glücksrad, das Kinder für 50 Cents drehen können. Je nach geloster Zahl dürfen sie eine Handvoll kleiner Steine mitnehmen. Ich drehe eine Acht.

Karen ist Agate-Expertin. Sie hat mehrere Bücher über diese wundervollen Steine geschrieben, hält Vorträge und gibt Unterricht. Sie nennt das Museum auch Steinladen und sich selbst *Agate Lady*, nicht nur auf ihrer Homepage.

Den Begriff hat sie zum ersten Mal gewählt, als sie

ihrer Mutter erzählte, dass sie das Gebäude gekauft habe. Das war 1998. Es war ein rührendes Telefonat, denn Karen erfuhr dabei, dass ihre Großeltern früher in diesem Haus gelebt hatten. Darüber wurde in der Familie nicht geredet, weil, so Karen, es bei Finnen nicht üblich sei, über tragische Geschichten zu sprechen. Ihr Großvater zog von hier aus nämlich zum Fischen auf den See. Einmal verletzte er sich und – das Penicillin war noch nicht entdeckt – starb an einer Wundinfektion.

Im *Agate Cross* übertrifft auch das Frühstück meine Erwartungen. Lois denkt sich dafür stets neue Rezepte aus. Die Folge ist, dass die Gäste sich Zeit nehmen. Hier beginnt jeder Tag, wie ein Tag beginnen sollte. Die Gespräche am Frühstückstisch drehen sich hauptsächlich um die Gegend. Jamey freut sich, vom Fischen zu erzählen. Für ihn eine der schönsten Freizeitbeschäftigungen:

„Im Frühling“, sagt er, „fange ich von der Mole aus Whitefish und junge Lachse, *Coho Jacks* genannt. Die schmecken richtig gut. Ihr Fleisch ist rosig und zart.“

Seine Frau fügt hinzu: „Es gibt bestimmte Zeiten, in denen man fischen darf.“

„Ja“, bestätigt Jamey, „die Forellenzeiten beispielsweise beginnen im Frühling. Da schwimmen die Regenbogenforellen die Flüsse hinauf zum Laichen. Wir haben unsere Tiefkühltruhe voller Fische. Aber ich jage auch gern.“

„Du bist ja wie Hemingway“, scherze ich, „der war auch begeisterter Angler und Jäger.“

„Ja, ich auch", gibt Jamey zu. „Hier ist soviel Natur um uns herum. Es gibt jede Menge zu jagen: Hirsche, Rehe, Bären, Enten, kleine Rebhühner, Wachteln."

Ich frage: „Aber Wildschweine, habe ich gehört, gibt es nicht, oder?"

„Nein", er schüttelt mit dem Kopf, „nur wenn die Farmen mit den Wildschweinen nicht aufpassen und ein oder zwei abhauen, dann kommt es mal vor, dass sie hier herumlaufen."

„Was denn für Farmen?"

„Es gibt doch diese Farmen, auf denen man jagen kann. Die Farmer haben zum Beispiel diese Wildschweine aus Russland geholt. Richtig riesige Viecher mit großen Hauern. Das ist überhaupt nicht lustig, wenn die weglaufen und herumwildern. Die Farmer können sie nicht wieder einfangen und beauftragen Jäger, die aggressiven und gefährlichen Tiere abzuschießen. Ich würde das auch machen. Ansonsten jage ich nur das, was ich essen kann."

„Hast du auch schon Bären gejagt?", will ich wissen.

„Nein, bisher noch nicht. Man braucht eine besondere Genehmigung dafür. Die wird sozusagen aus dem Hut gezogen. Es ist wie eine Lotterie. Einer von 20 bekommt eine. Wenn du aber einen Antrag gestellt hast und keinen Erfolg hattest, bekommst du einen Punkt, sodass du im nächsten Jahr bessere Chancen hast."

„Das heißt", sage ich, „du brauchst Glück, um eine zu bekommen. Aber wenn du eine hast, dann für immer?"

„Nein", bedauert Jamey, „das wäre schön. Aber die

werden jedes Jahr erneuert. Wenn du aber schon einmal eine hattest, dann wird es in den nächsten Jahren einfacher. Das ist auch gut so mit den knappen Genehmigungen, denn wenn jeder eine bekäme, würden zu viele Bären geschossen und die Population würde zurückgehen."

Lois sagt: „Erzähl doch mal die Geschichte von dem Bären, den du im Wald getroffen hast."

„Oh ja. Ich war dabei, mitten im Sumpf eine Vorrichtung aufzubauen, ein *Deer Blind*, eine Tarnung, in der man sich verstecken kann, um Hirsche zu jagen. Denn die Tiere sind nicht dumm. In der Jagdsaison ziehen sie sich oft in unwegsame Gebiete zurück. Ich baute also meinen Unterschlupf im Sumpf auf und hatte meine Säge dabei. Damit wollte ich mir eine Furche freisägen, um besser sehen und schießen zu können. Als ich damit fertig war, habe ich die Säge auf den Boden gelegt und als ich hochblickte, starrte mir ein riesiger Schwarzbär in die Augen. So etwa zehn Meter entfernt. Ich dachte, der schätzt mich ab und überlegt, mich zu fressen."

Als er das sagt, lachen wir alle, und ich frage: „Was hast du gemacht?"

„Zuerst habe ich meine Säge wieder hochgenommen. Ich hoffte, der Bär rennt davon, weil die Bewegung ihn ängstigt. Aber dieser Bär war nicht verängstigt. Der rührte sich nicht. Zehn Meter, weißt du. Das ist nicht viel. Der Bär hat mich nur angeguckt und ich den Bären. Wir starrten uns gegenseitig genau in die Augen."

Lois lacht und ich rufe: „Wahnsinn!"

„Wir hielten den Blick ungefähr eine Minute. Eine

Ewigkeit, kann ich dir sagen. Wir starrten uns an. Ein Schwarzbär ist ein wunderschönes Tier. Aber ich war zu Tode erschrocken. Weißt du, was ich tat, als ich meine Säge abgelegt und mich erhoben habe?"

Ich schüttele den Kopf. „Ich habe meine Arme gehoben, etwa so:" Er hebt beide Arme und winkelt sie an. „Und habe geschrien, etwa so:" Sein Schreien hört sich an wie ein Röhren. Wir lachen wieder.

„Schau", fährt Jamey fort, „der hat mich gewaltig erschreckt und ich habe ungefähr so geschrien:"

Er schreit noch einmal. Wir lachen. Er fährt fort: „Nichts. Der Bär hat mich weiter angestarrt. War kein bisschen erschrocken. Überhaupt nicht beeindruckt. Es war früher Morgen. Ich wollte nicht, dass der Bär mich für sein Mittagessen hält".

Das fanden wir wieder lustig.

„Dann", kommt Jamey zum Ende der Geschichte, „habe ich einen Schritt auf ihn zu gemacht. Aber der hat sich immer noch nicht bewegt. Kein bisschen. Noch einen zweiten, und endlich, endlich hat er sich umgedreht. Ist aber nicht davongerannt, sondern hat kleine Sprünge gemacht, wie kleine Wellen, die über den Grund spülen, ganz langsam. Und jetzt, pass auf. Du denkst, ein großer Bär müsse doch eine Menge Geräusche machen, wenn er da in Richtung Wald davonspringt. Aber nichts, kein Knacken von Ästen, nichts. Nur ein bisschen wusch."

„Wahnsinn", ist wieder alles, was mir dazu einfällt. Ich bin beeindruckt.

„Ja, Wahnsinn", sagt Jamey, „aber es war ein tolles

Erlebnis, wirklich einmalig, auch wenn ich zu Tode erschrocken war. Meistens, wenn du einen Bären im Wald siehst, rennt der gleich davon. Sie haben Angst vor Menschen."

Ich bin nicht sicher: „Wirklich? Das sind also alles nur süße Teddybären?"

„Ja, Schwarzbären werden dir nichts tun." Er schaut mich an, grinst er über beide Ohren und relativiert: „Jedenfalls meistens nicht..."

Auch hier lerne ich morgens am Frühstückstisch viele interessante Menschen kennen. Wie Matt und Rachel, ein junges Paar aus Chicago. Die sind am Tag zuvor, einem Sonnabend, nach ungefähr acht Stunden Fahrt eingetroffen, wollen heute wandern und morgen wieder zurückfahren. Montag soll ein Feiertag in Chicago sein. Keiner weiß genau, welcher.

Wenn ich das höre, überlege ich mir, zukünftig ähnliche Touren zu machen. Für einen Tag von Hamburg nach Bayern in die Berge, zum Wandern. Das wäre ungefähr das, was die beiden gemacht haben. Matt fragt als erstes, ob es eine Karte mit Katholischen Kirchen geben würde. Hier scheint man sehr gläubig zu sein. In manchen Orten gibt es mehr Kirchen als Menschen auf den Straßen. Am Frühstückstisch bei Lois und Jamey wird vor dem Essen gebetet.

Einmal morgens, vor dem Gebet, sagt Jamey verschwörerisch zu mir: „Ich will dir mal etwas zeigen."

Er hat am Tag zuvor zwei Enten geschossen und mir, der ich gleichzeitig mit ihm zurückkam, stolz präsentiert. Mich hat das befremdet. Nun präsentiert er mir das in einer Marinade eingelegte Entenfleisch. Er schwärmt davon, wie das Fleisch die Würze aufsaugt, nimmt ein Stück in die Hand, zeigt es mir und streicht mit einer Zärtlichkeit darüber, die mich überrascht. Dass es bei der Jagd nicht nur um das Töten der Tiere geht, sondern auch um die Ernährung, war mir vorher nicht richtig bewusst. Ich sehe, wie das getötete Tier respektiert und sein Fleisch in dieser direkten Verbindung dankbar verwendet wird.

Nachdem er die Ente wieder in den Kühlschrank gelegt hat, erfahre ich Eigentümliches über die Jagd auf Hirsche und Rehe. Es gibt nämlich für unterschiedliche Waffen spezielle Jagdzeiten. Zu einer Zeit zum Beispiel, wer hätte das gedacht, darf nur mit Pfeil und Bogen gejagt werden. Danach erst mit dem Gewehr, das ich bisher als die einzige Waffe betrachtet habe. Dann geht es den Tieren, das überrascht mich am meisten, für zwei Wochen mit einem Vorderlader an den Kragen. Ich frage nach: „Und danach mit einem Revolver?"

Jamey sagt lachend: „Nee, ich denke, man kann dann wieder bis Ende Januar mit Pfeil und Bogen jagen."

Ich will noch wissen, wie lang die Jagdsaison für Bären ist, aber Jamey ist sich nicht ganz sicher: „Ein paar Wochen. Aber das weiß ich nicht so genau."

Einmal ist auch Jameys Mutter am Frühstückstisch, die für einige Tage zu Besuch gekommen ist. Sie erzählt, dass sein Vater ein begeisterter Fischer war und immer zum Angeln nach Grand Marais gefahren sei. Damals berühmt für seine Fischgründe. Eines Tages sei die

Familie ganz nach Grand Marais gezogen. Da war Jamey fünf Jahre alt. „Dann zogen wir aber nach Petoskey", sagt sie und Jamey fügt hinzu: „Als ich sechzehn war. Ich war ziemlich sauer auf meine Eltern."

„Stimmt", erinnert sich seine Mutter.

Dass Jamey darüber sauer war, hatte ich schon von ihm gehört. Jetzt erzählt er, wie es kam, dass er wieder zurückkehrte: „Ich wollte immer zurück. Als ich Lois vor fünf Jahren traf, fragte ich sie: ‚Was würdest du am liebsten machen?', und sie sagte, dass sie schon immer ein Bed & Breakfast haben wollte. Ich fand das auch gut und schlug diesen tollen Ort vor. Wir begannen, uns hier umzusehen. Dies Haus war zum Verkauf angeboten und wir sahen es uns ein paar Mal an. Lois war auch von Grand Marais begeistert. Wir verliebten uns in dieses Haus und beschlossen, hierher zu ziehen. Vorher war ich als Holzfäller tätig. Ich hatte ein paar Leute, die für mich arbeiteten. Wir haben riesige Bäume gefällt. Aber das gab ich alles auf, wie Lois ihre Arbeit, und wir eröffneten unser B&B.

Als ich mich näher mit Grand Marais beschäftige, stelle ich fest, dass ganze Gebäude zu transportieren eine häufig angewandte Form der Besiedelung gewesen zu sein scheint. Ich begegne diesem Phänomen hier in den USA häufiger, zum Beispiel in Glen Arbor, wo man den Buchladen versetzt hat und in Grand Marais gleich mehrfach. Karens Museum beispielsweise. Und dann einen *Diner*.

Das Wort steht heute über vielen Restaurants in den Vereinigten Staaten. Ich meine jedoch den *Diner*, der vom *American Diner's Museum* als ein Restaurant in Form eines Eisenbahnwaggons beschrieben wird. Der Name *Diner* ist eine Ableitung von Speisewagen (*dining car*), und er wurde üblicherweise mit einer Servicewand, einem Tresen und davorstehenden Hockern gefertigt. Auf der anderen Seite befanden sich Tische mit Sitzbänken. In einem alten *Diner*, ausgestellt im *Ford Museum* in Detroit, kann man von den Tischen aus, durch Münzeinwurf, sogar die *Seeburg Music Box* steuern. Bis zu 20 Titel konnten bequem beim Essen aufgerufen werden.

Die *Diners* boten Service meist rund um die Uhr. Es war leicht, einen zu eröffnen, wenn man das Geld für den Kauf hatte, denn sie kamen fix und fertig aus der Fabrik. Wer mit dem Umsatz nicht zufrieden war, konnte den Wagen einfach an einen vielversprechenderen Platz ziehen.

Im *Diner* in Grand Marais residiert Ellen Airgood. Sie ist Eigentümerin, Kellnerin und Autorin. Wenn ich das richtig verstanden habe, hat sie bisher zwei Bücher veröffentlicht. Die jedenfalls sind käuflich im *Diner* zu erwerben. Sie ist eine große schlanke Frau, trägt bei der Arbeit eine riesige Schürze, und unter einem kleinen Kopftuch werden ihre Haare langsam grau. Sie stammt von einer Farm im Süden Michigans, hat in Ann Arbor Bodenschätze studiert und danach in einem Umweltinstitut gearbeitet.

„Eines Tages", erinnert sie sich, „bin ich mit meiner Schwester nach Grand Marais in die Ferien gefahren. Wir sind dann hier in eine Café gegangen, der Wirt machte mir ein Sandwich und ich habe ihn geheiratet."

So einfach ist das manchmal, denke ich. Der *Diner* in Grand Marais ist ein Wagen der *Paramount Diner Car Company*. 42 Jahre lang, bis 1972, stand er in einem kleinen Ort in Pennsylvania und wurde dort von ein und derselben Familie betrieben. Im September 1963 soll Präsident John F. Kennedy zwei Cheeseburger dort gekauft haben. Seit den späten 70er Jahren des letzten Jahrhunderts stand der *Diner*, eingewickelt in Plastikfolie, auf einem Feld und wartete auf Liebhaber.

Die kamen an einem nebligen Märztag. Ein Mann hatte Ellen und ihrem Mann erzählt, er habe einen alten *Diner*. Ihr Interesse war geweckt. Warum nicht?, dachten sie und fuhren nach Rockford, nahe Grand Rapids, um sich das gute Stück anzusehen.

„Durch ein Loch in der Wand kletterten wir in den Innenraum“, berichtet Ellen und lächelt dabei.

„Die Stühle waren rostig, die zwei Sitzecken, mit vier staubigen Tischen, zerfleddert und ramponiert, der gekachelte Boden war verdreckt. Alles in miserablem Zustand. Aber auch alles noch da: Grill, Pfanne, Tiefkühler, Kühlschrank, Backofen, Registrierkasse – selbst die Kaffeemaschine stand noch in der Ecke. Zu gebrauchen war aber eigentlich nur noch der Backofen. Eine Wand fehlte ganz, bis auf die Sitzecke. Sie diente Stinktieren und Waschbären als Wohnung. Die andere Wand mit ihrer Edelstahl- und Glasverkleidung war noch vorhanden. Der Boden darunter verrottet. Es war furchterregend. Aber es war voller Versprechungen.“

Ich frage: „Und dann habt ihr ihn gekauft und hergeschleppt?“

„Ja, haben wir. Es war am 3. November 1997. Über die *Mackinac Bridge* auf die Upper Peninsula. Die Renovierung hat gut sieben Monate gedauert. Im Juni 1998 haben wir eröffnet“

Hinter den ursprünglichen *Diner* haben Rick und Ellen einen Anbau gesetzt, um mehr Gäste unterbringen zu können. Allerdings wird neuerdings kein Frühstück mehr serviert, und ab acht Uhr abends kein Dinner. Nur noch Sandwiches. Auch sonst scheint es nicht sonderlich kundenfreundlich geführt zu werden, denn das Internet ist voller Beschwerden. Ich selbst kann nicht klagen, obwohl ich Rick, die wenigen Male, die ich ihn sehe, als mürrisch und Ellen als immer sehr beschäftigt und ernst wahrnehme. Für amerikanische Verhältnisse nicht das übliche Auftreten von Restaurantbetreibern. Der *Diner* wiegt das jedoch auf.

Ich fühle mich in ihm wie in einem alten Hollywoodfilm. Hier erfahre ich auch, dass ich geliebt werde. Ein Mann und eine Frau, beide um die 50, kaufen Eiscreme. Die Frau schaut zu mir herüber und kommt dann langsam auf mich zu. Als sie bei mir ist, wispert sie mir ins Ohr: „Jesus liebt dich und deine Familie.“

„Das freut mich“, flüstere ich zurück: „Vielen Dank.“

Sie geht dann noch zu einem anderen Gast, den Jesus anscheinend auch liebt. Ich überlege mir, ob ich eifersüchtig sein soll.

Von Ellen erhalte ich eine Broschüre, auf der die historischen Gebäude von Grand Marais mit ihrer ursprünglichen Bestimmung verzeichnet sind. Ich blättere sie durch und begebe mich auf eine vertikale Reise in die Vergangenheit.

Grand Marais hatte 1910, als die Bäume abgeholzt waren, ungefähr 100 Einwohner. Heute sind es 1.400. Zwei der Gebäude, die in der Broschüre erwähnt werden, gibt es nicht mehr. Eines davon ist das Sägewerk und als es verschwand, wurde der Ort, genau wie viele andere Städte, zunächst zu einer Geisterstadt. Aber es waren gute Geister, die hier einzogen. Menschen kamen, die den Zauber der alten Zeit bewahrten und uns heutzutage staunend daran teilhaben lassen.

Eines der historischen Häuser ist das von Kim und Dennis Waever. Es verfügt neuerdings über Sonnenkollektoren. Das gesamte Dach und die Fassade sind zwar nicht wiederzuerkennen, aber es ist dasselbe Haus. Fenster und Eingangsbereich sind jetzt moderner, aber die alte Holzstruktur der Wände entspricht dem historischen Bild.

Ursprünglich befand sich im Gebäude ein Ausstellungs- und Versammlungsraum. Ab den 1920er Jahren wurden hier, etwas über zehn Jahre lang, Filme gezeigt, bevor es – bis in die 1960er Jahre – als Restaurant, *The Cozy Corner*, genutzt wurde. Bis Kim und Dennis im Jahre 2009 begannen, das Haus von Grund auf zu sanieren, hatte es zwischenzeitlich verschiedene Besitzer. Im Sommer 2012 eröffneten sie ihr Geschäft, in dem Wanderer, Wassersportler und Radfahrer Geräte und Ausstattung kaufen und Besucher Geländefahrzeuge und Kanus mieten können. Das *Grand Marais Outfitters*.

Ich habe Kim in ihrem Geschäft kennengelernt und

kurz darauf Dennis mit ihr auf der Straße getroffen. Als ich das nächste Mal in Grand Marais bin, laden mich beide zum Mittagessen in das gegenüber ihrem Haus befindliche Restaurant der *Brewing Company* ein. Wir sprechen über den Umbau des Hauses, und ich will wissen, ob es so etwas wie ein Denkmalschutzamt in Grand Marais oder im County geben würde, das bei Umbauten darauf achtet, dass die historische Substanz erhalten bleibt.

„Oh ja", sagt Dennis, „aber je tiefer wir in die Substanz eindrangen, umso weniger war zu retten," und er zeigt mir Bilder, auf denen morsches Gebälk und riesige Löcher in Boden und Wänden zu sehen sind. Aus den noch brauchbaren Hölzern der Wände haben sie einen Parkettfußboden gestaltet. Wände und Dach allerdings mussten völlig erneuert werden.

Gegen die Modernisierung hatten die Behörden nichts einzuwenden und was kaputt war wurde ersetzt. Aber Dennis und Kim mussten das Gebäude in Grundriss und Aussehen erhalten. Auf der Nordseite durften sie es ein wenig erweitern und das Dach verändern. Das alte Flachdach wurde durch ein kleines Spitzdach ersetzt. Das ist besser in den schneereichen Wintern. Außerdem ermöglicht diese Dachform eine bessere Isolierung. In das Dach wurde ein Schaum verfüllt, der auf Sojabohnen basiert, wie überhaupt das ganze Haus nach den modernsten Erkenntnissen für das Energiesparen renoviert wurde.

Dazu bedienten sich die beiden der Hilfe eines in Marquette ansässigen Fachmanns. Auf der Südseite wurden Sonnenkollektoren angebracht, mit denen Strom erzeugt wird.

Ich möchte wissen: „Ist das mit dem Energiesparen beim Renovieren eigentlich üblich hier?“

Beide schütteln den Kopf. Dennis bedauert:

„Bei einigen Ferienhäusern in der Gegend wird es gemacht, aber nicht sehr oft. Hier im Ort kenne ich kein anderes Gebäude, das so renoviert wurde, wie unseres“, und Kim fügt hinzu: „Auch nicht in Munising, ich glaube nicht mal im County.“

„Das liegt wohl daran, dass es zu teuer ist, oder?“

„Ja“, meint Dennis, der früher viele Jahre als Soldat in Deutschland stationiert war, „es ist teurer, aber wir glauben, dass es sich auszahlt. Der Strom, den wir herstellen, wird in die öffentliche Stromversorgung gespeist. Wir erhalten dafür Guthaben, die mit dem Strom, den wir aus dem Stromnetz beziehen, verrechnet werden. Im ersten Jahr brauchten wir von April bis Oktober nichts für Strom zu zahlen.“

Als er das sagt, wirkt er sehr zufrieden, und Kim fügt hinzu: „Auch in den anderen Monaten machen wir ja ein bisschen Strom, aber es ist nicht soviel, dass es reicht. Aber es reduziert unsere Kosten.“

Wir sprechen über die Energieeinsparung und die Umwelt und fragen uns, warum hier nicht mehr von natürlicher Energiegewinnung Gebrauch gemacht wird. Nicht nur im privaten, sondern auch im öffentlichen Bereich. Kim sagt zum Schluss:

„Ich bin sehr glücklich darüber, wie wir das gemacht haben. Wenn wir morgens duschen, dann kommt unser warmes Wasser von der Sonne. Das ist doch toll, oder nicht?"

Als ich Kim zuerst in ihrem Geschäft treffe, ist das in ihrem ersten Geschäftsjahr. Ich habe ein Buch entdeckt: *Picturing Hemingway's Michigan*, von Michael R. Federspiel. Kim findet das Buch toll, und ich erzähle, dass ich auch ein Buch über Hemingway veröffentlicht habe. Das findet sie auch toll.

Ich lobe ihren Laden, obwohl ich von den meisten Dingen, die dort angeboten wurden, nicht weiß, wofür man sie benötigt. Es gibt aber auch Dinge, die ich kenne, Gasflaschen, kleine Äxte, Messer, Wasserflaschen, Outdoor-Kleidung, Isomatten, Zelte. Alles, was man draußen benötigt, einschließlich getrocknetem, eingeschweißtem Essen, das man unterwegs warm macht. Es scheinen richtige Delikatessen zu sein. Viel Auswahl auf jeden Fall, sogar Bärenfleisch. Einmal treffe ich im Geschäft einen jungen Mann, Tim. Er legt einige von den getrockneten Lebensmitteln auf den Tresen und ich frage ihn, wohin des Wegs: „Ich bin mit dem Bus aus Munising gekommen und werde dorthin zurückwandern."

„Wie lange wird das dauern?"

„So vier Tage, denke ich. Ich werde nicht sehr schnell gehen, werde viel fotografieren."

„Und du wirst im National Park campen?"

„Ja."

Die Idee finde ich gut. Wenn ich hier wohnte, könnte ich mir das auch für mich vorstellen. Leider kann ich das nicht spontan machen. Man muss sich nämlich zum Zelten im Nationalpark ziemlich früh anmelden. Monate vorher. Ich frage weiter:

„Machst du das oft?"

„Oh ja", Tim lacht und nickt, „hier in UP ist es fantastisch. Natur pur. Man trifft kaum Leute."

„Bist du von hier, von UP?"

„Nein, ich komme aus der Gegend um Detroit."

Nachdem er gegangen ist, unterhalte ich mich mit Kim über den *Pictured Rocks National Park*, den sie unbeschreiblich schön findet.

„Wir sind hier", sagt sie, „am Eingang zum Nationalpark. Es macht Freude, hier zu leben, und es ist auch eine gute Lage für das Geschäft. Viele Kunden kommen, die Boot fahren oder wandern wollen. Wie der Mann eben. Er benötigt einiges für seine Tour, besonders Lebensmittel. Und wir bieten das hier vor Ort an."

Auf der gegenüberliegenden Tankstelle habe ich vorher ein paar wild aussehende Typen gesehen. Sie saßen auf Fahrzeugen, die aussehen wie Motoräder, nur mit vier Rädern. Sie haben mir erzählt, dass sie von der *Lower Peninsula* kommen und hier auf Campingtour sind. Vor Kims Geschäft sehe ich die auffälligen Fahrzeuge wieder und erfahre, dass sie *„Four Wheelers"* genannt werden.

Ich denke, die Amerikaner! So sind sie, mit ihrer Sprache. Kurz und knapp, immer auf den Punkt, erfahre aber später, dass die Fahrzeuge in Deutschland *„Quads"* heißen, und ich finde, das ist noch mehr auf den Punkt.

Mich interessiert, und ich frage Dennis, wo die Leute mit den gemieteten Kanus und Kajaks aus seinem

Laden fahren: „Auf den Flüssen hier in der Gegend?"

„Ja, das können sie, aber die meisten nutzen sie hier in der Bucht."

Ich denke, wie langweilig, sage aber: „Das ist ja auch ein kleiner Hafen."

„Stimmt", bestätigt Kim, „und dazu noch ein sehr wichtiger bei schlechtem Wetter. Er ist der einzige Rückzugshafen hier in der Gegend. Für Sportfischer und Freizeitboote ist das der Platz, den sie im Fall eines Sturms aufsuchen können. Sonst haben die hier nichts. Wir haben auch unseren eigenen Leuchtturm hier."

Der Leuchtturm wirkt, allerdings sage ich das auch nicht, verglichen mit all den anderen, die ich bisher gesehen habe, ziemlich mickrig. Er ist eher ein Leuchtfeuer, das auf einem nur 17 Meter hohen Stahlskelett am Ende der Hafenpier steht. Der Hafen von Grand Marais, wie sich unlängst herausgestellt hat, droht zu versanden, sodass größere Schiffe im Falle eines Sturms nicht mehr einlaufen können. So wurde kürzlich die Mole verlängert, um das zu verhindern.

Wie ich aus dem Gespräch mit Kim heraushöre, kommen die Gäste hierher, um sich sportlich zu betätigen. Sie fahren Kanu und Kajak und wandern auf den ausgewiesenen Strecken. Am Strand in der West Bay verbringen sie kaum ihre Zeit. Das wäre auch Verschwendung. Denn was die Natur um Grand Marais herum bietet, ist einzigartig. Ungefähr drei Meilen außerhalb gibt es ein Besucherzentrum, in dem man alles über die Gegend und die Möglichkeiten, die sie bietet, erfährt. Dort erhält man auch Kartenmaterial.

Direkt unten am *Lake Superior* befindet sich der *Agate Beach.* Zwar sehr steinig, aber stark besucht. Vielleicht findet man ja den richtigen Stein, einen Agate. Wer es sanfter haben will, muss eine Meile nach Westen gehen. Zum *Woodland Park* mit seinem wundervollen Sandstrand. Eine Meile weiter gibt es noch einen, der direkt an der Mündung des *Grand Sable Rivers* liegt.

Schräg gegenüber vom Outfitter, befindet sich das *Pickle Barrel House*, das so heißt, weil es genauso aussieht wie ein Fass. Die größte Attraktion des Ortes!

Es befand sich vorher nicht an diesem Platz, sondern im Wald am *Grand Sable Lake.* Aber, wie gesagt, Häuser verschieben ist nichts Besonderes in Grand Marais. Es ist ein Märchenhaus.

Alle Märchen beginnen mit: „Es war einmal...", auch dieses.

Es war einmal ein Zeichner. Sein Name war William Donahey. Er hatte eine wundervolle Idee, die unzählige Kinder, aber auch Erwachsene, glücklich machen sollte. Er malte kleine Wesen, die *Teenie Weenies*, die in unserer realen Welt lebten, wo alles viel zu groß für sie war. 1914 wurden ihre Erlebnisse in der Zeitung *Chicago Tribune* das erste Mal veröffentlicht. Zur selben Zeit lebte auch Reid Murdock, ein Geschäftsmann. Er bat Donahey darum, die *Teenie Weenies* für seine Produktwerbung einsetzen zu dürfen, was dieser gern geschehen ließ, weil er Geld dafür bekam. Außer in den Comics der Zeitungen tauchten sie nun auch in Werbeanzeigen auf, und in einer davon lebten sie in einem Gurkenfass (*Pickle Barrel*).

Das gefiel den beiden Männern, Murdock und Donahey, so sehr, dass sie auf die Idee kamen, ein großes Fass, in dem Menschen leben konnten, zu bauen. So geschah es. Sie schenkten es Donaheys Frau, der Kinderbuchautorin Mary Augusta Dickerson. Und wenn sie nicht gestorben sind, dann leben Frau Dickerson und Herr Donahey noch heute in diesem Fass.

So enden Märchen normalerweise. Bei diesem aber ist es ein wenig anders. Das Haus erregte eine so große Aufmerksamkeit, dass sich die Besitzer entschlossen, es durch ein normales zu ersetzen, um ihre Ruhe zu haben. Die bis zu 200 Besucher, die an jedem Sonntag herauspilgerten, brauchten sich ab 1937 dann nicht mehr auf den Weg zu machen, zum See hinaus, denn das Fass wurde nach Grand Marais transportiert, und Frau Dickerson und Herr Donahey mussten nicht mehr in den Wald fliehen, um ungestört zu sein.

Das Haus besteht eigentlich aus zwei Fässern. Einem großen und einem kleinen. Im großen befindet sich im Erdgeschoss der Wohnraum und im ersten Stock das Schlafzimmer. Um dort hinauf zu steigen, sollte man nicht zu groß und schon gar nicht zu dick sein. Es ist eine schmale Stiege und schon nach den ersten Stufen heißt es, den Kopf einzuziehen. Vom Wohnraum führt eine Tür nach draußen und ein Flur in das kleinere Fass, in dem die Küche untergebracht ist. Wie es scheint, gab es die Toilette „auf dem Hof", wie es zu der Zeit nicht ungewöhnlich war. Das *Pickle Barrel* ist heute ein Museum.

Es gibt viele alte Häuser im Zentrum von Grand

Marais. Nicht alle sind in der Broschüre verzeichnet und mit einer Nummer geadelt. Wie das *Fishnet House.* Es gehört einer anderen Kim. Wir sind uns schon einmal über den Weg gelaufen, aber ich bin damals nicht dazu gekommen, sie in ihrem Geschäft, das sie in dem alten Gebäude betreibt, zu besuchen. Bei meinem nächsten Besuch hole ich das aber nach. Das Haus ist aus unbemaltem Holz, hat an der Vorderseite ein kleines Schaufenster mit zwei Fensterläden und eine Tür, beides weiß gestrichen, und davor eine kleine Veranda. Ein Schild bezeichnet das Haus als *Galerie.* Das daneben hängende als *Boutique.* Darüber prangt das kaufmännische & Zeichen, damit man nicht ins Zweifeln kommt. Drinnen befinden sich schöne Dinge. Kunstgegenstände, Bilder, Nippes, Damenbekleidung.

Meine Frage, warum sie das Haus *Fishnet House* genannt hat, beantwortet Kim so: „Das war früher ein Schuppen. Daneben haben die Fischer gewohnt, und hier im Schuppen haben sie die Netze aufgehängt und geflickt."

Dann lädt sie mich zu einer Lyriklesung ein, die zwei Tage später stattfinden soll.

„Hier?", frage ich, „hier ist doch alles vollgestellt. Wo sollen den die Leute sitzen?"

„Nee, nicht hier", schmunzelt sie, „draußen, neben dem Haus, im Garten." Ach so.

Am Nachmittag des Lesungstages sieht es einmal so aus, als ob die Veranstaltung im Regen stattfinden müsse, aber am Abend ist das Wetter schön. Ich zähle 50 Besucher. Fantastisch. Für Lyrik. In einem Dorf.

Einige der Besucher kenne ich. Zu meiner Überraschung kommt auch Patience vom Diner, die wirklich so heißt, sehr hübsch ist und mir immer den Eindruck vermittelt ich wäre der einzige Gast. Die meisten anderen sind mir unbekannt. Unter ihnen ist Robert Alexander, ein Poet, wie ich. Er stellt auch die beiden Dichterinnen vor, die lesen werden, zwei junge Frauen aus Arizona.

Nickole Brown heißt eine. Sie liest aus einem unveröffentlichten Manuskript mit dem Titel *Fanny Says*. Gedichte, die an die alten Zeiten erzählender Lyrik erinnern. Fanny ist die Großmutter, aus deren Leben Nickole erzählt. Man spürt zugleich Distanz und Nähe. Den Blick der Beobachterin und die Sicht der Beobachteten. Das Leben einer alten Frau und einer jungen. Die Poetin, mit einer löwenartig lockigen Mähne um das schöne Gesicht, ist Mitherausgeberin des Magazins *The Marie Alexander Poetry Series* und lehrt Lyrik an der Universität in Little Rock in Arkansas. Zuvor hat sie für Hunter S. Thompson gearbeitet. Er war einer der Gründer des *Rolling Stones Magazine* und Autor von *Fear and Loathing in Las Vegas*. Ein unangepasster freier Geist, der schreiben konnte. Mit 67 hat er sich in den Kopf geschossen. Im Abschiedsbrief an seine Frau schrieb er: *„67, das sind 17 Jahre nach 50, 17 Jahre mehr, die ich weder brauchte noch wollte. Langweilig...“*

Der zweite Herausgeber von *The Marie Alexander Poetry Series* ist Robert Alexander, nach dessen Mutter die Serie benannt ist.

Mit ihm mache ich ein paar Tage nach der Lesung

einen Ausflug, bei dem ein kleiner Fluss eine Rolle spielt, den ich zuvor, an anderer Stelle, mit einem Kanu befahren habe. Der Fluss ist der *Blind Sucker*. Merkwürdiger Name. Ich habe nicht ermitteln können, was er bedeutet. Es gibt eine Menge Sauger, zum Beispiel Blutsauger, die jeder kennt. Birnenblatt- oder Apfelsauger habe ich dagegen noch nie gehört. Die heißen statt Sauger eher Floh, sind also Insekten. Dann gibt es noch einige vulgäre Bezeichnungen, die wohl als Namensgebung ausscheiden. Blind, was ich auch nicht wusste, hat neben der bekannten Bedeutung auch noch eine botanische: blütenlos. Ich denke, der Name wird sich aus der botanischen Ecke herleiten. Beim *Two Hearted River* weiß man auch nicht genau, woher der seinen Namen hat. Flüsse haben ihre Geheimnisse.

Die Kanutour auf dem *Blind Sucker* habe ich mit Jamey gemacht. Wir haben sein Kanu auf einen Truck verladen und sind losgefahren. An einem Campingplatz können wir das Auto parken und das Boot zu Wasser zu lassen. Dort befindet sich auch ein kleines Stauwehr, das ein ausgedehntes Gewässer davor geschaffen hat, und von dem aus wir in eine weitverzweigte Wasserlandschaft paddeln.

Zwischen Schilf und Wasserpflanzen befahren wir einen Fluss, der langsam von Pflanzen und kleinen Büschen überwuchert wird. An einer Stelle ist es uns unmöglich weiterzufahren. Dahinter sind nur noch kleine Wasserflächen zwischen größeren Schilf- und Grünflächen zu sehen. Selbst dort, wo wir fahren, ist ringsum bereits viel mit Gräsern bewachsen, die uns aber nicht sehr behindern. Wir sehen eine ganze Reihe von Gänsen und hören Kraniche. Am Tag vorher habe ich zwei gesehen, und zwar am Rand der Straße. Da standen sie ganz ruhig herum und ließen sich von nichts stören. Würdevoll war das Wort, das mir einfiel, als ich diese hochgewachsenen Vögel dort stehen sah.

Aber auf der Kanutour lassen sie sich nicht blicken. Dafür tauchen noch einige Enten auf, und Jamey bejaht, als ich ihn frage, ob die Enten, die er bei meinem letzten Aufenthalt geschossen hatte, von hier stammten.

Dann erzählt er, dass es Leute gebe, die Enten, wenn sie auf dem See sitzen, abschießen und nicht in der Luft. Für die armen Enten macht das sicher keinen Unterschied. Aber das eine wird als sportlich angesehen und das andere nicht. Der richtige Jäger scheucht die Enten auf und schießt sie im Flug. Jamey ist ein richtiger Jäger.

Auf unserem Weg zurück fahren wir an einer alten Müllkippe vorbei. Die ist heute professionell verschlossen, versiegelt und umzäunt. Früher war sie das nicht. Jamey ist als Jugendlicher, wenn er Bären sehen wollte, mit Freunden da rausgefahren. Die Bären haben sich dort ernährt.

„Manches Mal", sagt Jamey, „haben wir Fische auf die Motorhaube des Autos gelegt und abgewartet. Irgendwann kamen die Bären – die riechen das – und wusch", Jamey macht eine einnehmende Handbewegung, „wusch, haben die das vom Auto gewischt."

Das zweite Mal bin ich, wie gesagt, mit Robert Alexander am *Sucker River*, aber als wir losfahren, weiß ich noch nicht, dass ich den Fluss wiedersehen werde. Wir haben uns verabredet, weil er das Ferienhaus von Jim Harrison kennt.

Der verfolgt mich in Michigan fast wie Hemingway. Jim Harrison lebte nicht nur in Grand Marais, sondern auch in Leland in Leelanau County. Einige Jahre zuvor, Robert weiß nicht genau wann, hat er, Harrison, beide Häuser verkauft und ist nach Montana gezogen. Warum? Robert sagt: „Seine Frau wollte die Enkelkinder sehen. In Montana und hat ihm gesagt, entweder wir ziehen zu ihnen oder ich lasse mich scheiden."

Als ich Robert kennenlerne, erfahre ich, dass er weiß, wo das alte Cottage von Harrison steht, und bietet mir an, es mir zu zeigen. Wir fahren von Grand Marais Richtung Osten und nach einer Weile biegt Robert in einen winzigen Waldweg Richtung *Lake Superior* ein. Der Weg ist ziemlich weit. Das Haus liegt sehr einsam. Es ist ein Blockhaus mit einem beindruckenden Außenkamin aus gemauerten kleinen und größeren Steinen, die man am Strand finden kann. Ich kann durch die Fenster in einen kleinen Vorbau schauen, in dem, laut Robert, Harrison seinen Schreibtisch vor das Fenster gestellt und dort geschrieben hat.

Vom Schreibtisch aus konnte er auf den schönen Wald blicken. Den Fluss konnte er von dort aus nicht sehen. Der fließt in einer Senke am Grundstück vorbei. Ein Schriftstelleridyll. Abgeschieden von der Welt sitzen und arbeiten. Drumherum nur Bäume, Büsche, Gräser und ein Fluss, in dem man sich an heißen Sommertagen abkühlen kann. Und, besonders in der Dämmerung, auf

Teddybären achten sollte, die gern um die Ecke der Veranda schauen, um zu sehen, ob es nicht etwas Essbares zu organisieren gibt.

Robert freut sich, mir alles zeigen zu können. Er ist in seinem Freizeitaufzug. Jeansanzug, Strohhut, weißer Vollbart und sieht aus wie ein Poet, der er ja auch ist. Wir sitzen später noch lange im *Diner* von Ellen beim Kaffee und unterhalten uns über Literatur. Er weiß viel über die deutsche. Aber unser Gespräch dreht sich auch weiter um Jim Harrison, der in Europa seine größte Fangemeinde in Frankreich haben soll. Als Harrison noch nicht bekannt und erfolgreich war, traf er Jack Nicholson, den amerikanischen Schauspieler, der ihn förderte. Laut Robert war das so:

„Jack hat ihm damals 40.000 Dollar geliehen, die Harrison ihm auch zurückgezahlt hat. Daraufhin soll Jack zu ihm gesagt haben, er, Jim, sei der erste Schriftsteller, der jemals Geld zurückgezahlt habe."

Dass Nicholson ihn gefördert hat, ist nachvollziehbar, auch wenn das mit dem Geld nicht stimmen muss. Er hat die Hauptrolle in dem Film *Wolfe* gespielt, die auf einem Roman von Harrison basiert. In dem Film wird der Protagonist (Nicholson) von einem Wolf gebissen und dadurch verwandelt er sich selbst in einen. Anfangs noch in menschlicher Gestalt mit Wolfeigenschaften und -kräften. Er trifft eine Frau, von der wundervollen Michelle Pfeiffer gespielt, die sich ihn verliebt und dann, inzwischen auch zum Wolf mutiert, mit ihm zusammen in den Wäldern verschwindet. Es sind dies die Wälder von Michigan.

Jim Harrison wurde am 11. Dezember 1937 in Grayling, Nord-Michigan, geboren. Er bezeichnete sich hauptsächlich als Poet, wurde aber erfolgreich als Romanschriftsteller und Drehbuchschreiber.

Das erste Buch von ihm, das verfilmt wurde, war aber nicht *Wolfe*, sondern *Legenden der Leidenschaft* (*Legend of the Fall*) mit Brad Pitt und Anthony Hopkins. Robert erzählt mir, was Harrisons Mutter gesagt haben soll, als ihr Sohn plötzlich erfolgreich war:

„So, nun verdienst du mit deinem ganzen Geflunker auch noch Geld."

Darüber müssen wir beide lachen, und Robert sagt: „Bei ihm weißt du aber nie, ob eine Geschichte wahr ist oder nicht."

Darauf ich: „Das hat er mit Hemingway gemeinsam."

Und Robert „Ja, er wird auch sehr oft mit ihm verglichen."

Pictured Rocks

„Wie gemalt“, sagt sie und zeigt auf die Felsen. Ich will sagen: „Ja, wie deine hübschen rotbraunen Haare“, lasse es aber. Sie erinnert mich an Foxy, die Protagonistin im Roman *Ehepaare* von John Updike. Besser gesagt, an das Bild, das ich mir von ihr mache. Das liegt an ihrem Spitznamen, vielleicht bereits in frühester Kindheit vergeben, wegen der Haare. Mir gefällt ein anderer Grund besser: Im amerikanischen Englisch ist *foxy* ein Synonym für *hot* – im Sinne von *sexy*.

Updikes *Couples*, so der Originaltitel, ist mein liebstes Buch von ihm. Es beschreibt Ehepaare in einer amerikanischen Kleinstadt. Einen entsprechenden Ort in Michigan habe ich nicht gefunden. Aber eine Frau namens Foxy. Die hat auch im Buch viel Eindruck bei mir hinterlassen.

Die Foxy des Romans ist verheiratet, mit ihrem ersten Kind schwanger und beginnt eine Affäre mit Piet, der ebenfalls verheiratet ist und zwei Kinder hat. Er ist von Beruf Baumeister und von der Neigung ein Casanova. Foxy und er können nicht voneinander lassen. Beide Ehen scheitern. Ich frage mich, wie es überhaupt zu der Beziehung kommen konnte. Sie erschließt sich mir nicht. Piet ist nicht der Mann, den ich mir für Foxy wünsche. Aber was einen überragenden Schriftsteller ausmacht, ihn von einem guten unterscheidet, ist, dass er Charaktere beschreibt, die sich der Leser zwar vorstellen, aber schwer erklären kann. Oberflächlich betrachtet geht es um Sex. Um Abhängigkeit, die zerstörerisch ist. Doch tatsächlich geht es um Liebe. Liebe, die dem Gefühl folgt. Ein Verstand, der versucht, das zu ändern, egal ob der von Foxy, ihrem Liebhaber oder von mir, muss scheitern. Ich liebe Foxy auch.

Die reale Foxy und ich sind auf einem Schiff, das uns zu den *Pictured Rocks* bringt. Ich reise allein, sie mit ihrer ganzen Familie. Zwei Schwestern, ein Schwager, Vater und Mutter. Sie stammen aus Cincinnati, wo Foxy ein Praktikum in einer Werbeagentur absolviert. Der Vater ist Frauenarzt, die Mutter Hausfrau. Wie die ältere Schwester, die mit ihrem Ehemann reist. Erst denke ich, sie sei Profisportlerin, denn auf meine Frage, was ihre Schwester machen würde, sagt Foxy, ihre Schwester spiele Tennis. Es stellt sich heraus, dass sie einfach nur gern Tennis spielt. Wahrscheinlich im Country Club. Sie ist ebenfalls schön, hat ebenfalls rote Haare. Ich frage mich, woher die beiden das haben. Die Eltern sind dunkelblond. Der Vater bereits ein wenig ergraut. Die jüngere Schwester, noch ein Kind, ist schwarzhaarig. Merkwürdig. Eine nette, farbenfrohe Familie.

Foxy, mit den wie gemalt wirkenden Haaren, weicht mir kaum von der Seite, seitdem sie mitbekommen hat, dass ich aus Deutschland bin. Da war sie nämlich auch schon, und als sie es mir erzählt, frage ich: „In Heidelberg?“

„Ja, woher weißt du das?“, staunt sie.

Sie ist begeistert von Deutschland. Besonders vom Rhein, den sie ebenfalls mit einem Schiff befahren hat. In derselben Besetzung übrigens wie jetzt. Die Familie macht gern alles gemeinsam. Mit uns waren ungefähr 30 weitere Schaulustige an Bord des Schiffes, das für 150 Personen Platz bietet. Es ist Mai. Die Saison hat noch nicht begonnen. Das Wetter ist unbeständig. Aber auf unserer Kreuzfahrt haben wir Glück. Die Sonne scheint.

Im Sommer ist es allerdings nicht so einfach Plätze auf den Schiffen zu bekommen, schon gar nicht auf dem Oberdeck. Man kann und sollte sie im Internet vorbestellen.

Sandsteinklippen, Strände, Sanddünen, Wasserfälle, Seen, Wälder und 67 Kilometer schönste Küste im Süden des *Lake Superior.* Ein Refugium für Pflanzen und Tiere. Das ist die Gegend, die 1966 als erstes Seeufer in den USA zum Naturpark ernannt wurde, dem *Pictured Rocks National Lakeshore.*

Bunte Felsen sind es wirklich. An manchen Stellen wirken sie, hoch aus dem Wasser ragend, als hätte jemand mit einem Pinsel farbige Streifen von oben nach unten gemalt. Kräftige, breite Gelbtöne ziehen sich neben verschiedenen Blaufärbungen über die unterschiedliche braune Grundfarbe des Felsens, teilweise von weißen Streifen durchbrochen. An anderen Stellen heben sich helle Felsen empor, auf deren Vorsprüngen Möwen nisten, hinter sich eine Art Tapete aus blau und rostbraun, mit weißen Streifen, die wie Wasserfälle wirken. Darüber verändert sich der Fels erneut. Wird weiß mit rötlichen Flecken, die an die abgeblätterte Farbe eines Hauses in der Toskana erinnern. Überall aus dem Fels wächst Gestrüpp sowie weiße und gelbe Blumen. Ich werde, wenn ich die Fotos zeige, häufig gefragt, ob sie am Computer bearbeitet worden wären. Was sie nicht sind. Hier in der Natur, nicht bei den Fotos, war ein Künstler am Werk.

Diese Eindrücke erhält man nur von der Wasserseite, was aber nicht heißen soll, die Landseite könne vernachlässigt werden. Dort gibt es viel zu erkunden und zu sehen. Allerdings benötigt man viel mehr Zeit, um vom einen zum anderen Ort zu fahren und den Schildern zu den verschiedenen Naturwundern zu folgen. Beispielsweise zum *Au Sable Point Lighthouse* zu wandern.

Ich weiß nicht, wie viel Leuchttürme es in Michigan gibt. Angaben eines Faltblattes zufolge sollen es 124 sein. Doch der in Boyne City, von dem ich weiß, dass er existiert, weil ich ihn öfter gesehen habe, ist nicht auf der Liste. Der Gedenkturm von Robert Mannig in Empire auch nicht. Es sind mehr als 124. Von denen in der Karte habe ich einige gesehen. Vielleicht ein Dutzend.

Whitefish Bay Point ist der kommerziellste Turm, den ich besucht habe. In Northport, beim *Grand Traverse Lighthouse,* sind sie besonders einnehmend. Es ist kein Turm, sondern ein zweistöckiges weißes Haus mit hübschen Sprossenfenstern und rotem Dach, auf dem, wie eine Art Schornstein, ein kleiner schwarzer Turm mit der Lampe thront. Sehr schön. Aber ich fühle mich abgezockt. Bezahlen muss ich bei jedem Leuchtturm, den ich besichtigen will. Das ist auch in Ordnung, denn der Unterhalt kostet Geld.

Das wird entweder obligatorisch als Eintritt erhoben oder es gibt Behälter für freiwillige Spenden. In Northport kostet es schon Geld, wenn man in den Park fährt. Acht Dollar. Im Verhältnis mit Sleeping Bear, wo man für zehn Dollar ein Wochenticket bekommt, das überall im Park gilt, ist das viel. Doch das ist noch nicht alles. Für den Leuchtturm selbst soll ich noch einmal zahlen. Vier Dollar.

Ein sehr hübsches anderes Haus mit Leuchtfeuer auf dem Dach kann ich nur aus der Ferne sehen, *Marquette Harbor Light Station.* Ich müsste auf eine Führung zum kleinen vorgelagerten Felsen, auf dem es steht, zwei Stunden warten. Ziemlich enttäuschend, denn ich bin lange unterwegs gewesen. Doch allein der Blick auf das kleine rote Haus an der Spitze des Felsens, auch hier auf dem Dach ein kleines Türmchen mit der Lampe, ist jede Fahrtzeit wert. Der Anblick überlagert den Wunsch vollkommen, das Gebäude aus der Nähe zu sehen und vielleicht hinaufzusteigen.

In Mackinac City ist es mir auch nicht vergönnt, in den Turm hineinzukommen. Jedenfalls nicht bei meinem ersten Besuch.

Das Gebäude liegt mitten in der Stadt. Hinter dem Haus aus sandfarbenem Klinkerstein mit rotem Dach – der Turm selbst mit einem schwarzen – befindet sich die *Mackinac Bridge.* Der Blick auf Turm und Brücke ist unbeschreiblich kitschig. Aber Kitsch, sagen manche, sei schön. Das kann ich nachvollziehen.

Dass ich nicht hineinkomme, liegt an einer Hochzeit, die dort gerade abgehalten wird. An der Pforte treffe ich Scott Witsman vom *Mackinac State Historic Park*, der mir im Anschluss an unser Gespräch für alle Einrichtungen des Parks freien Eintritt verspricht, wenn ich seine Visitenkarte zeigen und Grüße von ihm ausrichten würde. Zu seiner Organisation gehören der Leuchtturm, 85 Prozent von *Mackinac Island* und noch einiges anderes.

Das mit der Visitenkarte hat funktioniert.

In Mackinac gibt es einen zweiten, einen neueren Leuchtturm, *McGulpin's Point Light*. Auf dem Weg dorthin fahre ich an zauberhaften kleinen Häuschen vorbei, alle mit herrlichem Blick auf den *Lake Michigan* mit der Brücke.

Hier könnte ich mir vorstellen zu leben. Man befindet sich sozusagen auf halbem Weg von *Pictured Rocks* und Sleeping Bear Dunes.

Im McGulpin erzählt mir Suzy, die dort die Aufsicht führt, dass der Leuchtturm 1868 erbaut, 1869 eröffnet und 1906 stillgelegt wurde. Er befand sich dann für ungefähr 100 Jahre in privatem Besitz. 2008 hat Emmet County das Gebäude zurückgekauft. In einer „Neubeleuchtungszeremonie" wurde es im Mai 2009 wieder für die Öffentlichkeit freigegeben. Ein Turm, auf den zu steigen sich lohnt. Man hat nicht nur den Blick über den See, sondern auch auf eine großartige Landschaft. Vor dem Leuchtturm riecht es nach Honig. Aber es gibt keinen. Auch keine Bienen. Eine Frau klärt mich auf: Es sind Blumen, Steinkraut (*Sweet Alyssum)*, die so gut duften. Ich habe vor, mir so viele Leuchttürme anzuschauen wie möglich. Richtige Türme. An den Küsten.

Das hinzuzufügen ist angeraten, weil das Wort Leuchtturm heute gern mit Projekten verbunden wird. Ich vermute, nicht wegen ihrer Leuchtkraft, denn die dient der Gefahrenabwehr. Eher wegen ihrer Stellung in der Landschaft. Sie ragen heraus, heben sich ab und ziehen alle Aufmerksamkeit auf sich. Sie sind, in einem Wort, herausragend. Außerdem sind sie häufig wunderschön.

Der Hamburger Autor Reimer Boy Eilers bezeichnet sie in einem Essay als *himmlische Fingerzeige*. Beim Betrachten erschließt sich mir diese Metapher vollständig. Gerade, wenn sich hinter ihnen ein Himmel erhebt, an dem Wolken ihre bildnerische Kreativität beweisen. Wie bei *Tawas Point Light Station* am *Lake Huron*. Ein klassischer weißer Turm vor blauem Firmament, während weiter rechts, hinter zwei roten Gebäuden, weiße Wölkchen kontrastieren, die wie am Himmel hingewischt wirken. Selbst Vincent van Gogh, mit seinen schönen Farben, wäre begeistert gewesen, hätte er es sehen können.

Von Tawas fahre ich zum nächsten Leuchtturm. Es scheint ein guter Tag dafür zu sein. Ich überquere, wie im Westen in Leelenau County, auch im Osten Michigans, am *Lake Huron* den 45. Breitengrad. Auf kleinen Landstraßen geht es durch Presque Isle County und – wie bei Tawas – wieder auf eine Landzunge.

Nach einer Weile fahre ich rechts an einer großen Schiffsschraube vorbei. Eine Skulptur am Wegesrand. Kurz darauf bin ich am Leuchtturm von Presque Isle. Auch er ist weiß. Im Park liegt ein altes Rettungsboot.

Das Gebäude neben dem Turm hat ein schwarzes Dach. Ich gehe ins Haus, weil ich gern auf den Turm steigen möchte, darf das aber nicht. Es sei zu windig. Die beiden Frauen im Souvenirshop, die mir das verwehren, trösten mich damit, dass ich auf den alten Leuchtturm hinauf könne. Der sei nicht so hoch. An dem war ich gerade, ohne es zu merken, vorbeigefahren. Bei der Schiffsschraube hätte ich abbiegen müssen. Also, zurück, was ich sowieso gemusst hätte.

Dieser Turm wirkt ungepflegt, verglichen mit anderen. Die Farbe ist großflächig abgeblättert. Im Shop, von dem aus ich auf den Turm steigen kann, verkündet eine Glocke an der Tür mein Eintreten. Eine Frau, sie heißt Kate, begrüßt mich: „Du musst der Gentleman aus Deutschland sein.“

Natürlich haben die Frauen vom neuen Leuchtturm angerufen und mich angekündigt. So ist das hier. Um sechs wird normalerweise geschlossen. Es ist bereits kurz davor und die Damen wollten sichergehen, dass ich nicht vor verschlossenen Türen stehe. Als ich sage, ich würde mich mit Aufstieg, Besichtigung und Fotografieren beeilen, erwidert Kate: „Lass dir Zeit“. Sie würde erst schließen, wenn ich alles gesehen habe, nimmt sich auch selbst Zeit und unterhält sich ausgiebig mit mir. Ich erfahre dabei, dass ich mich im ältesten Leuchtturm Michigans befinde, erbaut 1840.

Der Aufstieg kostet drei Dollar. Ich gebe zehn wegen der abgeblätterten Farbe. Wie in den anderen Leuchttürmen auch, wirkt die ursprüngliche Einrichtung vom Turm und der Wohnung der Leuchtturmwärter sehr gemütlich. Ich stelle mir vor, wie es in diesem Ambiente wohl gewesen sein mag, bei jedem Wetter, sommers wie winters, mit einer Familie zu leben. Es war sicherlich einsam. In meiner Vorstellung aber auch idyllisch.

Zum Schluss bitte ich Kate noch um ein Foto von mir vor dem Leuchtturm. Sie sagt, sie sei nicht gut im Fotografieren. Als ich mir später die Fotos ansehe, stelle ich fest, sie hatte recht.

Danach nimmt Kate sich auch noch Zeit für weitere Besucher. Für ein Ehepaar, das gehört hat, ein Frachter solle auf dem See vorbeifahren. Sie sind extra gekommen, um ihn zu sehen. Ich habe ihn gesehen. Aber die Leute sind zu spät. Das Schiff ist bereits weg. Sie wirken enttäuscht. Heutzutage gilt ein Frachtschiff auf dem See anscheinend als Sensation. Mir fällt Henry ein, der Museumsmann am *Forty Miles Lighthouse*, der traurig war, dass die Schifffahrt auf den Großen Seen weichen musste.

Die Leuchttürme sind geblieben, auch wenn sie heute nicht mehr von einzelnen Leuchtturmwärtern bewohnt und bedient werden. Sie werden zentral gesteuert. Noch einmal aus dem Buch von Reimer Boy Eilers:

„*Wem das Licht auf See jetzt noch etwas Heimeliges vorspiegelt, der erhält in Wahrheit nur elektrische Echos. Wenn doch jemand in den Türmen wohnt, ist es eine spielerische, hochstapelnde Natur, so wie jemand heute eine Windmühle besitzt ohne Müller zu sein, sich ein Wasserschlösschen kauft ohne ein Adelspatent zu besitzen, also nicht der Rede wert … Die Leuchtfeuer ziehen um in Leitzentralen und in den Weltraum ... Den Leuchtturmwärter löst der Kommunikationsingenieur ab, der von einem Regieraum aus den Masterplan eines kompletten Lichttheaters für einen Seeabschnitt in Szene setzt.“*

Aber liebenswürdige ältere Ladies, die mit Freude und Leidenschaft die Einrichtung hüten und Besucher über die Geschichte des Turmes informieren, wiegen das auf. Häufig sind die Türme im Besitz eines Vereins oder einer Einrichtung der jeweiligen Gemeinde, wurden mit viel Aufwand restauriert und werden als museales Andenken gepflegt.

Für mich hat nicht nur der Leuchtturm an sich einen Wert, sondern auch der Weg dorthin. Meistens fahre ich auf einsamen Wegen. Die Türme liegen an abgelegenen Orten, häufig auf Landzungen. Wenn sie dann plötzlich auftauchen, ist das jedes Mal ein faszinierender Anblick. Mit der Abgeschiedenheit ist naturgemäß eine Landschaft verbunden, in der man ungestört wandern kann. Wie im *Tawas State Park,* den ich mir einmal für eine Wanderung vornehme.

Anfangs gehe ich an Birken vorbei, sehr bizarr, denn sie stehen im Wasser und sind abgestorben. Ein Schild bittet, auf den Wegen zu bleiben, damit man die Pflanzen nicht zertrampelt. Ich mache das. Ich gehe weiter durch unberührte Natur. Außer mir viele Vögel, die nur eingeschränkt Notiz von mir nehmen. Auf den ausgetretenen Sandwegen, die sich durch die Landschaft mit einigen Bäumen und viel Buschwerk schlängeln, fühle ich mich in meine Kindheit versetzt. In Wanderungen durch Wiesen und Wälder von einem Dorf zum anderen. Die Ruhe und die Natur um mich herum empfinde ich als ein Geschenk dieses warmen Septembertags.

Den Leuchtturm, *Au Sable Point,* bei Grand Marais kann man nur zu Fuß erreichen. Er kommt sehr langsam ins Blickfeld, wenn sich nach ungefähr drei Kilometern Wegstrecke, der Wald lichtet. Später merke ich, ich hätte auch am Strand entlanggehen können. Das empfinde ich aber als langweilig. Zu sehen wie der Turm erst leicht durch die Bäume schimmert und, je näher ich komme, immer mehr von seinem Weiß enthullt, bis er, mit schwarzem Dach und Reling, vor mir aufwächst, umgeben von zwei Backsteingebäuden, ist das, was man nach einer Wanderung immer erhalten sollt: eine Belohnung. Die Anlage ist eingebettet in einen Park. Man kann den Turm auch von der anderen Seite, von Grand Marais aus, erreichen. Man sieht ihn teilweise dann schon lange vorher. Es geht durch Wälder über kleine und größere Hügel. Der Weg ist halb zugewachsen und das Gefühl, das unterwegs Bären warten könnten, lässt mich am Turm nicht lange verweilen. Ich muss den Weg noch zurück.

Beeindruckend ist auch ein anderer Turm. Der einsamste von allen, die ich besucht habe. Schon die Gegend darum bietet nicht viel mehr als Landschaft. Ich fahre von Munising aus Richtung Westen, über Marquette nach Big Bay.

Ein paar verstreute Häuser, einige hübsche Cottages aber auch Baracken, ein Motel, ein paar kleine Seen, dann der *Big Bay Snowmobile Club*, *Thunder Bay Inn* (in dem einmal ein dramatisches Ereignis stattfand) und von dort noch fünf Kilometer. Das weiß ich von Joe, den ich in seiner Tankstelle getroffen habe.

Der Leuchtturm liegt genauso verlassen wie der Ort Big Bay. Aber er ist sehr ansehnlich. Das Haus ist sehr groß, zwei Stockwerke hoch, und auch hier thront die Lampe auf dem Dach. Es wird als B&B genutzt. Ich laufe herum, fotografiere und frage mich, ob das alles wäre. So weit gefahren und dann keine Menschenseele. Nach einer Weile aber kommt Jeff. Er ist der Eigentümer des Gebäudes. Ich frage ihn nach einer Übernachtungsmöglichkeit. Er sagt, die Saison sei zu Ende. Nett gesagt, dass er mich nicht haben will. Ich unterhalte mich trotzdem weiter mit ihm und frage unter anderem, was er im Winter machen würde.

„Och“, sagt er, „da ist es ziemlich ruhig hier. Ab und zu kommen Gruppen aus Marquette zu Besuch. Buchclubs und Gesangvereine.“

Na schön, denke ich, dann ist er den Winter über nicht ganz allein. Ich kann mir trotzdem schwer vorstellen, hier ganzjährig zu leben. Aber Jeff tut es. Lena auch. Nicht ganz so einsam, denn sie lebt in Big Bay und nicht im Leuchtturm. Sie ist eine junge Frau, etwas füllig, wie viele junge Menschen heutzutage, mit hübschem Gesicht, und arbeitet bei Joe, der neben seiner Tankstelle ein Restaurant betreibt, in dem ich Kaffee und Kuchen vor mir stehen habe.

Mir wird erst im Gespräch mit ihr bewusst, wie entlegen der Ort ist. Es gibt zwar einen Kindergarten und eine Grundschule, aber Lena erzählt: „Zur High School musste ich immer den Schulbus nach Marquette nehmen. Das dauerte zwei Stunden, bei all den Kindern, die abgeholt werden mussten. Um fünf, spätestens halb sechs Uhr, musste ich aufstehen, um den Bus um zehn nach sechs zu kriegen."

Ich erkundige mich dann bei ihr nach dem besten Weg in den Nationalpark und da wird mir klar, dass um Big Bay herum nichts anderes als Wildnis ist. Ich mag es kaum glauben und frage nach: „Meinst du, da gibt es keine Straßen?"

„Nee," sagt sie und lacht.

„Heißt das, ich muss die 30 Meilen nach Marquette zurück, um entweder nach Norden oder Süden zu fahren?"

Lena lacht wieder: „Richtig. Nur der eine Weg."

Das dramatische Ereignis, von dem ich eben schrieb, das Big Bay einst erschütterte, war ein Mord. Berühmt wurde dieses Verbrechen durch Otto Premingers Spielfilm, der hier am Originalschauplatz gedreht wurde. In ihm verteidigt ein Rechtsanwalt, gespielt von James Stewart, einen Armeeoffizier und schafft es, dass dieser freigesprochen wird. Der Mann, dessen Frau in einem abgelegenen Waldstück von einem Barbesitzer vergewaltigt worden sein soll, hatte diesen erschossen. Der Film lässt bis zum Schluss offen, ob die Ehefrau tatsächlich vergewaltigt wurde. Möglicherweise hatte sie dem Barbesitzer im Vorfeld der Tat Avancen gemacht oder sogar eine Affäre mit ihm gehabt und der Offizier, ihr Ehemann, hätte ihn deshalb erschoss. Der Name des Films: *Anatomie eines Mordes (Anatomy of a Murder).*

Lena hat mir erzählt, jedenfalls hatte ich das so verstanden, dass der Film am Originalschauplatz der Tat, im *Thunder Bay Inn* gedreht worden sei. Das Inn ist noch aus einem anderen Grund interessant. Den erfahre ich vom heutigen Besitzer, Duke. Er sagt mir, das Haus sei ursprünglich kein Hotel gewesen. Erst Henry Ford, dessen Automobile mit Holz aus Big Bay ausgestattet wurden, machte ein Hotel daraus. Aber nicht für die Öffentlichkeit, sondern für seine Freunde, wie Thomas Edison, Harvey Firestone und all die anderen Größen der industriellen Revolution der Vereinigten Staaten. Duke erzählt weiter: „Im Ford Museum in Detroit gibt es ein Bild von ihnen, das sie auf der Veranda meines Hotels zeigt. Und, weißt du, was mich dabei interessiert, wenn er mit all den Leuten hier herumhing?"

„Nee, was."

„Worüber die gesprochen haben mögen. Haben die immer nur über Geschäfte gesprochen oder über alltägliche Dinge, übers Angeln und so etwas? Da wäre ich gern mal Mäuschen gewesen. Was ich aber weiß, ist, dass die ihre Ruhe haben wollten. Es gab auf den Zimmern kein Telefon und Big Bay ist so weit entfernt von anderen Orten und nur ein Weg rein und raus, dass sie hier ungestört sein konnten."

Er lacht, als ich ihm sage, dass ich bei meinem ersten Besuch dachte, von hier aus weiter in den Norden zu fahren und erst Lena mir erklärt hat, das würde wohl nichts werden.

„Ja", sagt er, „das ist eins der einmaligen Dinge von Big Bay. Die Abgeschiedenheit. Aber wir haben den

Lake Superior und andere kleine Seen. Wenn Leute, die vorher noch nie hier waren, ein Zimmer bestellen wollen, frage ich sie immer, ob sie es lieben, in der Natur zu sein, ungestört. Denn wenn nicht, brauchen sie sich nicht die Mühe zu machen, hierher zu kommen. Hier gibt es keine Einkaufszentren, Kinos oder Discos. Und als sie 1959 den Film hier machten, haben sie extra das Restaurant hier angebaut."

„Die haben was gemacht?", wundere ich mich, „dies große Restaurant nur für den Film gebaut?"

„Ja, es gab ja sonst keins. Die Bewohner haben die damaligen Eigentümer noch ausgelacht und gesagt: ‚und nun, was macht ihr jetzt, nachdem die Filmleute weg sind, mit dem riesigen Restaurant?' Aber es war eine gute Sache für das Hotel."

„So," frage ich, „und der Mord hat im Restaurant stattgefunden und dort wurde auch der Film gedreht?"

„Nein. Wenn du dich erinnerst an den Film dann weißt du, dass sie den eigentlichen Mord dort nie gezeigt haben."

„Ja," bestätige ich, „das stimmt."

„Im Film siehst du die Lobby, in der wir gerade sitzen, das Hotel von außen, und hier," er zeigt auf eine grüne Tür, „dahinter ist der Speisesaal. Der ursprüngliche, den schon Henry Ford hatte. Dort hat sich der Film dann abgespielt. Und natürlich haben die Schauspieler, James Steward, Lee Remick, Ben Gazarra, George C. Scott um nur einige zu nennen, hier gewohnt. Und natürlich Duke Ellington, der die Musik zum Film geschrieben hat."

„Das Haus hat ja eine ziemlich beeindruckende Geschichte," stelle ich fest.

„Ja, sagt Duke, „es ist wirklich interessant, wenn du hier in der Lobby stehst oder oben, wo dein Zimmer ist, und dir eine Sekunde Zeit nimmst, daran zu denken, wo du bist. An all die Leute und Geschichten. Für mich ist es eine tolle Sache, ein Teil davon zu sein."

„Ja, aber auch ein Mord ist hier geschehen."

„Eigentlich nicht hier, sondern der hat in der Bar ein paar Häuser weiter unten, im *Lumberjack Tavern* stattgefunden. Als die Scouts hierherkamen, um den Film vorzubereiten, stellten sie fest, dass die Bar nicht groß genug war. Deswegen kamen sie hierher."

Die Bar, von der Duke spricht, befindet sich in einem Holzhaus mit einer durch Fliegengitter abgeschirmten Veranda davor. Auf einem riesigen Schild an der Frontseite wird auf den Film aufmerksam gemacht.

Es ist die eine Szene in dem Film, in der man James Stewart in die Bar kommen sieht, vor ihm die Zeichnung der Umrisse des Ermordeten auf den Boden. In ein Foto vom Boden hat man die Worte: *Anatomy of a Murder* geschrieben.

Als ich seinerzeit bei Lena am Tresen sitze und wir uns unterhalten, überlegte ich auch, statt nach Copper Harbor im Norden, zum *Hiawatha National Forest* im Süden zu fahren. Copper Harbor war Mitte des 19. Jahrhunderts – zu einer Zeit, als das Gebiet nur per Schiff zu erreichen war – der erste Hafen, in dem das abgebaute Kupfer verladen wurde. Kupfer wird heute nicht mehr gefördert.

Die Gegend ist aber noch berühmt für alte Minen und Hafenanlagen, die zu besichtigen sind. Der *Hiawatha National Forest*, mit seinen Wäldern, Seen und kilometerlangen Küsten an drei der Großen Seen, besteht aus verlassenen Farmen, von Waldbränden zerstörten Gegenden und stillgelegten Holzfällergebieten und wurde 1931 zum Nationalpark erklärt. Der Park ist ideal für Angler, Freizeitkapitäne und Wasserliebhaber aller Altersgruppen. Man kann beispielsweise auf dem Indian River tief in ihn hineinfahren, bis hinter die nördlichen großen Wälder und Sümpfe. Er ist riesig und verwirrend. Er scheint überall zu sein. Den Eindruck habe ich wohl deswegen, weil er aus zwei großen Teilen besteht. Ich erkundige mich bei Lena nach dem Weg. Sie fragt: „Copper Harbor? Bei Houghton?"

Ich nicke.

„Ja", sagt sie, „sehr schön. Aber der Park auch. Wenn du Glück hast, kannst du Rehe und Bären sehen. Es gibt viele Bären dort. Sie sind zwar wild, aber nicht gefährlich, weil sie weglaufen, wenn sie Menschen sehen."

„Hoffentlich", sage ich, denke an Jamey und sehe mich bereits selbst Auge in Auge mit einem Schwarzbären, und füge hinzu: „Ich möchte denen lieber nicht allein im Wald begegnen."

„Die sind doch süß", sagt Lena, „richtige Teddys."

„Teddys", entgegne ich, „bringe ich eher mit Bären wie Koalas in Verbindung."

„Ach", wundert sie sich, „dann weißt du es also nicht?"

„Was weiß ich nicht?"

„Warum der Teddybär Teddybär heißt ..."

Sie hat recht, ich habe keine Ahnung. Aber sie klärt mich auf: Der frühere amerikanische Präsident, Theodore Roosevelt, genannt *Teddy*, soll sich einmal geweigert haben, einen Schwarzbären zu erlegen. In einer Zeitung wurde dieses Ereignis mit einer Karikatur festgehalten, woraufhin jemand einen Bären namens *Teddy* auf den Markt brachte. So einfach, so klar.

Also Teddybären.

„Dann sollte ich also lieber zu den Teddybären fahren, oder?"

Lena nickt. Dann reden wir über die Gegend. Lena bestätigt mir meinen Eindruck, dass es hier sehr einsam ist: „Oh ja, mein Gott, und erst im Winter! Da gibt es manchmal Schnee, der so hoch liegt, dass er bis über meinen Kopf reicht. Die einzige Möglichkeit, irgendwo noch etwas einzukaufen, ist dann hier bei Joe, weil du aus Big Bay nicht mehr herauskommst. Meistens fällt dann auch noch der Strom aus, weil die Strommasten umkippen oder Bäume auf die Leitungen fallen. Das ist aber jetzt besser geworden, weil man sie für die Bergwerke verstärkt hat."

„Eisen?", frage ich, denn die Gegend hier ist dafür bekannt. In Marquette gibt es sogar ein Eisenmuseum.

Lena sagt: „Nee, Sulfide."

Ich sage: „Das hört sich nicht schön an."

Lena findet das auch. Nicht nur sie. Industrielle Entwicklung und Zerstörung der Natur durch Abholzen von Wäldern und Ausbeuten von Bodenschätzen haben die Umwelt unseres Planeten nachhaltig beeinflusst. Dagegen erhoben sich immer wieder Bewegungen, mit dem Ziel, die Natur, Flora und Fauna und den Lebensraum für uns Menschen zu schützen.

Erhebliche Bedeutung gewannen sie ab den 1960er Jahren. Wald- und Fischsterben, Verschmutzung der Gewässer, Chemieunfälle und die Nutzung der Kernenergie boten den Aktivisten ein breites Betätigungsfeld. *Greenpeace* entstand in dieser Zeit.

Ursprünglich gegen die Atombombentests gerichtet, kämpft es heute weltweit für den Erhalt der natürlichen Ressourcen.

In Deutschland und in anderen Ländern haben sich Parteien gegründet, die das Wort grün im Namen führen und den umweltgerechten Umgang der Menschen mit der Natur zu ihrem Programm gemacht haben. Auch an den USA ist diese Bewegung nicht vorrübergegangen. Die dort gegründete Umweltschutzorganisation verbannte beispielsweise ab 1972 das Pflanzenschutzmittel DDT. Die Einrichtung der großen Naturparks in den Vereinigten Staaten ist auch eine Maßnahme zum Schutz der Umwelt.

Die Verpflichtung, die Natur zu schützen, hat aber seine Grenzen in den Vorstandsetagen der Wirtschaft, wenn es um deren Interessen geht. Nur so ist zu erklären, dass in einem Naturpark erlaubt wird, Sulfide abzubauen.

Sie kontaminieren die Umgebung und gelten durch ihren Abbau als schädlich, weil ihre Abraumhalden die Gewässer übersäuern, und zwar für eine lange Zeit.

Anscheinend stört das nicht nur Lena und mich, sondern auch die Verantwortlichen im County.

Wie ich später von Amanda, der Reporterin der *Munising News* höre, gibt es kontroverse Ansichten über den Sulfide-Abbau. Als ich Amanda treffe, frage ich sie noch nach der Luftverschmutzung.

„Die Firma", sagt sie, „behauptet, sie hätte Vorrichtungen, um die zu verhindern. Die Bewohner fürchten mehr die Wasserverschmutzung und damit besonders die Gefährdung der Bachsaiblinge, die hier sehr häufig vorkommen."

Mit fällt dazu die Situation in Deutschland ein, und ich sage: „Amanda, wir in Deutschland haben für Kreuzkröten schon ganze Bauvorhaben verboten, teure Tunnel für Molche gebaut oder Autobahnplanungen wegen Fledermäusen verändert. Da wird es doch wohl möglich sein, Bachsaiblinge zu retten, oder nicht?"

Ich meine das nicht ganz ernst, denn in Deutschland können wir auch nicht davon ausgehen, dass wirtschaftliche Interessen vor ökologischen rangieren. Aber Amanda geht darauf ein und sagt zu meiner Verblüffung:

„Weißt du, das hätte hier auch passieren können, denn eine Menge von Umweltschutzgruppen setzen sich dafür ein. Aber enttäuschend ist, dass die Organisationen, die im Staat Michigan für den Naturschutz zuständig sind, das *Department of Natural Resources* und das *Department of Environment Quality* dem Vorhaben zugestimmt haben. Deshalb hat auch die *US Environment Protection Agency* ihr Okay gegeben. Damit hatten die

Umweltschutzverbände nicht gerechnet. Entsprechend sauer sind sie."

Das kann man verstehen. Aber Bachsaiblinge werfen keine ausreichende Rendite ab. Die scheint wichtiger zu sein, als das Leben von ein paar Fischen, auch wenn sie besonders appetitlich sind.

Lena muss also weiterhin die Sulfide fürchten. Man sieht, dass abgelegen zu sein nicht gleichbedeutend ist, mit unbeachtet zu sein. Dass Big Bay tatsächlich sehr abgeschieden liegt, erfahre ich, als ich mich verabschiede. Zuvor habe ich Lenas Erzählungen nicht richtig eingeordnet, zum Beispiel als sie mir erzählt, dass ihr Ur-Urgroßvater mit *Brands Landing* das erste Haus hier gebaut habe, nachdem er eine Frau von einem der Indianerstämme getroffen und geheiratet hätte. Ich frage: „Gibt es hier auch heute noch Ureinwohner?"

„Ja, eine Menge, sagt sie, „aber kein Reservat", fügt sie auf meine Nachfrage hinzu.

Dann kann ich auch gleich ganz zurückfahren, finde ich. Ich spare mir weitere Entdeckungen im Westen der Upper Peninsula. In *Pictured Rocks* gibt es noch genug, was auf mich wartet.

Als ich das erste Mal durch den *Pictured Rocks National Lakeshore* fahre, noch auf dem Sandweg H 58, der inzwischen asphaltiert ist, will ich lieber nicht zu den einzelnen angebotenen Aussichtspunkten abfahren, denn es gibt Gewitterwarnungen. Außerdem ist auch auf dem Weg genug Natur zu bewundern.

Von Grand Marais durch waldiges Gelände kommend, nähert sich der Weg hinter dem *Au Sable Point*

Lighthouse wieder dem *Lake Superior*, führt ein Stückchen am See entlang, dann aber auch teilweise außerhalb des Naturparks. Aber für Michigan gilt: Wasser gibt es überall. Der nächste See, der *Lake Kensington*, lässt deshalb nicht lange auf sich warten. Er ist für mich der zauberhafteste von allen.

Während der Fahrt frage ich mich immer wieder, warum ich die Gewitterwarnungen ignoriert habe und ausgerechnet heute diese unwegsame Strecke fahre. Ich bin völlig allein. Kurze Visionen huschen durch meinen Kopf: Sturzbäche vom Himmel. Schlamm auf den Wegen. Das Auto steckt fest. Dunkle Nacht im einsamen Wald (kein Handy-Empfang). Dann verscheucht der faszinierende See meine Besorgnis. Es liegt auch an ihm, dass ich für die 90 Kilometer über drei Stunden benötige.

Der Wald steht hier stumpf und dunstig, glänzend im Spiegel des Sees. Laubbäume. Dazwischen recken sich Kiefern spitz in die Höhe. Rostbraune Färbungen durchmischen dunkles Grün. Dünne Birken malen weiße Striche in Laub und Nadel. Zu meiner Linken aber ändert sich die Szenerie. Keine Kiefern mehr. Die Birken jetzt dick, direkt am Ufer. Diesem Wald ist das Wetter egal. Er bewundert sich zufrieden im spiegelnden Wasser des Sees. So auch ich. Den See. Die Farben. Den Himmel. Ein perfektes Bild. Wer weiß, ob sich bei Sonnenschein ein so herrlicher Moment ergeben hätte.

Ob Wasser als Lebewesen betrachtet werden muss, wie die Anishinabeg es tun, weiß ich nicht. Als Leben auf jeden Fall, und dieses Leben ist ewig und damit das belegbare Muster für alles Leben. Wasser hört nie auf zu existieren. Es ändert nur seinen Zustand. Energie, die nie vergeht.

Der japanische Forscher, Dr. Masaru Emoto, hat in seinem Buch *Wasserkristalle* die molekulare Struktur des Wassers beschrieben. Der Dokumentarfilm *How the Bleep do we know* veranschaulicht eindrucksvoll seine Erkenntnisse. Wasser ist, erfährt man, das empfänglichste aller vier Elemente und seine Struktur kann nicht nur physisch beeinflusst werden. Masaru Emoto hat auf wissenschaftlicher Basis versucht, mental auf Wasser einzuwirken.

Diese Versuche wurden mit einem Dunkelfeldmikroskop dokumentiert. Im Film werden Bilder im Vorher-Nachher-Modus gezeigt. Das Wasser des Fujiwara-Damms etwa, bevor und nachdem es von einem zenbuddhistischen Mönch gesegnet wurde. Flaschen mit destilliertem Wasser, auf deren Boden Worte geschrieben waren wie *Chi of Love* oder *Danke*. Alle Nachher-Fotos weisen exorbitante Veränderungen auf gegenüber den Vorher-Fotos. Das Wasser des Damms wirkt anfangs wie ein in eine Pfanne geschlagenes Ei ohne Eigelb. Danach verfügt es über eine kristallene Struktur. Ähnlich einer von Menschenhand gefertigten Brosche. Das destillierte Wasser zeigt zuvor eine sechseckige Struktur mit vier nach innen verlaufenden Teilen. Nach dem *Chi of Love* hat es die Struktur einer Schneeflocke. Das Wort *Danke* vergrößert die Form. Sie erinnert nun an einen sechseckigen Spiegel in einem entsprechenden Schmuckrahmen, mit kleinen Kristallen an den Ecken.

Masaru Emoto sieht eine treibende Kraft hinter all dem. Er sagt, der Wissenschaft seien die tatsächlichen Einflüsse auf die Moleküle unbekannt. Nur die Wassermoleküle selbst kennen sie.

Der Filmtitel *How the Bleep do we know,* den ich soeben erwähnt habe, ist rätselhaft. Ich würde ihn so übersetzen: *Was, zum Teufel, wissen wir eigentli*ch? Wobei *Bleep* natürlich nicht *zum Teufel* heißt. *Bleep* heißt gar nichts. *Bleep* steht für *Fuck*. Das aber darf man in den USA nicht sagen. In den Medien ist, fall es der eine oder die andere doch ausnahmsweise mal machen sollte, ein Ton programmiert, der sich wie *Bleep* anhört. In anderen englischsprachigen Ländern nicht. Da darf man das auch sagen. Aber da macht das niemand.

Die Versuche von Dr. Masaru Emoto sind faszinierend, wenn man bedenkt, dass 90 Prozent unseres Körpers aus Wasser besteht. Wenn Gedanken und Worte einen solchen Einfluss auf Wasser haben, welchen Einfluss haben sie erst auf uns?

Wasserfälle bieten den spektakulärsten Eindruck von Wasser. In Michigan findet man mehr als 30 davon, dreizehn davon allein in *Pictured Rocks* und Umgebung. Ich kann nicht alle aufsuchen. Aber viele sehe ich mir an. Durch einen Freund höre ich von einem imaginären Wasserfall-Wettbewerb. Ich habe ihm erzählt, dass ich schon bei den Wasserfällen von *Iguaçu* in Südamerika war und mir vorgenommen habe, in Nordamerika zu den *Niagara Falls* zu fahren.

„Und dann die *Victoria Falls* in Zimbabwe“, sagt er spöttisch.

„Warum grinst du denn so“, frage ich ihn, und er sagt: „Willst du auch die drei größten Wasserfälle der Welt besucht haben?“

„Wieso?“

Das sei ungefähr so, meint er, wie alle Achttausender zu besteigen. Wenn auch nicht so anstrengend. Oder alle Kaps zu umsegeln.

Von den dreizehn Wasserfällen in der Gegend um Pictured Rocks, habe ich den einen, *Au Sable Fall*, bereits gesehen, als ich nach Grand Marais komme. Vom Parkplatz aus brauche ich nur 150 Meter zu laufen. Er ist nicht sehr groß, aber lärmt doch beeindruckend mit seinem rauschenden Wasser. Man kann ihn von einer kleinen Aussichtsplattform sehen und fotografieren, wenn nicht gerade jemand davor steht, der mit Hingabe das Objektiv seiner Kamera putzt.

Ich gehe ein wenig zurück, fotografiere die Umgebung und denke, der wird ja wohl irgendwann fertig sein. Aber als ich zurückkomme, putzt er immer noch. Ich biege mich rechts und links über das Geländer. Geht auch, ist aber nicht optimal. Ich denke, er hätte seine Kamera auch abseits putzen könne. Aber Geduld ist eine Tugend. Sie zahlt sich aus. Denn als er fertig ist, bemerkt er mich, tritt zur Seite und entschuldigt sich: „Sorry.“

Wie hätte sich ein etwaiger Ärger bei mir danach wohl angefühlt? Nach meiner *Pictured Rocks* Bootsfahrt kann ich auf der Wasserfall-Liste auch die *Spray Falls* und die *Bridalveil Falls* abhaken. Der Name *Brautschleier* (*Bridalveil*) kommt mir anfangs merkwürdig für einen

Wasserfall vor. Inzwischen weiß ich, dass er in Nordamerika der am meisten verwendete ist. Der berühmteste befindet sich im *Yosemite National Park* und hat auf einigen Bildern in der Tat eine gewisse Ähnlichkeit mit einem Brautschleier. Weit entfernt davon jener in Pictured Rocks. Die Wassermenge ist fast armselig. Wobei ich sogar Glück habe, dass er überhaupt Wasser führt, denn der Winter war trocken. Der Wasserfall wird schon in normalen Jahren zum Sommer hin zu einem Rinnsal. Als ich an diesem Maitag dort bin, tröpfelt es nur in den See. Ich überlege, mir ein neues Projekt in Angriff zu nehmen: Alle Brautschleier-Wasserfälle in Nordamerika besuchen. Einen habe ich schon. Er ist eines der meistfotografierten Objekte der Pictured Rocks. Das mag daran liegen, dass der Fels, von dem aus er in den See fließt, eine besondere Form hat.

Der untere Teil, aus Sandstein, erhebt sich wie eine Sanddüne aus dem See. Es scheint, man könne ihn ohne weiteres besteigen. Doch dann wölbt er sich zu einer Art *half pipe*, wie ein Skater es nennen würde. An der Stelle, von der das Wasser von oben nach unten fällt, kann ich an der Größe der Einbuchtung sehen, dass es im Winterhalbjahr erheblich mehr sein muss, als das bisschen, das ich jetzt sehe. Oben auf dem Fels sehe ich Gestrüpp und jungen Wald. Aus dem unteren Teil wächst es schräg heraus. Die Menge des Wassers spielt für das Motiv keine Rolle. Der kurz vor einem Cliff liegend Wasserfall wirkt wie ein vorgegebener Goldener Schnitt.

Auf meinem Weg auf der noch sandigen Straße

nach Munising komme ich schließlich durch eine Heidelandschaft. Der Himmel verfinstert sich. Es fängt zu regnen an und ich übersehe die besten Übernachtungsmöglichkeiten direkt vor Munising am *Lake Superior*.

Auf meiner Suche nach einem geeigneten Hotel fahre ich durch den ganzen Ort hindurch, bis rechts von mir am See ein *Holiday Inn* auftaucht. Zwar nicht die Unterkunft, die ich bevorzuge. Andererseits weiß ich, woran ich bei diesen Hotels bin: Gute Zimmer, schlechtes Frühstück und meistens ein Schwimmbad. So auch hier. Plus Seeblick über den *Lake Superior* direkt auf die Küste, mit den *Pictured Rocks* rechter Hand und der Insel *Grand Island* direkt vor meinem Zimmer. Herrliche Sonnenaufgänge und einmal ein Regenbogen, der wie eine Kuppel über dem See steht. Mit fantastischen Blicken über den *Lake Superior* könnte ich ohnehin handeln.

Auf dem Parkplatz vor dem Hotel weht mir der neue Hut vom Kopf. Windig ist es in Munising so gut wie immer. Aber das bin ich aus Hamburg gewohnt. Dennoch, dass es mir in Munising auf Anhieb gefällt, ist ein kleines Wunder.

Nach der Tour auf der sandigen H 58, nach drei Stunden intensiver Natureindrücke, nach dunklen Gewitterwolken, die sich allerdings zu entladen scheuen, ist eine Fabrik das Erste, was Munising mir bietet, genauer gesagt die Papierfabrik *Neenah Paper*. Hinter ihr geht es auf die Hauptstraße, die auch keine Begeisterung erweckt. Langezogen in zersiedelter Landschaft, wie üblich in den USA. Es überwiegt der Eindruck von Parkraum. Nicht gerade, was erwarten lässt, der Ort könne einen Preis gewinnen. Doch es wurde ein Podiumsplatz.

Wer die kleinen Häuschen am Fuß der bewaldeten Hügel – nicht nur in seinen Herbstfarben – in sich aufgenommen und sich in der Stadt umgesehen hat, wer zu Wanderungen in die Umgebung zu den unzähligen Wasserfällen und anderen Sehenswürdigkeiten aufgebrochen ist, der wird mir in meiner Einschätzung folgen. Falls ein imaginärer Reisegott den Besuch nur eines einzigen Ortes in Michigan erlauben würde, sollte Munising der Ort sein, den man sich aussucht. Glen Arbor ist grandios, Petoskey entzückend, Grand Marais gemütlich, Leland heimelig und Harbor Springs wohlhabend. Munising ist von allem etwas. Auf den zweiten Blick.

Die Hauptstraße ist nur für den täglichen Bedarf zuständig: Benzin, Getränke, Lebensmittel. Ansonsten zum Durchfahren. Der geschäftliche Teil der Stadt entwickelt seinen Charme in den Nebenstraßen.

Obwohl das erste beeindruckende Geschäft liegt an der Hauptstraße – allerdings etwas zurückgesetzt. Es fällt somit in meine Nebenstraßenkategorie. Das *Gift-Haus*. So steht es auf Deutsch auf dem Schild. Wer erwartet Gifte kaufen zu können, wird enttäuscht. Ich habe auch keine Verwendung dafür.

Gift-House, auf Englisch, würde das Sortiment korrekter beschreiben: Ein Geschäft, in dem Geschenkartikel angeboten werden. Außerdem Schuhe und Freizeitkleidung. Ich frage die Verkäuferin: „Weißt du eigentlich, was das da draußen auf dem Schild bedeutet?"

Weiß sie natürlich. Gerry Bell, der Inhaber, des Deutschen mächtig, nutzte bei der Suche nach einem

Namen für sein Geschäft die Gelegenheit zu einem Wortspiel. Sein erstes *Gift-Haus* befand sich in Sault Ste. Marie. Danach hat er das in Munising eröffnet habe. Außerdem erzählte er mir, es gebe auch in Pennsylvania und in Washington State *Gift-Häuser*.

Ich hatte auf meiner Reise, als ich den schönen Hut in Leland erworben habe, noch einen anderen einmaligen Einkauf getätigt: Sandalen. Wie beim Hut, so auch hier meine ersten. Von *Minnetonka. Fisherman's* sowieso hießen sie. Ich trug sie, bis sie auseinanderfielen. Als ich mir vier Jahre später im *Gift-Haus* neue kaufen will, heißt es: Keine Saison für Sandalen. Herbst. Nun gut. Nächster Versuch im darauffolgenden Sommer. Wieder nichts.

Kauft keiner mehr. *Minnetonka* hat deshalb die Produktion eingestellt. Nur noch Sandalen für Frauen. Ich habe es mit anderen versucht. Kein Vergleich. Also ist meine Liebe zu Sandalen, im Gegensatz zum Hut, wieder vorbei.

Gerry erzählt: „Munising ist eine prosperierende Stadt mit all den Aktivitäten, den Bootstouren, Kajak- und Kanufahrten, Wanderungen und im Winter kommen Snowmobiler. Es ist ein Spielplatz für Wintersport. Die Leute leben in den vielen Motels oder weiter draußen in Ferienhäusern. Wir haben von Jahr zu Jahr steigende Besucherzahlen. Allein in den zwei Sommermonaten in diesem Jahr 2018 hatten wir 800.000 Besucher.“

Ich wundere mich: „Aber im Winter, mit dem ganzen Schnee? Ich habe Bilder gesehen, da lag der Schnee hüfthoch. Es muss doch ziemlich mühsam sein, hierher zu kommen und dann mit dem Auto umherzufahren, oder?".

„Klar, man muss natürlich wissen, wie man fahren muss. Es ist schon besser, ein Fahrzeug mit Allradantrieb und Winterreifen zu haben."

Ich sage: „Und Schneeketten ..."

„Nee, die sind hier verboten."

„Verboten? Bei dem vielen Schnee?"

„Ja, die ruinieren nur die Straßen."

Ich denke, bei dem Straßenzustand, würde das auch nicht viel ausmachen. Aber dann fällt mir auf, dass es eine blöde Bemerkung von mir ist. Es gibt so gut wie keine Steigungen hier. Bei dem Thema Winteraktivitäten, fällt mir ein: „Stimmt es eigentlich, dass die Leute von weitherkommen, um hier die gefrorenen Wasserfälle hochzukraxeln?"

„Oh ja, das ist ein großes Freizeitvergnügen."

„Und da bricht nichts ab? Das sind doch mehr oder weniger Eiszapfen."

„Ja, aber da bricht nichts. Das Wasser ist richtig fest gefroren."

Eines in den letzten Jahren, erzählt mir Gerry, sei ihm aufgefallen:

„Weißt du, früher haben wir hier an schlanke durchtrainierte Leute, die gewandert sind und Radfahrtouren gemacht haben unsere Kleidung verkauft: small, medium und large. Heutzutage verkaufen wir nur noch Übergrößen. Das sind die Leute, die nur noch herkommen, um mit den Booten zu fahren. Keine Athleten."

„So, du meinst, es gab früher mehr sportliche aktive Besucher als heute?“

„Ja, es liegt daran, dass unser Museum mit den Schiffswracks und die Bootstouren überall groß inseriert werden und viele, die früher nur nach *Mackinac Island* fuhren, jetzt auch hierher kommen.“

Ich sage: „Die Schiffswracks kann man durch die Boote mit den Glasböden sehen. Ist dass denn so interessant?“

„Oh ja, da draußen liegen jede Menge. Wenn die Stürme über den *Lake Superior* kamen, versuchten die Schiffe dicht am Ufer zu bleiben. Aber manches Mal, wenn die Stürme gewaltiger wurden, liefen sie auf Grund oder wurden gegen Felsen geschleudert. Es gab viele Lebensrettungsstationen, die in solchen Fällen versuchten, die Überlebenden zu bergen. Das ist der Grund, warum die Wracks so dicht am Ufer liegen, dass man sie heute bequem besichtigen kann.

„Ich verstehe,“ sage ich, „das ist dann auch der Grund, weshalb ich oben beim *Au Sable Point* ein Wracks, das heißt, Reste davon direkt vom Strand aus sehen kann, richtig?“

„Ja, richtig.“

Wenn man vom Gift-Haus durch die Superior Street von Munising geht kann man die kleinen hübschen Häuser vor den umliegenden Hügeln bewundern. Sie geben der Stadt eine beruhigende Atmosphäre. Hier ist wenig Hektik. Man weiß, nur ein paar Schritte weiter, in der Natur, verliert alles Städtische Zeit und Raum. Lediglich die Laubfärbungen im Herbst mögen dadurch

Spannung erzeugen, dass man vor die Frage gestellt wird, ob man mit weitem Blick in der Stadt bleibt oder ob man rausgeht und eintaucht in die Farbenpracht.

Die örtliche Zeitung heißt *Munising News*. Sie existiert seit 1896. Seit 1998 gehört sie Nancy und Willy Petersen. Willy hatte 27 Jahre zuvor bei einer Redaktion in Marquette gearbeitet.

Ich erfahre in der Redaktion, dass die Gegend um Munising Motorschlitten-Hauptstadt der Welt genannt wird. Wobei der Begriff Gegend sehr weit gefasst ist: bis nach Wisconsin. Weiter höre ich, dass es in Michigan eine Menge von Wettrennen gebe. An erster Stelle stehe *The I-500*, das in Sault Ste. Marie ausgetragen würde. Es sei das größte Snowmobile-Rennen der Welt.

Einige Leute hätten sich 1968 zusammengesetzt und überlegt, ob man nicht, dem Autorennen *Indy 500* von Indianapolis entsprechend, auch ein 500-Meilen-Rennen für Motorschlitten veranstalten könne. Seit Februar 1969 werden jährlich auf einer eigens hergerichteten Rennstrecke Wettkämpfe ausgetragen.

Es gebe aber noch weitere Rennen, mit Schlittenhunden. Ich bin überrascht: „Hier in Michigan?"

„Ja", sagt Nancy, „es gibt hier sogar Plätze, an denen die Schlittenhunde gezüchtet werden. Beispielsweise in Newberry oder in Marquette, wo Hunde extra für 100-Meilen-Rennen aufgezogen werden."

„Und ich dachte immer, die Rennen gäbe es nur in Alaska oder Kanada", wundere ich mich.

„Eigentlich", klärt mich Nancy stolz auf, „hat mein Mann vor 1990 mit den ganzen Schlittenhunderennen hier in UP begonnen. Er und drei andere starteten das erste Rennen."

Ich schaue Willy an. „Ja", sagt er, „das war 1990."

„Was hat dich dazu gebracht?," frage ich, „bist du ein Fan von Hundeschlittenrennen?"

„Nein, die Leute sollten etwas haben, was sie im Winter tun könnten. Inzwischen haben wir hier Wettbewerbe mit Leuten, die von überall auf der Welt zu uns kommen."

„Hast du denn auch ein eigenes Gespann?"

„Nein", lacht Willy, „ich hatte nur die Idee mit den Rennen, habe es auf den Weg gebracht und beschlossen, darüber zu schreiben. Das ist viel besser, als selbst daran teilzunehmen."

Ja, denke ich, und bequemer außerdem. Obwohl Willy, klein und drahtig wie er ist, so aussieht, als könne er durchaus daran teilnehmen.

Ganz in der Nähe ist der Laden von Anita, *The Dragon Net*. Er befand sich früher woanders, zentraler. Das Gebäude, in dem sie früher war, wurde umgebaut und renoviert. Als ich sie in dem neuen Laden treffe, erzählt sie mir:

„Als sie das Gebäude verkauft hatten, gaben die neuen Eigentümer mir vier Wochen Zeit, ein neues Geschäft zu finden und umzuziehen. Dies war der einzige Laden, der frei war."

„Vier Wochen, nicht mehr?"

„Nein, vier Wochen, und es hat mir wehgetan, dort weggehen zu müssen. Wir hatten hier in der ersten Zeit ungefähr die Hälfte weniger Umsatz. So langsam, jetzt, nach zwei Jahren, nähert es sich wieder dem an, was wir hatten. Die Leute wissen jetzt wieder, wo sie uns finden können."

Anita ist eine Hexe und ihr Geschäft ist für Hexen und Zauberer. Ein Zauberer ist nichts anderes als eine männliche Hexe. Im Bereich der Hexerei trifft man allerdings auf große Geschlechterdiskriminierung. In einem Walt Disney-Zeichentrickfilm ist der Protagonist der Gute, der Zauberer, und die Antagonistin die Böse, die Hexe. Keiner wundert sich darüber.

Auch wurden nur Frauen in großer Zahl verbrannt. Von Christen, die fürchteten Hexen und Zauberer würden ihrer Religion widersprechen. Dabei achten diese unsere Natur als eine Einheit mit einem göttlichen Urgrund. Achten, im Gegensatz zum Heil im Jenseits, das Diesseits. Achten die Körperlichkeit als heilig und nicht als ein zu überwindendes Übel.

Anita erzählt von drei Hexen aus der Gegend. Als eine von ihnen starb, kam sogar die Filmschauspielerin Shirley MacLaine zur Beerdigung. Sie wisse aber nicht, ob die auch eine Hexe sei, erklärt sie mir auf meine Nachfrage. Ich wechsele das Thema und frage:

„Hast du die Artikel, die du hier verkaufst, selbst hergestellt oder entworfen?"

„Ja, einige. Ich würde sagen, ein Viertel ungefähr. Besonders die Zauberstäbe und die Runen. Die anderen Artikel sind vielfach von Freunden gefertigt, zum Beispiel die Pendel."

Ich erfahre, mit ihren Zauberstäben könnte man (zumindest sie) die Ampelschaltung auf permanentes

Grün manipulieren. Ich habe einmal etwas bei ihr gekauft: Elfenstaub in einem kleinen Flakon und Räucherstäbchen. Keinen Zauberstab: Ampelschaltungen spielen für mich keine große Rolle. Wenn ich es eilig habe, bestelle ich beim Universum grün und fahre los.

Wenn die Hauptstraße auch nicht die Schokoladenseite von Munising ist, gibt es dort doch einen Platz, der mich immer zurückkehren lässt. Es ist ein Café mit angeschlossenem Buchladen oder umgekehrt: *Falling Rock*. Der liebenswerteste Teil der positiven Seite der Medaille von Munising.

Was genau zu der einmaligen Atmosphäre, die ich dort empfinde, am meisten beiträgt, weiß ich nicht. In vielen, von mir durchaus hoch geschätzten Buchläden, über die ich auch berichtet habe, besteht die Möglichkeit zwischen den Büchern bei einer Tasse Kaffee und einem kleinen Snack zu entspannen. *Falling Rock* aber ist anders.

Es ist Buchladen, Veranstaltungsraum, Café und Restaurant zusammen. Nichts davon wäre ohne das andere denkbar, obwohl alles ohne das andere existieren könnte. Allerdings ein merkwürdiger Name: *Falling Rock*. Hört sich zwar Englisch an, ist aber, wie ich erfahre, ein indianischer Name.

Vor vielen Jahren gab es bei den Ureinwohnern eine junge Frau, die ihren Sohn *Falling Rock* genannt hatte. Eines Tages verlief sich der Junge und fand nicht mehr nach Hause zurück. Die Mutter suchte und suchte nach ihm. Tat nichts anderes mehr, als in der Gegend der *Upper Peninsula* und in Kanada Ausschau zu halten. Bei ihrer Suche schrieb sie auf einige Felsen die Bitte, man möge ihr helfen. Aber sie konnte ihren Sohn nie mehr wiederfinden. Einige hundert Jahre später wurden Straßen durch die Gegend der Felsen gebaut, auf denen die unglückliche Mutter ihre Bitte um Hilfe verewigt hatte. Die mitfühlenden Bauarbeiter übertrugen die Suchmeldungen auf große gelbe, viereckige Schilder, damit sie von den Autofahrern gesehen werden konnten: *Watch for Falling Rock*.

Nachdem ich diese Geschichte gehört habe, kenne ich nun endlich die Bedeutung der Schilder, die ich schon einige Male gesehen habe. Ich dachte zuvor, das würde Steinschlag bedeuten.

Dreiviertel der Bücher im *Falling Rock* sind antiquarisch. Angefangen hat Nancy Dwyer, die den Laden betreibt, mit dem Kauf von 50.000 gebrauchten Büchern von zwei Buchläden, die ihr Geschäft aufgegeben haben. Neue Bücher gibt es auch, die werden allerdings hauptsächlich im Bereich regionaler Literatur angeboten. Der Buchverkauf findet sowohl im Laden, als auch im Internet statt. Archiviert ist alles nach verschiedenen Sektionen und die einzelnen Titel sind im Computer gespeichert. Wenn jemand nach einem bestimmten Buch sucht, kann es somit schnell gefunden werden. Sollte es nicht vorhanden sein, kann es bestellt werden, und zwar aus allen Teilen der Welt. Darauf ist Nancy stolz.

„Wie lange hast du denn den Buchladen bereits?“, frage ich.

„Seit 1993.“

„Und wie bist du darauf gekommen?"

„Mein Mann, Jeffrey Warren Dwyer," erzählt Nancy, „ist Medizinprofessor in Lansing in der *Michigan State University*. Ich habe dort als Krankenschwester gearbeitet. Der Urgroßvater von Jeffrey war einst Sheriff von Marquette County, und die Familie stammt aus UP. Deshalb trafen wir 2003 die Entscheidung, hierher zu ziehen und diesen Buchladen zu eröffnen. Und wir wollten das auch von Anfang an mit einem Café verbinden. Weißt du", ergänzt sie, „es ist hilfreich, wenn man mehr als eine Sache anbietet. Mit Kaffee allein würdest du hier nicht zurecht kommen. Munising ist eine sehr kleine Stadt, und in den strengen Wintern ist hier so gut wie nichts los. Deshalb haben wir nicht nur Bücher, sondern auch Essen, Kaffee und Eiscreme. Außerdem lokale Kunst, zum Beispiel Livemusik jeden Sonnabend. Und Kunstunterricht, und wir bieten unsere Räume für Treffen an. Wir machen eine Menge unterschiedlicher Dinge."

„In den langen Wintermonaten kommen also die Leute hierher, um Kaffee zu trinken und zu essen."

„Ja, durchaus. Aber sie kommen auch zu unseren Veranstaltungen. Signierstunden oder Open-Jams. Mittwochabends gibt es Kunstunterricht. Wir sind so eine Art Treffpunkt. Es ist nicht so, dass wir sagen: ‚Hier ist euer Kaffee' und ‚Auf Wiedersehen'. Wir sind wie eine große Familie."

Ich weise auf eine Zeitung, die vor uns auf dem Tisch liegt. Nancy hat mir einen Artikel gezeigt, in dem steht: *Falling Rock ist das Herz von Munising.*

Ich sage: „Dann stimmt das also“!

„Ja, es passiert eine ganze Menge hier. Die Menschen treffen sich, sie knüpfen Netzwerke, und es kommt vor, dass man sich hier kennenlernt und später heiratet. Das alles hat zu tun mit der Gastfreundschaft und den Verbindungen. Leute sagen: ‚Oh, ich hatte noch niemals so ein gutes Sandwich'. Und dabei ist da nur normaler Käse drin. Aber wichtig ist, was die Menschen hier erfahren, nämlich Zuwendung, und dann schmeckt der Käse eben besser.“

„Ich spürte schon beim ersten Mal, als ich hier hereinkam, eine familiäre Atmosphäre“, bestätige ich. Nancy freut sich darüber und sagt:

„Weißt du, du kannst ein Buch bei Amazon kaufen. Aber du kannst dort mit keinem über das Buch sprechen. Du triffst dort keine Leute, und“, sie macht eine Handbewegung, mit der sie die Bücheregale zu umfassen scheint, „du findest diese Art Bücher nicht, seltene Bücher. Die meisten unserer Bücher werden nicht mehr gedruckt. Ich glaube, es ist mehr als nur ein Buchladen, mehr als nur ein Café.“

Ich kaufe einen Becher für 25 Dollar. Der wird an eine Wand gehängt, und darunter kommt ein Aufkleber mit meinem Namen und einer Nummer. Jeder Besitzer eines solchen Bechers zahlt dann für seinen Kaffee zukünftig nur noch einen Dollar. Außerdem haben die Becher, wie mir Nancy anvertraut, die Funktion einer „stillen Post“: Leute legen füreinander Zettel, Bonbons oder was sonst auch immer hinein.

Dann erzählt mir Nancy bei meinem letzten Besuch,

sie wolle sich über kurz oder lang von *Falling Rock* trennen. Zuerst frage ich, was das denn für eine Schnapsidee wäre, aber nachdem sie mir das erklärt hat, besonders auch als Grund die lange Zeit erwähnt hat, die sie den Laden nun schon führe, verstehe ich sie. Gut finde ich es dennoch nicht.

Beim Abschied sagt sie: „Ich will dir mal was Schönes erzählen. Ich hatte Gäste aus Deutschland in meiner Ferienwohnung. Die waren begeistert von der UP und auch von diesem Café und kamen oft hierher. Einmal erzählte ich ihnen von dir und deinem Buch über Michigan. Da sagten sie: ‚Oh, das kennen wir. Wir haben es in unserem Reisegepäck.' Ist das nicht toll?"

Ist es, denke ich, und sage: „Ja, das freut mich natürlich riesig."

Meine Leser werden sicherlich auch mit den Ausflugschiffen gefahren sein. Wenn auch *Falling Rock* der angenehmste Teil Munisings ist, den größten Aktivposten besitzt die Stadt in ihrem Kreuzfahrtterminal. Es verschafft dem Ort im Verhältnis zu Grand Marais, dem westlichen Tor zum *Pictured Rocks* Naturpark, einen unschätzbaren Vorteil. Bereits 1920 legten hier die ersten Schiffe zu einer Besichtigungstour ab. Veranstaltet von der *Cleveland Cliffs Iron Company* wurden einmal in der Woche, am Sonntagnachmittag, Touren angeboten. Die Gesellschaft betrieb Eisenbergwerke in der Umgebung von Marquette, 100 Kilometer westlich von Munising, und firmiert heute als *Cliffs Natural Resources*, mit Sitz in Cleveland, Ohio.

Die Tickets kauft man im Internet oder vor Ort in

einem Gebäude, in dem es allen möglichen Tinnef gibt. Beispielsweise einen Ball, auf dem ein kleines Plüschtierchen sitzt. Der Ball hat eine Batterie und wenn man ihren Kontakt betätigt, sieht es so aus, als ob ein lebendiges kleines Wesen mit einem Ball spielen würde. Ich finde das witzig. Die Verkäuferin fand es witzig. Nur Anna nicht. Sie hat sich erschrocken, als ich es zu Hause heimlich angestellt habe und verlangt es zu entsorgen.

Vielleicht aber ist der größte Aktivposten Munisings, doch nicht der Kreuzfahrthafen, sondern die Umgebung. Da ist der *Miners Falls*, der – trotz des Plurals – nur von einer Stufe aus über die farbigen Felsen nach unten rauscht. Allein der Weg dorthin lohnt sich. Es geht ungefähr zwei Kilometer durch einen Wald. Als ich dort wandere, ist der Waldboden voller blauer Blumen, die ein besonderes Farbenspiel mit den schlanken Birken am Wegesrand aufführen. Die *Wagner Falls* in der Nähe rauschen, wie die *Alger Falls*, über mehrere Stufen, und der *Munising Falls* wieder in einem einzigen Platsch nach unten, wo er dann noch auf kleine Treppen fällt. *Bridalveil*, *Spray* und *Chapel Falls* habe ich vom Boot aus gesehen. Letzteren schaue ich mir, mit dem in der Nähe gelegenen *Mosquito Falls,* vom Land aus noch einmal an.

Er liegt in der Nähe von *Chapel Rock*, dem Felsen, den ich bereits vom Wasser aus gesehen habe. Ein häufig fotografiertes Objekt für Postkarten und Broschüren. Ein einzelner Fels, der steil empor ragt, als hätte man ihn abgeschnitten. In den 1940er Jahren stürzte der Übergang zum Hauptfelsen ein und ließ den Fels einsam zurück. Mit einer einsamen Birke auf seiner Spitze.

Von *Chapel Falls* will ich am *Lake Superior* vorbeigehen, damit ich den Felsen auch von der Landseite aus sehen kann und dann über *Mosquito Beach* und *Mosquito Falls* zurückgehen. Ob ich das schaffe, überlasse ich meiner Kondition. Gut fünf Kilometer sind es vom Parkplatz zum *Chapel Rock*. Der Weg zu den *Mosquitos* ist noch einmal genauso lang, plus Rückweg. Ein bisschen ahne ich schon, das wird wohl nichts werden.

Es ist Herbst als ich dort bin. Die Mücken halten bereits Winterschlaf. Um mich herum göttliche Laubfärbung. Die Erde ist feucht vom nächtlichen Regen. Je weiter ich komme, desto schlimmer wird der Weg. Alles verschlammt, nicht ausgebaut. Am Anfang ist es ein ziemlich schmaler Pfad, mit jungen Bäumen und dichtem Buschwerk ringsherum. Dann ändert sich die Szenerie: Dichter Mischwald, kleine Brücken über zerklüftete Creeks, bis ich schließlich durch einen Wald wandere, der kaum Unterholz hat und dessen Bäume weit auseinander stehen. Hier ist der Weg besser, nicht so matschig und gut begehbar.

Die Sonne wirft Streifen in das Revier. Aus der Ferne beobachtet mich ein Reh. Als der Weg an einem See, dem *Chapel Basin*, vorbeiführt, erstarre ich fast vor Bewunderung über die Laubfärbungen auf der anderen Seite. Schöner kann ich mir eine herbstliche Landschaft nicht vorstellen.

Nachdem ich alles fotografiert habe, schaue ich eine Weile verträumt auf den See und die Wälder. Ich bin von stiller Natur umgeben. Schließlich reiße ich mich los und drehe mich um.

Um mich herum nichts als Wald. Kein Mensch weit und breit. Nur ein Bär!

Habe ich am Tag zuvor nicht noch zu Chris, einem Förster, gesagt: „Ich hoffe, dass mir morgen da kein Bär über den Weg läuft.“?

Habe ich.

Und Chris? Was hat der gesagt? „Och, die tun nichts...“

Ich hatte Chris in Au Train getroffen, dem kleinen Nachbarort von Munising, der an einem langgezogenen See liegt. Ich halte an, um ein paar Fotos zu machen. Hinter dem See liegen malerisch ein paar Häuschen und ich beschließe, mir den Ort näher anzusehen. Er sieht aus, als bestände er lediglich aus zehn Häusern. Die Straße führt, kurz nachdem ich abgebogen bin, bald wieder durch ein Waldgebiet.

Es ist nicht viel los. Ein Café. Geschlossen. Ein kleines Motel, Kanu- und Kajakverleih. Die Häuser sind nicht sehr gepflegt. Aber mir gefällt es. Der Ort liegt direkt an Wald und See. Wirkt sehr entspannend. Eine Tankstelle gibt es auch. Ich nutze die Gelegenheit. Als ich bezahle, frage ich Melinda, so heißt die junge Frau, die meine Karte durchzieht: „Wie viele Einwohner gibt hier?“

Sie stöhnt: „Oh Gott, vielleicht 500, 600. Denke ich.“

„Tatsächlich?“, wundere ich mich, „es sieht so winzig aus.“

„Ja, das sieht aber nur so aus. Der Ort geht ganz um den *Au Train Lake* und den Fluss herum.“

Ich frage, ob das Motel geöffnet ist, was Melinda bejaht. Aber ich bin mir trotzdem nicht sicher und erkundige mich nach einem B&B. Aber das gibt es nicht, nur Cottages.

Melinda erzählt mir, dass sie aus Munising stamme und hier nur arbeite. Dann erscheint Chris, der, wie sich herausstellt auch nicht hier wohnt. Ich frage ihn: „Du arbeitest hier auch nur. Kein Mensch wohnt hier anscheinend. Was machst du denn?“

„Ich bin Förster. Ich kümmere mich hier um 150.000 Acres Forstland. Bin aber nicht allein, sondern habe einen Kollegen.“

Ich erfahre, dass sechs Acres ungefähr 2,5 Hektar sind. Ich kann mir weder das eine noch das andere vorstellen, weshalb ich nicht nachrechne. Aber es hört sich gewaltig an. Ich frage ihn nach den Tieren, die es hier im Wald geben soll. Dabei mache ich Pluspunkte, weil ich einstreue, dass ich weiß, dass es hier keine Wildschweine gebe. Ansonsten das, was ich erwarte: Rehe, Hirsche, Füchse, Eichhörnchen, Waschbären, aber auch Wölfe (Chris nennt sie *timber wolf*), manchmal auch Elche, selten Cougars. Ich erzähle Chris, dass ich im Ottawa Nationalpark eine Frau an einem Campingwagen getroffen habe, die mir auf die Frage, ob sie dort ganz allein sei, geantwortet hat, der Rest ihrer Familie – Ehemann, Kinder und Schwiegerkinder – sei auf Bärenjagd und frage ihn:

„Gibt es hier auch Bären?“

„Ja, eine Menge. Ich hatte neulich einen auf meiner Veranda, zwanzig Meilen südwärts von hier.“

Ich schaue Melinda an: „Hast du schon Bären hier gesehen?“

„Oh ja, natürlich.“

„Aber ich werde wohl keine Chance haben, einem zu begegnen, wenn ich mit dem Auto unterwegs bin, oder?“

„Sag das nicht“, widerspricht Chris, „zwei Wochen ist es erst her, da lief einer über den Highway, als ich da lang gefahren bin.“

Melinda setzt hinzu: „Und Weihnachten trieb sich mal einer an der Straße unten am Seeufer beim Campingplatz herum.“

Ich weiß nicht, wieso mich das erstaunt. Der *Ottawa-Nationalpark* ist nicht weit entfernt. Aber ich habe bisher den Eindruck, dort sei es noch einsamer und auch wilder. Ich will noch wissen: „Sind die nicht doch gefährlich?“

„Nein“, sagt Chris, „eigentlich nicht. Ich sehe häufig welche, wenn ich durch die Wälder gehe. Wenn du beispielsweise zum *Miners Castle* gehst, kann du schon mal einen antreffen.“

Da bin ich schon gewesen. Von beiden Seiten. Vom Wasser und vom Land aus. Von Oben habe ich auch die Bucht, eines der meist aufgenommenen Motive der *Pictured Rocks*, fotografiert. Es ist eine einmalig schöne Bucht, weshalb ich es auch als Umschlagfoto für dieses Buch ausgewählt habe. Von dort aus ist es nicht weit zu *Chapel Rock*, wo ich am nächsten Tag wandern will. Ich erzähle das Chris, und frage, obwohl die Antwort auf der Hand liegt:

„Gibt es da auch welche?“, und Chris sagt natürlich: „Oh ja.“

„Wie ist es auf der *Lower Peninsula*?“, will ich noch wissen, „gibt es da auch Bären?“

„Ja, auch“, sagt Chris, „aber nicht so viele wie hier. Dort gibt es mehr Felder und Farmen. Aber es gibt sie auch dort.“

Ein Foto an der Wand zeigt einen mächtigen Bären, was mich beunruhigt: „Aber die Bären sind nicht so riesig, wie dieser da?“

Chris und Melinda lachen: „Nein, das ist ein Grizzly. Die sind viel größer als unsere Schwarzbären.“

Schwarzbären kommen überall in Alaska, Kanada und weiten Teilen, hauptsächlich im Norden, der USA vor. Sie gelten in der Tat als wenig gefährlich. Fleisch gehört nicht zu ihrer bevorzugten Nahrung. Die ist hauptsächlich vegetarisch. Man spricht von bis zu 85 Prozent dessen, was sie zu sich nehmen. Der Rest entfällt auf Insekten, Ameisen, Fische und kleinere Säugetiere. Das größte Problem, das Menschen mit ihnen in freier Wildbahn haben, besteht darin, dass die Tiere einen ausgesprochen guten Geruchssinn haben und daher bei Wanderern und Campern, die Verpflegung mit sich führen, schon mal nachschauen, was dort Leckeres zu ergattern sein könnte. Umgekehrt ist das nicht so harmlos. Wie auf einer Internetseite berichtet wird, sollen mehr als 90 Prozent aller vorzeitigen Todesfälle bei Bären auf die Begegnung mit Menschen zurückgehen. Sie sterben durch die Jagd oder bei Verkehrsunfällen.

Au Train oder Autrain, wie es auch geschrieben wird, scheint ein Geheimtipp zu sein, mit der *National Forest Recreation Area* drum herum und dem Kanu- und Kajakverleih.

Von der kleinen *Doucette-Bridge* auf der Hauptstraße nach Munising kann man einen guten Eindruck vom Ort gewinnen. Viele der Häuser liegen idyllisch am See. Ich stelle mir vor dort zu leben und wie morgens, beim Frühstück auf der Veranda, plötzlich ein Bär über meine Schulter schaut und fragend auf den Honig schielt.

Auf meiner Wanderung denke ich oft an das Gespräch mit Chris und Melinda. Es ist zudem gerade Jagdsaison. Mir ist nicht wohl zumute, so ganz allein im Wald. Dass Schwarzbären nicht gefährlich für Menschen sind, habe ich schon mehrfach gehört, und glaube das auch. Ich hatte auch immer Teddybären und glaube, dass ich mich in ihrem Charakter nicht getäuscht habe. Meine Bären waren mir immer gute Freunde und ich attestierte ihnen eine Seele.

Aber nun? Was würde mir mein Glaube nutzen, wenn sich der Bär da vor mir nicht daran hält? Er ist ziemlich weit weg und wäre der Wald nicht so offen hätte ich ihn unmöglich sehen können. Ich sehe in der Tat nicht viel. Nur etwas Schwarzes dort hinten, wo sich Gestrüpp zwischen den Bäumen zeigt. Nichts Dunkles, wie vieles in einiger Entfernung im Wald wirkt. Etwas Schwarzes, Großes.

Ich bin mir zunächst nicht sicher. Doch dann bewegt sich hinter dem schwarzen Umriss etwas nach rechts, und das ist eindeutig ein Bärenkopf mit einer hellen Schnauze, die sich nach unten auf den Boden richtet, um dort vielleicht an etwas herumzuknabbern. Ich weiß es nicht. Aber es sieht so aus. Dann dreht sich der Kopf zurück, ich sehe wieder nur schwarz, und dann trottet dieses Schwarze, den Kopf mal hier hin, mal dort hin wendend, langsam davon und ist schon bald nicht mehr zu sehen.

Ich bewege mich nach meinem ersten Schreck gleichfalls, allerdings rückwärts und will hinter einem Busch in Deckung gehen. Aber bevor ich da bin, ist der Bär schon weg. Trotzdem. In die Richtung will ich nicht weitergehen. Der Anblick von *Chapel Rock* vom Schiff aus muss genügen.

Ich will überhaupt nicht mehr gehen. Am liebsten wäre es mir, ein Rettungsteam von einer Ranger-Station würde kommen, um mich sicher zum Parkplatz zu geleiten. Ich versuche, meinen Rückweg so entspannt wie möglich zu genießen, schaue mich nur selten um, doch beschleunige meine Schritte.

Warum ich kein Foto habe? Erst als der Bär nicht mehr zu sehen ist, denke ich daran. Ich habe ein gutes Teleobjektiv und bestimmt hätte man etwas erkennen können. Aber die Kamera macht leider bei jeder Aufnahme ein ziemlich lautes Klickgeräusch. Und dann war er ja auch schon weg.

Der Bär hat dich lange vorher bemerkt, sagen die Leute später, denen ich davon erzähle. Ich glaube es nicht. Er hat nicht reagiert, wie ich mir vorstelle, er würde es getan haben. Genau weiß ich nicht was, aber irgendeine Art von Wahrnehmung. Daraufhin hat man dann gesagt: „Du warst dem völlig egal." Das finde ich irgendwie auch nicht schön.

Ein Jahr später bin ich im Sommer wieder dort. Dieses Mal gehe ich von der anderen Seite aus los. Der Weg ist um circa 500 Schritte kürzer. Aber besonders der Rückweg ist nicht einfacher. Es hat die Nacht zuvor wieder geregnet. Im dichten Wald liegen umgestürzte Bäume am Wegesrand oder gar über dem Weg, der anfangs einem Fluss folgt. Kreuz und quer geht es über kleine Holzbrücken. Teilweise liegt linker Hand ein Sumpf. Dann der *Mosquito Falls*, der sich schon durch stetiges Rauschen angekündigt hat. Ein langgezogener Wasserfall über mehrere Treppen.

Als sich der Wald lichtet, erreiche ich den Strand. Es wird der sein, an dem ich vier Jahre zuvor auf meiner Bootstour einige Leute gesehen habe. Nun weiß ich, hier kann nur herkommen, wer gut zu Fuß ist. Am Strand – schmal, mit Bäumen bewachsen, zerklüftete Felsen drum herum – habe ich zu entscheiden, über den Strand weiterzugehen oder gleich auf dem Rundweg zum Parkplatz zurück. Es ist später Nachmittag. Ich entscheide mich für Letzteres.

Plötzlich sehe ich vor mir eine Hütte mit einem Sonnenpanel auf dem Dach. Es ist eine Toilette. Das passt gut.

Warum gibt es eine Toilette mitten in der Wildnis? Weil hier wildes Zelten erlaubt ist. Für Tim, den ich einst im *Grand Marais Outfitters* getroffen habe, und andere. Man bezahlt, möglichst frühzeitig wegen des geringen Angebots, eine Gebühr zur Registrierung, fährt zur angegebenen Zeit nach Marquette und holt sich, für eine weitere Gebühr, die Nummer der Parzelle, auf der man sein Zelt aufstellen darf.

Auf Nummer sechs zelten Paula, 18, und Jeanette, mit Zahnspange, 14 Jahre alt. Sie bereiten gerade ihr Abendessen vor, als ich auftauche und erzählen, sie kämen aus Kentucky und würden hier eine Nacht verbringen. Ich bin beeindruckt. Nicht allein von den beiden, sondern auch von den Eltern, die das erlaubt haben. Aber vielleicht haben sie ihren Eltern gesagt, sie fahren zu Freunden aufs Land – und nicht mit Freuden durchs Land.

Der Rückweg gestaltet sich als immer größere Herausforderung. Vorher gab es vereinzelt Schlamm, den ich umgehen konnte. Nun ist der Weg voller Pfützen und übersät von heruntergefallenen Ästen. Alles verquirlt mit Matsch. Kaum noch eine stabile Fläche, um seinen Fuß darauf zu setzen. Dann wird es ein wenig besser. Aber wie man es vom Drama her kennt, kommt ein *retardierendes Moment* und ich bekomme doch noch nasse Füße.

Mitten im Schlamm und Dreck kommen mir Marie und Mollie entgegen. Wir bleiben stehen und halten einen netten kleinen Plausch. Dieses Mal mag ich nicht nach dem Alter fragen. Beide Frauen tragen zwei große Wasserflaschen mit sich und sie erzählen, dass sie ebenfalls hier zelten. Sie kämen gerade aus Grand Marais, wohin sie mit dem Bus gefahren seien. Am nächsten Tag wollen sie ihre Wanderung fortsetzen und woanders ihre Zelte aufschlagen.

Als ich erleichtert und erschöpft wieder am Auto bin, freue ich mich darüber, dass ich es doch noch zum *Chapel Beach* geschafft und den *Mosquito Falls* gesehen habe. Mich wundert allerdings, dass es kaum Mücken gibt.

Ich habe seitdem ich 2008 das erste Mal in Michigan war, inzwischen viele Reisen dorthin gemacht, auch wenn ich in andere Gegenden der USA wollte.

Ich habe von dort aus Trips nach Los Angeles oder San Francisco in Kalifornien gemacht und nach Seattle in Washington State, nach Hartford in Connecticut, Philadelphia, Baltimore, Washington D.C. und New York City. Ich habe auf meinen Wegen einmalige Landschaften gesehen und viele Nationalparks besucht. Den Grand Canyon kann man nur mit atemberaubend beschreiben. Es gibt Staaten, wie Montana oder Oregon, die ich gern intensiver bereisen würde.

Doch habe ich nie das Gefühl verloren, mit Michigan in den Glücktopf gegriffen zu haben. Ich habe viel erlebt und Freunde gefunden, auch Dinge gesehen, die mich nachdenklich gestimmt haben.

Ich habe die Ureinwohner Michigans kennengelernt, mich für ihre Geschichte interessiert und auch unter ihnen Freunde gefunden.

Freundlichkeit und Freundschaft haben dort Namen für mich bekommen. Die meisten von Ihnen habe ich erwähnt. Alle waren wichtig für mein Buch und haben mir geholfen, Viele haben mich gastfreundlich aufgenommen und begleitet. Ich bin auf alle erdenkliche Weise unterstützt worden.

Michigan ist nicht nur das Land der Großen Seen, das man wegen seiner Naturschönheiten besuchen sollte, sondern für mich auch das Land, in dem ich mich wegen seiner Bewohner wohlfühle.

Gino Leineweber bei Verlag Expeditionen

Pizarro - Im Namen von Kreuz und Krone

In diesem Buch, das die Eroberung Perus durch den Spanischen Edelmann, Francisco Pizarro, schildert, zeigt sich die Gier als unmittelbarer Trieb zur Eroberung. Die Gier nach dem sagenhaften Reichtum an Gold und Edelsteinen, von dem die Rede war. Das widerspricht der allgemeinen Sicht der Dinge, wonach Eroberungen mit der Reflektionsfähigkeit des Menschen begründet werden, d. h. damit, dass der Mensch allem auf den Grund gehen möchte, wozu gehören würde, fremde Länder zu erforschen, die Herkunft ihrer Bewohner zu erkunden und ihre Kultur kennenzulernen.

Hemingway, Wie alles begann – Kindheit und Jugend in Michigan

Wie Hemingway zu dem wurde, was er war: einer, wenn nicht der größte Schriftsteller seiner Zeit. Wer wissen will, wie sich diese Merkmale im jungen Ernest Hemingway entwickelten, muss in seine Kindheit und Jugend in Michigan zurückgehen. Hemingways Berufung als Schriftsteller war deshalb so groß, weil in seine Werke die Prägungen eingeflossen sind, die er dort als junger Mensch erhielt: Unabhängigkeit, Erfahrung, Vertrauen, Kraft, Mut und Talent.

Gino Leineweber bei Verlag Expeditionen

Bhante Puññaratana – Ein buddhistischer Mönch aus Sri Lanka	
	Biografie eines Mönchs, der seit vielen Jahren in Deutschland tätig ist. Mit seiner Buddhistischen Lehrtätigkeit aber besonders auch mit seinen Hilfsprojekten, die er sowohl in Deutschland als auch in Sri Lanka ins Leben rief, hat er zwischen beiden Ländern Brücken des Mitgefühls errichtet.